Hartmut von Hentig

# Arbeit am Frieden

*Übungen im Überwinden der Resignation*



Carl Hanser Verlag

ISBN 3-446-14931-7

Umschlag: Klaus Detjen Hamburg
Satz: LibroSatz Kriftel
Druck und Bindung: Ebner Ulm
Printed in Germany

# Inhalt

*Meiner Schwester Helga gewidmet*

# Vorwort

Ein Gedanke durchzieht dieses Buch eines Pädagogen: Erziehung zum Frieden kann nur Erziehung zur Politik heißen. Und Erziehung zur Politik wiederum ist Sache der ganzen *polis* – zu vollziehen an der ganzen Person und wohl das ganze Leben lang.

Solche Totalaufträge sind entmutigend. An wen ergehen sie von wem mit welcher Legitimation? Ist die Wahrung des Friedens durch Politik nicht eine Tautologie? Wenn nur gute Politik zu guter Politik erzieht – wie können wir je unserer schlechten entrinnen, die uns mit gigantischen Vorbereitungen zum Krieg beschäftigt, ängstigt, auszehrt und die Werke für den Frieden klein und unglaubwürdig erscheinen läßt? Denn es wagt doch wohl keiner mehr zu sagen, daß »Krieg die Fortsetzung der Politik mit anderen Mitteln« sei! Krieg hat schon immer das Scheitern der Politik bedeutet. Heute bedeutet er – jedenfalls wenn er in Europa zwischen den Machtblöcken ausbricht – absolute Vernichtung, das Ende dieses Planeten.

Weil man Menschen zum Krieg erziehen kann, hat man gehofft, man könne sie auch zum Frieden erziehen. Das ist ein logischer und empirischer Irrtum. Ein logischer Irrtum, weil Frieden keine besondere Tätigkeit, kein bestimmtes, beschreibbares Verhalten ist. Ein empirischer Irrtum, weil dies noch nie vorgekommen ist. Wir kennen keinen Fall, in dem ein Krieg durch Menschen, die man zu Pazifisten erzogen hatte, verhindert worden ist.

Welche Ermutigung also zum Frieden – und das heißt zunächst: zur Verhinderung von Krieg – kann man sich von einem Buch wie diesem erhoffen?

- Es kann dem Leser die Wahrnehmung der Politik bewußt und zu einer wichtigen und erfüllbaren Aufgabe machen.
- Es kann ihn vor unbegründeten Erwartungen und also entmutigenden Enttäuschungen bewahren.
- Es kann deutliche Vorstellungen vom möglichen Krieg und vom *möglichen* Frieden geben.

Dies alles aber ist »Arbeit« – Mühsal-mit-einem-Ziel.

Ein Buch, das anderen diese Arbeit systematisch schmackhaft zu machen sucht, hätte ich nicht zu schreiben gewagt. Aber die

»Arbeit« selbst habe ich zu meinem Teil als Laie geleistet und davon in den letzten zwei Jahrzehnten auch Zeugnis abgelegt: Zeugnis sowohl einer konkreten Politik für den Frieden als auch einer praktischen Erziehung zur Politik, Zeugnis also von der Tat selbst und von der Übung zu ihr.

Mit dieser Publikation verbindet sich die Hoffnung, beides werde sich erneuern und vervielfältigen. Die Hoffnung ist freilich unsicher. Oft kommen junge Menschen zu mir und suchen Rat. Was sie sagen, ist etwa dies: »Wir sehen, wie die Rüstung die geistigen und materiellen Ressourcen der Menschen verschlingt; wir sehen, daß die Angst der einen vor den anderen zur Rechtfertigung einer schier wahnsinnigen Rüstung dient; wir sehen, daß diese Angst (aber auch Verachtung, Haß, Neid) kunstvoll geschürt werden; wir sehen auch Ausbeutung, Unfreiheit, Erniedrigung, die zu gewaltsamer Lösung drängen; wir sehen schließlich, daß die, die darüber besorgt sind, mit ihren Worten und Handlungen nichts wirklich Entscheidendes ausrichten – und daß die Mehrheit sich den Entwicklungen passiv überläßt. Was können *wir* tun? Wo können *wir* anpacken? Was mindestens müssen wir unterlassen? Zu Opfer und Arbeit sind wir bereit!« In der Frage dieser jungen Leute steckt eine Herausforderung. Es lauert auch der Zweifel, ob es überhaupt eine Antwort gibt.

Ich merke dann, daß ich einen »moralisch privilegierten« Beruf habe: Jeder Tag, den ich als Lehrer mit Kindern in der Schule verbringe, gibt mir Gelegenheit, sie etwas von der möglichen besseren Welt erfahren zu lassen, in ihnen Vorstellungen zu wecken, die man braucht, damit man überhaupt etwas Gutes in dieser Welt tun will. Ich kann mir einbilden: Wenn die Kinder einen Zipfel der »besseren Welt« gefaßt haben, werden sie diesen fortan nicht mehr loslassen – den Zipfel einer Welt, in der es zu Streit Versöhnung, zu Fremdheit Annäherung, zu Schuld Wiedergutmachung, zu Irrtum Aufklärung, zur Bewunderung für den anderen eine Chance des Selbstbewußtseins, zur Gemeinheit die Anrufung des Rechts der Gemeinschaft gibt, einer Welt, in der man erfährt, daß dies geht und daß ich meinen Teil dazu tun kann. Die Simulation des möglichen Besseren bringt dieses der Wirklichkeit schon näher.

Aber auch ich muß mich fragen, ob oder wie lange diese Erfahrung der Kinder da »draußen« überleben kann. Vielleicht habe auch ich, indem ich sie den Kindern ermögliche, nur den Zynismus vermehrt. Darum wiederhole ich mir und anderen unermüdlich den Satz: Erziehung heißt, die nächste Generation auf die Welt vorbereiten, wie sie ist, ohne sie der Welt zu unterwerfen, wie sie ist.

Und was sage ich denen, die Postangestellter oder Amtsärztin, Verkäuferin oder Betriebskoch, Programmierer oder Buchhalterin werden, deren Tätigkeit nicht sichtbar mit dem Sinn der menschlichen Existenz verbunden ist?

Ich kann und muß den Ratsuchenden zweierlei sagen. Erstens: Es gibt keine einzelne rettende Tat oder Tätigkeit. Zweitens: Es gibt vielfältige allgemeine Bemühungen, die uns als Person stärken und die die schwierigen Sachverhalte klären, innerhalb derer wir handeln. Wer sich diesen Bemühungen unterzieht – Übungen im Wahrnehmen der Politik –, dem öffnen sie die Augen für die mögliche und nötige Friedenstat, die seiner harrt. Auch die folgenden Exerzitien sind nicht geplant, sind Möglichkeiten eines nachdenklichen Bürgers mehr als eines professionellen Pädagogen, der ich auch bin.

Und noch eines: Was ich in ihnen sage, leugnet mit keiner Silbe die »sachlichen«, das heißt wirtschaftlichen, technischen, demographischen, gesellschaftspolitischen Ursachen von Kriegen. Aber der Satz, daß »Kriege im Geist der Menschen entstehen«, hebt zunächst einmal die Macht des Faktischen über das Bewußtsein auf. Wer – dadurch befreit – nachzudenken beginnt, wird so gut wie nie zu dem Ergebnis kommen, daß Gewalt und ihre organisierte Form, der Krieg, das jeweils anstehende Problem zu lösen versprechen. Es gibt – seltene – Ausnahmen. Der Krieg gegen Hitler war nötig, weil dieser ihn wollte. Aber auch sein Beispiel lehrt nur, daß man politisch handeln muß, bevor aus dem Willen zum Krieg die Macht zum Krieg geworden ist. Üben wir also dies: Kontrolle durch Aufmerksamkeit und klares wissendes Argument, Veränderung durch Ausdauer und Solidarität, Rechtfertigung durch die Übereinstimmung unserer Mittel mit unseren Zielen. Wo es um Sein oder Nichtsein der Menschheit geht, ist es schwer, der Moralisierung zu entgehen. Aber es ist nicht unmöglich. Man tut gut, sie durch Wahrhaftigkeit zu ersetzen.

# Erste Übung: im Erkennen der Ursachen

## »Weil Kriege im Geist der Menschen entstehen . . .«

*Eine Rede auf dem Evangelischen Kirchentag, 1967*

»Da Kriege im Geiste des Menschen entstehen, so müssen auch im Geiste des Menschen die Werke zur Verteidigung des Friedens errichtet werden« – so heißt es im ersten Satz der Präambel der UNESCO.

Das ist ein großes Wort, nicht nur weil es einen großen Auftrag formuliert, sondern weil es die Wahrheit über ihn sagt: Kriege gibt es nicht, weil Grenzen falsch verlaufen oder weil einer von der Nation X einen anderen – und sei er der Thronfolger – von der Nation Y tötet oder weil die Geopolitik das so vorschreibt oder weil die Kolonialherren zu früh oder zu spät aus dem Lande gehen oder weil Wahlen nicht rechtzeitig abgehalten werden oder weil eines Tages Waffen da sind, wo vorher keine waren. Nein, alldem ist Krieg gefolgt oder wäre Krieg beinahe gefolgt, weil Menschen mit ihm *gerechnet* haben, weil irgend jemand ihn auch *wollte*, an seinen Sinn und seine Notwendigkeit *glaubte* – weil er »im Geist« von irgendwelchen Menschen war, wo wir ihn hätten bekämpfen sollen und es nicht getan haben. Es gibt keine *Sache* und keinen *Sachverhalt*, die einen Staat zur Gewalttat an Menschen zwingen. Einzelne, ein eingeschlossenes Kollektiv, ein Stamm von Primitiven mögen anderen Gesetzen gehorchen. »Staaten«, von denen wir sagen können, »sie führen Krieg«, tun es, weil sie beschlossen haben, ihn zu führen.

Ich gäbe jetzt viel darum, wir könnten uns mit Hilfe des englischen Wortes verständigen: wars begin in the minds of men – denn *in the minds of men* legt nicht fest, wo und wie; es heißt »im Denken« und »in den Gedanken«, »in der Vorstellung« und »in der Einstellung«, »in der Absicht«, »im Verstand« und in dem, was er »im Innern« unterdrückt. – Ich werde mich bald mit dieser, bald mit jener Übersetzung behelfen.

Kriege werden im Innern der Menschen geboren, Kriege müssen im Innern der Menschen bekämpft werden – eine einfache Aussage und eine einfache Folgerung, die man in den über zwanzig bangen Jahren, seit es sie gibt, entweder mit äußerster Anstrengung hätte austragen müssen oder mit Entschiedenheit beiseite schieben als eine unbrauchbare, ja hinderliche Halbwahrheit, als Präambelsprache einer Institution, deren amtlicher Auftrag es ist, Zuversicht zu verbreiten, als eine Illusion, wie sie einem einfällt, wenn man eben einen Krieg siegreich mit Waffen beendet hat.

In diesem Vortrag will ich den Satz aus der Präambel der UNESCO ganz ernst nehmen, ich will zu sagen versuchen, was es sinnvollerweise bedeuten kann, daß Kriege »im Geist der Menschen« beginnen; was es heißt, »den Frieden im Geiste der Menschen zu verteidigen«; und welche realen Aussichten wir haben, diese Wahrheit jetzt noch zu lernen und anzuwenden. Mit diesem Anfang und mit dieser Anordnung meines Vorgehens treffe ich noch keine Entscheidung in einer Frage, in der ich selbst keine Gewißheit habe: daß die »Erziehung« zum Frieden es mit dem Bewußtsein und mit Einstellungen zu tun habe – nicht mit den Taten, den Verhandlungen, den Verträgen, der Produktion, den Steuern, der Anwendung von Gewalt. Es ist denkbar, daß wir gerade hierin geirrt haben: in der Annahme, daß Fühlen und Denken und Handeln trennbar wären, daß sie in eben dieser bestimmten Reihenfolge auseinander hervorgehen und daß darum die Vorbereitung der Menschen auf die politische Welt sich mit Recht auf ihre Einstellungen und Vorstellungen – auf den Geist der Menschen – beschränke.

In seinem 500 Seiten langen Buch »Die Atombombe und die Zukunft des Menschen« gibt Karl Jaspers auf Seite 472 fünf Antworten auf die Frage »Was soll ich tun?« – »ich«, das heißt jeder, der »ich« sagt inmitten der Mächte, Institutionen, Vorgänge, Gedankenreihen, von denen das Buch sonst handelt. Ich verkürze diese Antworten etwas; sie lauten:

1. Ich soll mich allseitig informieren, um meine Entschlüsse begründet fassen zu können.
2. Ich soll aus dem falschen Bewußtsein, in dem ich zunächst bin, zum wahren Bewußtsein zu gelangen suchen.
3. Ich soll mein Leben ändern.
4. Ich soll entscheiden, dort, wo ich stehe.
5. Ich soll einsehen, daß der Zweck – die Rettung des Lebens der Menschheit – nicht erreichbar ist als Zweck, sondern nur als

Folge: als Folge davon, daß Menschen ihr Leben geändert haben.

So wie Jaspers hier, so hat man fast überall den einzelnen und sein moralisches Wesen von der politischen Realität abgetrennt: Für den einzelnen bleiben philosophische Imperative (»ich soll«) und der Geist (sich informieren, bewußtmachen, entscheiden, einsehen), dem Politiker gehört das Feld des Handelns. Da wir, wenn wir von »Erziehung« sprechen, wohl in erster Linie an Kinder und Jugendliche denken, die ja in der Politik keine Verantwortung haben, und da wir uns mit Recht scheuen, Erwachsene zu »erziehen«, weil das ihre Mündigkeit bestreitet, fällt politische Erziehung immer schon wie von selbst unpolitisch aus. Denn *wirkliche Politik* heißt doch Entscheidungen über den Ablauf von realen Vorgängen treffen im Angesicht der Macht aus leider nur vorläufigem Wissen unter dem Druck der Zeit. Wie wenig hiervon läßt sich auf »im Geiste der Menschen« beschränken!

*Politische »Bildung«* dagegen lehrt – *bestenfalls* – so etwas wie die fünf Antworten von Karl Jaspers, das heißt sie vermittelt nur *Ansichten* vom Handeln, von Einrichtungen und Personen, sie übt Fertigkeiten und Einstellungen auf bloß Gedachtes und Zukünftiges hin, sie spielt sich – weil nichts von alledem direkte und unwiderrufliche Folgen hat – ganz in der Vorstellung der Kinder ab. »Im Geiste der Menschen« – das steht seitdem immer im Verdacht der Unwirklichkeit/Unverbindlichkeit. Der *Gegenstand politischer Erziehung* vollends, um den es hier geht, der Friede, ist auch in der Erfahrung der Erwachsenen eine Utopie – und war es wohl zu allen Zeiten. Die alten Religionen, die lehren, daß der Friede *inwendig* sei oder *jenseits*, haben damit nur formuliert, was die Menschen schon zu wissen glaubten: daß es aussichtslos ist, *draußen* und *diesseits* für ihn zu kämpfen.

Genau diese Entscheidung, daß der Friede die Friedfertigkeit sei, habe ich hier noch nicht getroffen; ich will im Gegenteil so unvoreingenommen wie möglich prüfen: ob nicht in der Tat ein sehr praktischer Sinn in der Formulierung der UNESCO liegt, daß der Krieg aus dem Herzen der Menschen komme – ein Sinn, der der Pädagogik einen wirklich politischen Auftrag gibt. Ich werde mit dem Ergebnis dieser Prüfung am Ende nicht zurückhalten.

Hierüber aber besteht für mich schon an dieser Stelle kein Zweifel: daß die Mehrzahl der Menschen heute den Frieden will, daß sie aber nicht weiß, wie sie diesen Willen durchsetzen kann. Denn sie hat es nie allein mit den wenigen zu tun, die den Krieg wollen, sondern immer auch mit ihrem eigenen System, mit dem, wovon und woraus sie selber lebt – mit einem Filz von Abhängigkeiten, Gewohnheiten, institutionalisierten Schwächen und Unaufrichtigkeiten. – Wer dagegen heute, in unserer Welt, den Frieden nicht will, der ist entweder krank, oder er hat Grund, an einen schnellen und ungeteilten Sieg zu glauben, oder er leidet an etwas, was für ihn schlimmer ist als der Krieg und der mögliche Weltbrand. Wo Menschen unter so mörderischen Alternativen leben, da schreit eine Aufgabe nach Lösung, die der Aufgabe, Frieden zu machen, nicht um Haaresbreite nachsteht, ja, die buchstäblich mit ihr zusammenfällt.

Den kranken Kriegswütigen heilen, dem Krieg den Sieg nehmen, die Not enden, die kein Gebot kennt – das ist es, wovon hier gehandelt werden soll, wenn von »Erziehung zum Frieden« die Rede ist.

## Was es sinnvollerweise bedeuten kann, daß Kriege »im Geiste der Menschen« beginnen

– darüber werden meine Äußerungen hypothetisch bleiben. Nicht aus Vorsicht, aus intellektueller Feigheit, sondern geradezu umgekehrt: aus der ungestümen Überzeugung, daß wir uns dies zuerst und vor allem zugeben müssen, wie wenig wir die Sache, um die es hier geht, verstehen – trotz aller Wissenschaft, trotz aller Erfahrung, trotz aller Bereitschaft. Und dies ist der *erste* von vier Versuchen, zu einer Antwort auf meine erste Frage zu kommen: Wir wissen nicht, warum es Krieg gibt – den Krieg in Vietnam z. B., der uns eben darum so viel mehr verstört als die beiden großen europäischen Kriege, die man Weltkriege genannt hat. Für sie haben wir, wenn schon unterschiedliche oder gegensätzliche Erklärungen – so doch wenigstens *Erklärungen*. Vietnam ist nicht nur angefüllt mit Zweifel und unbestätigter Behauptung, es verwickelt uns in Widersprüche. Auf welcher Seite wir auch mit unserem Argument stehen, wir unterstellen immer etwas, was zu unterstellen uns alles weitere Erklären und Nachdenken verleidet. Ist eine Erklärung zulässig, die Schuld und Notwendigkeit nicht mehr unterscheiden kann – in der die Subjekte etwas wollen, was sie gerade als Subjekte nicht *wollen* können? Arthur Schlesinger analysiert in seinem Buch »Das bittere Erbe« den Krieg in Vietnam und findet eine Kette von Irrtümern und Unachtsamkeiten; er sagt nicht, warum diese Irrtümer und Unachtsamkeiten begangen worden sind – begangen werden konnten. Wo es um die Politik der mächtigsten Macht der Erde geht, um die Handlungen der ältesten wirklichen Demokratie, um den einen gemeinsamen Frieden – da verlangen gerade die »Pannen« Erklärung. Wenn die Menschen nicht darauf bestehen, machen sie sich an dieser Politik des Irrtums und der Nachlässigkeit mitschuldig, ja, am Mißbrauch von Pannen, an der Unmöglichkeit, irgend etwas zu reparieren: Das ist dann wirklich *Schuld*.

Wie auch immer, einstweilen wissen wir nicht, warum es diesen Krieg gibt, sofern »wissen« heißt: begründete, folgerichtige, prüfbare, wenn schon nicht geprüfte Erkenntnis haben. Und eben das macht die Präambel der UNESCO wahr: In der tiefen Verwirrung der Geister und Gemüter wählen die Menschen letztlich den Ausweg in die moralische Verurteilung, sie *usurpieren* ein sehr bestimmtes Wissen, sie »stellen« das Böse hier oder dort »fest« und ziehen dann aus, es zu bekämpfen.

»Im Geist, in der Vorstellung der Menschen entstehen die Kriege« – dieser Satz hieße dann: »Weil die Vorstellungskraft ihrem Gegenstand nicht mehr gewachsen ist«; weil wir nicht wissen, warum wir Kriege haben, darum haben wir sie – darum nämlich verhindern wir sie nicht. Kriege sind ein geistiges Unvermögen, sind zugleich das Unvermögen, dieses Unvermögen einzugestehen, sind ein Bewußtseinsdefekt.

Es ist nun sicher, daß die Menschen diesen Satz so nicht verstehen, ja, daß er so auch nicht gemeint war. Und dies führt zu einer *zweiten* Antwort. Die UNESCO – d. i. die Organisation der UN »für Erziehung, Wissenschaft und Kultur« – will durch »gegenseitige Kenntnis«, durch »Verbreitung der Kultur«, durch »Vertiefung des Wissens« und durch Förderung »der schöpferischen Mannigfaltigkeit« – also durch Verständigung, gemeinsame Institutionen und gegenseitige Achtung – erreichen, daß die Vorurteile, Meinungsverschiedenheiten und Ungerechtigkeiten unter den Völkern verschwinden; sie glaubt, daß dadurch die *Anlässe* zu Konflikten ausgeräumt werden können, deren gewalttätigen *Ausbruch* allein – und mehr nicht – die UNO verhindern soll.

Aber Verstehen und Verständigung verhalten sich höchst zweischneidig zueinander: Mit vielen Menschen vertragen wir uns nur deshalb gut, weil wir sie *nicht* durchschauen; hätten die Alliierten Hitler besser verstanden, der Krieg wäre nicht erst 1939 ausgebrochen, sondern schon 1934; wer sollte die Deutschen besser verstehen als die Deutschen, die Koreaner besser als die Koreaner, die Vietnamesen besser als die Vietnamesen – und doch führen gerade sie heiße und kalte Kriege miteinander! Die Hoffnung, russische und amerikanische, deutsche und französische Studenten könnten oder würden eine gewaltsame Auseinandersetzung zwischen ihren Nationen jetzt oder später verhindern, weil sie die gegenseitige Sprache, Geschichte, Literatur, ihre Denk- und Lebensweise kennen, ist nicht nur in sich fraglich, es muß für andere Friedensbemühungen schlimme Folgen haben, wenn alle hierfür gebrachten Opfer wieder einmal umsonst waren. Nichts ist für den Frieden gefährlicher als der Zynismus. Aus der Ent-täuschung erwächst der angebliche Realismus, der immer das als *Einwand* gegen die Lösung eines Problems betrachtet, was *das Problem selbst* ist. Das Problem ist oft nicht: Wie bringe ich eine Verständigung zustande? – sondern: Wie vermeide ich ihre Desillusion? In vielen Fällen dadurch, daß ich eine unsichere Verständigung gar nicht erst suche – daß ich froh bin, wenn die anderen fern und ohne genaue Vorstellungen von mir sind und umgekehrt.

Nach dem Kriege hat die unerschöpflich neugierige amerikanische Wissenschaft ein Touristenschiff mit Jugendlichen nach Japan geschickt, auf eine *goodwill tour*, die die Japaner ganz nach ihrem eigenen Belieben nutzen durften. Die Einstellungen und Kenntnisse der Schüler sind vor und nach dem sechswöchigen Aufenthalt getestet worden. Das Ergebnis war, daß die Kenntnisse über Japan zwar beträchtlich zugenommen hatten, die positive Einstellung dagegen beträchtlich abgenommen. – Tritt *dann* ein schwer lösbarer Konflikt auf, schlägt die Einstellung in Affekt um. Viele Krisen, die die Welt in Atem gehalten haben, sind einst und jetzt auf dem Feuer einer tiefen irrationalen Irritierung gekocht worden – der Haß zwischen Deutschen und Franzosen, zwischen Pakistanis und Indern, zwischen Türken und Griechen,

Tirolern und Italienern. Das heißt, sowenig positive Einstellungen schon helfen, den Ausbruch von Gewalt und Krieg zu verhindern, wenn das sogenannte Wohl der Nation auf dem Spiel steht, so beunruhigend ist es doch, wenn negative Einstellungen herrschen. *Sie* machen etwas aus – und zwar um so mehr, wenn sie zu Recht bestehen.

Ich will das an einem Beispiel erklären: Viele Erscheinungen des öffentlichen und privaten Lebens im heutigen Deutschland werden einen gutwilligen, aber empfindsamen Beobachter und Reisenden aus dem Ausland davon überzeugen, daß der Nazismus von 1933 bis 1945 keine unselige Konjunktur war, sondern wohl doch gerade in Deutschland zum Ausbruch kommen mußte – und noch immer zum Ausbruch kommen kann. Er sieht das Wichtignehmen des eigenen Schicksals, die eifrige Kompensation durch Tüchtigkeit, gereizte Rechtfertigung, Vorliebe für Prinzipien, Humorlosigkeit, eine Neigung zu Tragik und Mystifikation – eine merkwürdige Mischung aus Derbheit und Sentimentalität. Solche Beobachtungen werden Einstellungen zur Folge haben: Vorsicht, Besorgnis, Kritik. Der Deutsche wird seinerseits empfindlich reagieren. Er wird den so entworfenen Nationalcharakter, den er als eine ungerechte Verallgemeinerung in Abrede stellen will, dadurch geradezu hervorbringen; »im Namen der Deutschen«, wird er antworten. Heute – 22 Jahre nach dem Krieg, der das Nationalbewußtsein unter seinen Trümmern begraben zu haben schien, verschont von allen Demütigungen und Entbehrungen, die wir uns selbst vorausgesagt hatten – sind wir viel nationalistischer, als wir – den Meinungsbefragern zufolge – sein wollen. Wir können unseren Charakter nicht auswachsen, weil andere ihn dauernd beobachten. Viele Probleme aber löst man nur dadurch, daß man sie übergeht. Ich schiebe damit nicht den anderen die Schuld dafür zu, daß wir so sind. Ich meine in diesem Zusammenhang nur: Wir sollten von der pädagogischen »Pflege« von Einstellungen nicht zuviel erwarten, ja, die Einstellungen der Menschen möglichst nicht direkt angehen und statt dessen lieber lehren, wie man *Tatbestände* beurteilt und verändert. Positive Einstellungen werden enttäuscht und schlagen ins Gegenteil um; negative Einstellungen legen den anderen auf etwas fest, was wir beide nicht wollen. Nur die Offenheit – wenn man will: das Gegenteil einer »Einstellung« – sollte gesucht werden, eine Mischung aus Selbstkritik und Selbstbehauptung, eine Bereitschaft zu Kooperation und Kommunikation und vor allem eine Bereitschaft zur Wahrheit! Natürlich lassen sich Einstellungen nicht schlechtweg vermeiden – sie zu vermeiden wäre selbst schon eine –, aber man darf sie nicht »machen« wollen.

Wer anders lebt als wir, ist verdächtig. Ist er mächtiger, reicher, erfolgreicher, werden wir ihn beneiden und fürchten (»Imperialisten!«); ist er ärmer, weniger erfolgreich, weniger gesichert, werden wir ihn verachten – und auch fürchten (»Untermenschen!«). Wenn wir seine Lage besser verstünden, könnte in der Tat vielleicht Bewunderung aus dem einen und Hilfsbereitschaft aus dem anderen werden. Aber wie erreicht man, daß jemand verstehen *will*, wo es doch so unbequeme Folgen hat! Genügen hier die eingeübten positiven Einstellungen? Werden, nein, können sie standhalten? Wiegen wir uns nicht – ausgestattet mit *goodwill* und »Seid nett zueinander!« – in falscher Sicherheit? Die Pädagogik, die diesen Weg gegangen ist, scheint, wenn nicht einen Irrweg, so doch einen gewaltigen Umweg beschritten zu haben – einen Umweg, der ihr bisher versagt hat, ihr Ziel zu erreichen.

Die speziell mit der Erforschung der Einstellungen befaßten Wissenschaften weisen der Erziehung seit einiger Zeit einen anderen Weg – und dies ist eine *dritte* Antwort auf unsere Frage. Wer die Einstellungen der Menschen beeinflussen und nachhaltig ändern will, der muß sich vor allem um etwas anderes kümmern – nicht in erster Linie um das, was man in Übung, in Unterweisung, in den Lebensumständen ordnen und gefügig machen kann und was man am Ende »Charakter« und »Kultur« nennt. Er muß sich vielmehr vor allem um das kümmern, was Charakter und Kultur unterdrücken: um die allgemeinen Triebschicksale, um das eigentlich »Unbelehrbare« im Menschen. Auf die List der Vernunft ist kein Verlaß, wenn sie die List der Natur ignoriert.

Was das heißt, läßt sich leicht am Beispiel der Sexualität einsehen. Die Heftigkeit der Sexualität ist der Kultur seit Jahrtausenden unbequem, eine Quelle von Schwierigkeiten gewesen; sie hatte gleichwohl so lange einen unangefochtenen Sinn, als sie zunächst mit der Sterblichkeit der Menschen, mit Seuchen und Kriegen, und dann mit der Expansion und Produktivität der menschlichen Gesellschaft Schritt halten mußte. Heute ist sie zu einer beträchtlichen Verlegenheit, ja Not geworden, jedenfalls soweit der Sexualverkehr mit der Erzeugung von Nachkommenschaft verbunden bleibt. Wir haben keine Aussicht, daß die Heftigkeit der Sexualität unter veränderter Erziehung und Umwelt nachläßt, daß aus der reißenden Wölfin ein dressierbarer Schoßhund wird. Da die Sexualität ja der Arterhaltung dient, also dem stärksten Prinzip, das wir in der Natur erkennen können, sehen wir bereitwillig ein, daß die Natur hier unbelehrbar bleiben will; ebenso steht es mit dem Nahrungstrieb und mit der Angst. Wenn uns die Fähigkeit verlorenginge, Hunger zu haben oder Angst zu verspüren oder einen Geschlechtspartner zu finden, die menschliche Rasse ginge unweigerlich zugrunde. Angst, Hunger, Sexualität – diese Triebe, so sagt uns die Tiefenpsychologie, sind spontan und autonom, wie sehr wir sie auch umlenken, sublimieren, absättigen.

Zu ihnen hat schon Sigmund Freud die *Aggression* gezählt – und um ihretwillen bin ich auf die Trieblehre überhaupt eingegangen. Nach anfänglich anderen Deutungen rechnete er sie einem »Todestrieb« zu, den er in Parallele zu dem lebensaufbauenden Trieb annahm – einem Trieb, der das Bestreben hat, das jeweilige Wesen wieder »zum Zerfall zu bringen«. Denn auch das bedarf für den Wissenschaftler einer Erklärung. Dieser Todestrieb wird zum Destruktionstrieb, indem er sich nach außen gegen andere wendet: »Das Lebewesen bewahrt (dann) sozusagen sein eigenes Leben dadurch, daß es Fremdes zerstört.«[1] Wer sich hierzu den unter den Trojanern wütenden Achill vorstellt, Achill, dem selber ein früher Tod bestimmt war, der hat die deutlichste Illustration dazu. Dieser Destruktions- und Aggressionstrieb war nach Freud also elementar, und der Krieg bringt ihn nicht hervor, er deckt ihn nur auf, indem er die »späteren Kulturablagerungen abstreift«[2], die ihn verdecken. Heute ordnet man die Aggression anders ein – und bindet sie damit noch enger an die unbelehrbare Triebstruktur der jeweiligen Wesen. Die Verhaltensforschung beobachtet, daß »die gegen (die eigenen) Artgenossen gerichtete Aggression so vieler Tiere . . . keineswegs nachteilig für die betreffende Art, sondern ganz im Gegenteil ein zu ihrer Erhaltung unentbehrlicher Instinkt ist«[3]. Dieser Instinkt ermöglicht eine Auslese innerhalb der Spezies, eine Auslese, die sie wiederum für den Daseinskampf gegen äußere Feinde fit macht. Dabei haben sich Tötungshemmungen in genau dem Maß eingestellt, in dem sie nötig sind;

Kampf und Unterwerfung des Artgenossen sind ritualisiert, das heißt, sie werden eingeleitet, aber nicht vollstreckt. Der Stärkere wird im Kampf ermittelt, aber er bringt den Unterlegenen nicht um; der Kampf verteilt die Lebewesen im Raum und verhindert die gefährliche Übervölkerung der günstigsten Gebiete.

Auch unter uns Menschen, so schließt der Verhaltensforscher, würde die Aggression segensreich oder doch sinnvoll funktionieren, wenn wir im Laufe unseres Kulturschicksals einerseits uns nicht aller äußeren – nichtmenschlichen – Feinde beraubt und andererseits nicht durch die Erfindung und durch den Gebrauch von Waffen das Gleichgewicht von Tötungsmöglichkeit und Tötungshemmung gestört hätten. Was wir also an der Aggression bedauern müssen, die wir als Mord oder Überfall oder Krieg aneinander auslassen, ist nicht die Aggression selbst, sondern eine Fehlfunktion dieses Instinkts.

Die Moral versucht, das gestörte Gleichgewicht wiederherzustellen: mit dem Gebot »Du sollst nicht töten« und der gemeinsamen, also dem Affektmoment enthobenen Sanktion. Aber sie ist und bleibt ein schwacher »Kompensationsmechanismus«. Wir tun gut, sie nicht zu überfordern – vielmehr (und nun vollziehe ich die Wendung von der beschreibenden und erklärenden Verhaltensforschung zur normativen Pädagogik) sollten wir uns mit unserer Triebstruktur befreunden: Wir sollten *erstens* erkennen, wie wir vielfach schon aus Instinkt sozial handeln; wir sollten *zweitens* die in der Triebstruktur selbst liegenden Möglichkeiten der Ersatzhandlungen und Spielformen nutzen; wir sollten *drittens* und vor allem die Grenzen der Belehrbarkeit unserer Triebstruktur bewußtmachen und anerkennen.

Die Verhaltensforscher geben uns Beispiele, die ich hier nur nennen und nicht erklären kann. Die Freundschaft und die Liebe, das Lachen und die sublimierte Begeisterung, der Sport und die Raumflüge, das *sind* alles Aggressionen in veränderter Form. Das heißt also, sie absorbieren einen Teil des Triebes und beweisen damit, wie elastisch und regulierbar der Haushalt unserer »unbelehrbaren« Natur doch ist, wenn wir ihre Gesetze nur verstehen.

Eingeschlossen in diese Erkenntnisse der Verhaltensforschung ist die Erkenntnis der vorhin schon angedeuteten *Machbarkeit* unserer Leidenschaften und Einstellungen. Dieselbe Wissenschaft, die uns über die Spontaneität der Triebe belehrt, belehrt uns auch über den Spielraum ihres Irrtums, Mißbrauchs und Selbstbetrugs. Wenn ein Trieb längere Zeit übergangen worden ist, sucht er selbst eine Situation auf, in der er gereizt wird (das ist das sogenannte Appetenzverhalten), und bricht auch schon bei sehr geringer Reizung durch. Mein Trieb ist dann gleichsam jedem Spitzbuben verfügbar. Es kann also nach langem Frieden einer kommen und mir meinen besten Freund durch eine geringfügige, ja unglaubhafte Verdächtigung zum Feind machen. Ich folge der Reizung durch die »Feindattrappe«, nicht weil *er* mir feindlich ist, nein, er muß mir Feind sein, weil *ich* jetzt einen Feind brauche. Ja (und hier finge ein anderer Abschnitt an), die anderen Triebe sind schnell zur Hand, um sich den Ausbruch der Aggression zunutze zu machen: Ich habe da eine Angst in meinem Beruf, ich habe Schuldgefühle vor meiner Frau, ich habe einen ausgewachsenen und gut verdrängten Besitzneid – und alle finden auf einmal eine Erlösung, wenn ich jener Verdächtigung alsbald stattgebe und zuschlage. Unendlich raffinierter jedoch als alle Spitzbuben besorgen heute die Systeme und Kollektivzustände, in denen wir leben, diese Reizung und Ausbeutung unserer Triebe; mitten in unserer großen Stadtkultur brechen wir wieder als Horden auf.

Es mag schon jetzt verständlich sein, warum mir diese Bekanntschaft mit dem Triebhaushalt so wichtig erscheint – weil wir immer noch das Heil in der entgegengesetzten Richtung suchen: in der Ächtung der Triebwelt; in einer Moral, die die völlige Autonomie des Willens, des Urteils und der Erkenntnis voraussetzt; in einer Erziehung, die uns Einstellungen eingewöhnt und einredet, die zu haben für die menschliche Gesellschaft freilich bequemer wäre – Toleranz, Achtung vor der Würde des anderen, Liebe zu den Menschen, Gerechtigkeit, Objektivität, Geduld –, Einstellungen, die jedoch den Anschlag auf den Frieden nur selten überleben, den zu retten sie doch gedacht sind.

Kein Krieg ist aus Anstand unterblieben – das jedenfalls ist das Fazit eines der wirklichen Moralisten der Weltgeschichte, Thukydides, den man um dieser und ähnlicher Äußerungen willen zum Positivisten erklärt hat. Es ist nicht wahr, daß er und seinesgleichen die Gesittung einfach an die Natur ausliefern wollten, indem sie zeigten, daß die Natur die stärkere von beiden ist – sie haben vielmehr versucht, die Moral gegen ihre eigene Leichtgläubigkeit und Arroganz zu sichern. Wer die Pest in Athen im Jahre 429 erlebt hatte, die Wirren von Kerkyra, die Vergewaltigung von Melos und die Kapitulation von Sphakteria, der hatte gelernt, *wie unmoralisch es ist, die Moral zu überschätzen.*

Aber daß uns die Versuche der moralischen Belehrung der Menschen immer wieder enttäuschen, das macht ihr Gegenteil noch nicht verläßlich und richtig. Das Modell der Verhaltensforscher bleibt schwer übertragbar auf den Funktionär des Bösen mit der Atombombe und der »Tötung auf dem Verwaltungsweg«; es bleibt ein Wegweiser auf unserer Suche nach dem praktischen Sinn jenes Satzes, daß die Kriege in den Einstellungen und Vorstellungen der Menschen entstehen. Und, wie Wegweiser das so an sich haben, sie beunruhigen den Fahrer noch lange hinterher: ob er sie auch richtig gedeutet habe! Kann man sich einfach dem Regelkreis überlassen, den die Natur in uns eingebaut hat? Warum sollte man ihm widerstehen? Es hat zwar Sinn, die Fehlfunktionen des Aggressionstriebes einzuschränken und, fast noch mehr, die falschen Erwartungen der herkömmlichen Moralisten – aber trachtet danach nicht nur der, der eines allgemeineren Sinns schon gewiß ist?

Hier taucht die Möglichkeit einer *vierten* Antwort auf: »Im Geiste der Menschen« möchte wohl zuerst und allermeist auf das eine bedeutende Ziel hinweisen, an dem sich unser Leben nach unserem Willen orientiert – an Gott, an der Gesellschaft, an der Natur, an einem kategorischen Imperativ, am Ich und d. h. der Erfahrung seiner großen Leidenschaften, seiner beglückten Augenblicke, seines ganz unteilbaren Untergangs. Von ihnen allen kann mit gleichem Recht gesagt werden, daß sie »im Geiste der Menschen« sind. »Im Geiste der Menschen« aber – das ist nichts als eine Metapher für das, was uns überhaupt motiviert.

Seit Jahrtausenden haben in der Tat die Propheten und Philosophen gelehrt, daß es hierauf ankomme, und die Pädagogen sind ihnen gefolgt. Sie alle haben den Frieden der Welt, wenn sie ihn nicht verachteten, als die Folge davon hingestellt, wie ernst man es mit dem einen wahren Ziel des Lebens nimmt: Friede ist nur in Gott, Friede ist nur durch die mündige Gesellschaft, Friede ist nur in Übereinstimmung mit der Natur, Friede ist allenfalls in der Befolgung der Vernunft, Friede ist allein in dir selbst.

Es ist nun deutlich, daß wir diesen Behauptungen nicht nachgehen können – weder hier noch überhaupt –, um herauszufinden, welcher Anspruch mehr recht hat als welcher andere. Die Geschichte legt nahe, daß keiner recht habe oder alle. Alle diese Lehren haben ihre wahren Heiligen gehabt, und keine hat Aufruhr, Krieg und Gewalt vermieden oder verhindert. Sie alle haben im übrigen auf ganz verschiedene Herausforderungen geantwortet. – Und doch ist sicher, daß wir solche Lehren brauchen!

Da wir nicht mit Zielen auf die Welt kommen wie mit Augen und Ohren, da sie in der heutigen komplexen und pluralistischen Welt immer schwerer zu finden, zu formulieren und anzueignen sind, da sie plötzlich wechseln und noch plötzlicher zusammenbrechen und da all dies Abhängigkeit, Panik, Zynismus erzeugt, sind wir in der Tat gehalten, *um des Friedens willen* zu lehren, wie man sich Ziele wählt, wie man sie bewahrt und verändert und mit anderen teilt – ein Verfahren, das man gemeinhin »Philosophie« nennt. Auch diese Deutung von »im Geiste der Menschen« hat also einen praktischen Sinn ergeben.

Bevor ich nun zur zweiten Frage komme, wie mit dem so lokalisierten Herd des Krieges zu verfahren sei, möchte ich das bisher Gesagte rekapitulieren: Wir haben der Formulierung »im Geiste der Menschen« vier Deutungen unterstellt. »Im Innern der Menschen« könne heißen: in ihrer Verwirrung über die schon vor sich gehende Gewalt; in den Einstellungen, die sie zu anderen Menschen haben; in der Triebstruktur und dem moralistischen Verhältnis zu ihr; in der versäumten, verlorenen, gestörten Grundorientierung, in anderen Worten: im Verlust oder der Verfehlung ihres Glaubens.

*Die erste Deutung sagt:* In der Verwirrung darüber, was der Krieg ist, in der Unfähigkeit, die Wahrheit zu sehen, maßen wir sie uns an. Angemaßte Wahrheit aber führt allemal zu Gewalt.

Auf der Insel, die William Golding in seinem großen Roman »Herr der Fliegen« ausgedacht hat, damit eine Gruppe von Jungen zwischen sechs und dreizehn Jahren auf ihr die Entstehung von Gesellschaft, Recht, Religion und Krieg nachvollziehe, glauben zwei Knaben ein fürchterliches Tier, ein Ungeheuer, gesehen zu haben. Als die Angst der Kleinen überhandnimmt, beschließt der gewählte, nicht mehr ganz unangefochtene Führer – wie er es an seiner englischen Schule gelernt hat –, abstimmen zu lassen, ob es Ungeheuer gibt. – Die Dunkelheit kommt herauf, und die Kleinen stimmen dafür, daß es Geister und Unwesen gebe; die

Großen ordnen an, daß es dennoch keine geben dürfe und daß jeder gefälligst mit seiner Angst allein fertig zu werden habe; der Intellektuelle schließlich sagt; daß es keine Ungeheuer geben könne, weil die Wissenschaft das ausschließe – aber er selbst hat am meisten Angst.

Dies Verfahren kennzeichnet auch unser Verhalten zu unserem Ungeheuer – den Ursachen und der Tatsache des Krieges. Wir lösen ein unbekanntes Problem *notwendig* mit den falschen Mitteln. Ganz ohne Zweifel: In diesem Sinn besteht der Satz zu Recht, daß die Kriege im Geist der Menschen entstehen.

*Die zweite Deutung sagt:* Aus der Fremdheit und Ferne, aus der bloßen Konstellation von WIR und SIE entstehen Voreingenommenheiten, negative Einstellungen, aus denen wiederum die Anfälligkeit für wirkliche Feindschaft erwächst, Bereitschaft und Provokation zu gewalttätigen Lösungen von Konflikten. Auch die positiven Einstellungen sind gefährlich, wenn wir sie überschätzen – wenn sie enttäuscht werden und aus Enttäuschung Haß wird. Die »Einstellung« ist der machbare und *darum* so gefährliche Teil in uns.

In einem Experiment amerikanischer Soziologen und Psychologen, das nach dem Ferienlager, in dem es stattfand, als »The Robber's Cave Experiment« bekanntgeworden ist, hat man durch bloße Umgruppierung der zehn- bis zwölfjährigen Jungen die besten Freunde innerhalb von zwei Wochen zu den leidenschaftlichsten Feinden gemacht. »Im Geiste der Menschen« heißt dann: Dort, im Innern, werden wir zu Verrätern an unserer eigenen Wahrnehmung und Loyalität, am Grund unseres gemeinsamen Vertrauens.

*Die dritte Deutung sagt:* Auch der Mensch hat einen nicht unterdrückbaren, einen unbelehrbaren Aggressionstrieb. Die »Kontrolle«, die wir über uns haben, ist selbst nicht kontrollierbar; wir leben immer in einem Zustand, der weit zurückreicht; denn die Gewalt entsteht nicht in der Stunde, in der sie ausbricht, sie ist immer schon vor langer Zeit verschuldet, und wir wehren ihr immer zu spät.

Frantz Fanon, ein Schwarzer aus Martinique, Kämpfer für die Freiheit Afrikas und Held des algerischen Krieges, schildert den Zustand der unterdrückten Aggressivität:

»Der Eingeborene ist ein eingepferchtes Wesen ... Als erstes lernt der Eingeborene, auf seinem Platz zu bleiben, die Grenzen nicht zu überschreiten. Deshalb sind die Träume des Eingeborenen Muskelträume, Aktionsträume, aggressive Träume. Ich träume, daß ich springe, daß ich schwimme, daß ich renne, daß ich klettere. Ich träume, daß ich vor Lachen berste, daß ich den Fluß überspringe, daß ich von Autorudeln verfolgt werde, die mich niemals einholen. Während der Kolonisation hört der Kolonisierte nicht auf, sich zwischen neun Uhr abends und sechs Uhr früh zu befreien ... Der Kolonisierte ist ein Verfolgter, der ständig davon träumt, Verfolger zu werden ...«[4]

*Die vierte und letzte Deutung sagt:* Wer an keine Rettung mehr glaubt, ist gefährlich; er läßt es darauf ankommen, läßt das Feuer ausgehen, das alle gemeinsam retten könnte, wenn sie es gemeinsam in Gang hielten. Daß Menschen an Rettung glauben können, ist weder selbstverständlich noch ihr privates Verdienst: Wer nicht *erfahren* hat, wie es ist, im geschützten Haus zu sitzen – warum soll er nicht zum Brandstifter werden?

Daß der Krieg in den Gemütern der Menschen seine Wurzeln habe, ist also keine triviale, unnütze Bemerkung; es ist eine wirkliche Alternative zu einem Jahrtausende hindurch geübten Verfahren: nämlich der Gewalt – wenn sie hereinbricht – durch Gewalt zu begegnen, statt sie vorher unnötig zu machen.

Aber damit ist die Aufgabe, Frieden zu schaffen, nicht leichter geworden – ich meine dadurch, daß wir das große Ungeheuer Krieg nun in dem kleinen Gehäuse Mensch eingefangen haben, als sei aus einer Frage der Macht und der Rüstungen, der Hungerkatastrophen und der Überproduktion, der Rassen und Klassen, der Nationen und Religionen ein Kapitel Kinderstube und etwas Wissen darüber hinaus geworden. Alles Wissen – auch das, das wir hier in Brocken zusammengetragen haben – mündet wieder vor der komplizierten und schwerfälligen Wirklichkeit, ja, es fügt selbst noch zu ihren Schwierigkeiten hinzu. Es zwingt zu Konsequenzen, und wer hätte die schon durchdacht und durchprobt!

Ich bin damit bei meiner zweiten Frage:

## Was es heißt, »den Frieden im Innern der Menschen zu verteidigen«

Es wird von hier an schwer sein, zwischen Politik und Pädagogik so zu unterscheiden, wie es der Stimmenverteilung auf diesem Kirchentag und in dieser Vorlesungsreihe entspricht. Die Einteilung – die *Pädagogik* befasse sich mit der geistigen Vorbereitung (»im Geiste der Menschen«), und was sie nicht erreicht habe, müsse die *Politik* (gleichsam mit aufgekrempelten Ärmeln) bewerkstelligen –, diese Einteilung verfehlt nicht nur die Wirklichkeit, sie ist in hohem Maße gefährlich. Immerhin hat sie uns ermöglicht, die Erhaltung des Friedens zu einer wirklichen Domäne der Pädagogik zu machen, die auch der Politiker berücksichtigen muß. Er kann und darf hinfort nicht sagen: Weil die Menschen ohnedies dumm, brutal und egoistisch sind, muß ich für die Gewalt vorsorgen. Er wird vielmehr sagen müssen: Weil Menschen anders sein können, wenn wir sie in der Kindheit richtig erziehen, fängt meine Aufgabe und Verantwortung dort an; wenn die Vorbereitung des Krieges und die Abrichtung der Jugend auf einen – obendrein bestimmten – Feind diese Bemühungen stört, muß ich sie sein lassen. *Si vis pacem para bellum* – »Wenn du den Frieden willst, rüste dich zum Krieg« –, dieser Spruch dürfte dann keine Gültigkeit mehr haben.

Um unsere Zeit nicht mit unfruchtbaren Abgrenzungen zu vergeuden, werde ich meine Antworten auf die Frage dieses Abschnittes so anordnen, daß die pädagogischeren zuerst, die politischeren am Ende stehen.

Eine Wissenschaft darüber, wie man zum Frieden erzieht, gibt es noch nicht. Wir sind auf Vermutungen und Erfahrungen angewiesen. Die angemessene Form, sie vorzutragen und verwendbar zu machen, ist die Aufstellung eines Katalogs von Thesen. Meinen einzelnen, ja vereinzelten Thesen liegt eine gemeinsame Überzeugung zugrunde, die ein älterer Freund von mir beiläufig formuliert hat, als ich mich vor etwa sechs Wochen daranmachte, meine Gedanken für diesen Vortrag aufzuschreiben. Wir sprachen von Vietnam und wie man sich zur amerikanischen Politik verhalten müsse, als sich ihm der Seufzer entrang: »Es ist so schwer, etwas Rechtes in dieser Welt zu tun, weil es so wenig wirkliche Schurken gibt.« Das ist ein in der Tat wichtiges Wort in unserem Zusammenhang: Es gibt nicht *den* Bösen, den man nur ermitteln, fesseln, beseitigen, womöglich töten muß, um Frieden zu haben; es gibt nicht die letzte große Anstrengung und womöglich dieses eine letzte Opfer auch unserer Friedensskrupel um der besseren Welt willen, die dann kommen werde; es gibt nur ein einigermaßen menschliches, erfindungsreiches, wachsames, immer wieder beschämtes Aushalten in der Schmuddeligkeit – die entschlossene Bereitschaft, in der Unsicherheit zu leben, und die sehr viel bangere Bereitschaft, der Gewalt in den Arm zu fallen, wenn sie kommt – und wenn man dann die moralische Kraft dazu hat. Wir werden eben nicht »zum Frieden« schlechthin erziehen können, sondern immer nur dazu, wie man tagtäglich »gegen den Krieg« ankämpft – ich meine auch den großen, unausdenkbaren Atomkrieg, der »im Geiste der Menschen« seine unheimlich zweideutige Rolle spielt.

Ich weiß, daß es schwer ist, aus dieser Einsicht so etwas wie pädagogischen Alltag zu machen. Aber ohne sie blieben meine zehn Thesen, die auch praktisch sein wollen, widersprüchlich, preziös, unrealistisch.

Sie betreffen in einer groben Einteilung

a) die Vermittlung von Überzeugungen, Verhaltensweisen, Wahrnehmungsweisen, mit denen wir den Vorwänden und Verführungen zur Gewalt begegnen; wenn man so will: die Vermittlung von Vorurteilen für den Frieden; sodann
b) die Vermittlung von politischen Verfahrensweisen, mit denen wir unsere Einsicht in die Notwendigkeit des Friedens gegen den Irrtum und Widerstand der anderen durchsetzen können; und schließlich
c) die Vermittlung von technischen und wissenschaftlichen Kenntnissen und Fertigkeiten, mit denen wir die sachlichen Anlässe zu Kriegen beseitigen: den Mangel an Nahrung, Raum, Kenntnissen, Arbeit, die ungerechte Verteilung der Güter, der Chancen, des Ansehens.

## a) Überzeugungen und Verhaltensweisen

1. *Erziehung zum Frieden ist* Erziehung zur Empfindsamkeit, ja zur Empfindlichkeit: zum Leiden am Unrecht, an der Mißach-

tung, der Gleichgültigkeit, den Schmerzen und Ängsten, die anderen und mir widerfahren, lange bevor sie zur Gewalt drängen. Dazu gehört, daß man den eigenen Standpunkt verläßt – oft sehr weit: bis hin zu den Schuld- und Haßgefühlen, dem Aberglauben und der Ziellosigkeit, dem Nationalismus und dem verletzten Rassenstolz, dem Hunger, dem Neid, der absoluten Arglosigkeit der anderen.

In dem Bemühen darum werde ich merken, wie eng die Grenzen der Einfühlung, der Empathie, sind, daß ich schon Armut kaum verstehen kann, geschweige denn, wie ein Hindu denkt oder ein Maoist. Ich muß das wenigstens versucht haben, und zwar nach *seinen* Büchern, nach *seiner* Geschichte, *seinen* Anweisungen, bevor ich sie an der europäischen Arbeitsmoral, an den Prinzipien der amerikanischen Verfassung, an den Beschlüssen der Vereinten Nationen messe.

2. *Erziehung zum Frieden heißt* den lebenden und kommenden Menschen eine tiefe Abneigung gegen die Gewalt eingeben. Ich meine vor allem physische Gewalt. Machen wir den Kindern nicht weis, daß man ihr standhalten könne, solange nur der Geist ungebrochen bleibe, und daß dies die richtige, die gute Antwort auf sie sei. Die physische Gewalt demütigt doppelt, weil sie nicht nur den Körper, sondern auch den Geist unterwirft. Man muß die Kinder vielmehr lehren, sich der Gewalt zu entziehen. Die amerikanischen civil-rights-Kämpfer lernen, bevor sie ihre Protestmärsche antreten, zwei Dinge: Wenn Polizei kommt oder die anderen euch bedrohen – geschlossen und unbeirrt weitermarschieren; greift man euch an – hinsetzen! Das ist nicht nur eine Demonstration für die Gewaltlosigkeit, das ist eine Ökonomie des physischen Schmerzes. Wer leidet, unterliegt.

3. *Erziehung zum Frieden heißt* lehren, wie der Krieg ist. Der Krieg ist die kollektivste und darum unbarmherzigste Form von physischer Gewalt, und davor sollen die Menschen Angst haben. Wie weh er tut, kann man freilich nicht lehren. Ich glaube auch nicht, daß es Sinn hat, den Kindern die Schrecken der bisherigen Kriege zu schildern. Ihr gemeinsames Kennzeichen gegenüber dem kommenden Krieg ist, daß sie vorüber sind, daß man sie überlebt hat und daß Menschen von ihnen berichten können – sogar mit Eifer.

Kinder möchten auch gern große Prüfungen und Gefahren bestehen – die Grausamkeiten der Vergangenheit ziehen sie an. Die Grausamkeiten der Gegenwart dagegen sind zu einem an- und abstellbaren Bildausschnitt im Wohnzimmer geworden. Wie eh und je unterhalten sich die Jungen dabei über Bombertypen. *Angst* werden die jungen Menschen nur vor dem noch *unbekannten* Krieg von morgen haben – oder vor einem Krieg ohne Pathos, ohne die optische Sensation von Atompilzen, Bombenhagel, Großkatastrophen und Massentötung, vor einem Krieg der einsamen Jämmerlichkeit, vor dem Krieg, der allen Zwang, den sie jetzt schon kennen und hassen, zu einem System absolutiert, d. h. vor ihrem erfahrbaren eigenen Krieg, der freilich nicht so genannt wird.

4. *Erziehung zum Frieden heißt* also auch die Schrecken des Friedens kennen – zumal die, die er heute für andere hat, die darum den Krieg nicht scheuen. Ja, es ist mir widerwärtig gewiß, daß Frieden halten heute immer auch bedeuten wird, mit einem bestimmten Maß von Unrecht auszuhalten – es nicht immer gleich und ganz austreiben zu können, weil das seinerseits nur mit Unrecht geschehen kann. Und wie oft ist das Unrecht des anderen nichts als der eigene Neid! Der Friede ist kein Paradies, und eben darum gibt es Menschen, die den Krieg nicht fürchten. Gerade die Jugend fürchtet ihn jedenfalls nicht mehr als die sinnlose Enge, die Torheit und Last, als die ihr unser erwachsenes Leben erscheint.

5. *So ist Erziehung zum Frieden* eine Erziehung zur Unsicherheit, zu Zweifel, zu Mißtrauen – auch gegen die eigene innere, womöglich »heilige« Überzeugung, die nur Autorität über uns hat. Wieviel mehr gegen die allgemeine, öffentliche, die zugleich auch Macht hat.

»An mir habt ihr einen, auf den könnt ihr nicht bauen« – wer so denkt wie der arme B. B., der wird von anderen nicht Menschenunmögliches verlangen. Auf Regierungen freilich – so will es die staatsbürgerliche Moral – soll man immerzu bauen; sie wissen alles besser und haben zugleich die Mittel, diese Meinungen von sich durchzusetzen.

Am Ende eines sehr nüchternen Buches über die Chancen der Menschheit, das Jahr 2000 zu überleben, entwirft der Wirtschaftswissenschaftler Fritz Baade eine *fiction story*. Die großen Observatorien der Erde empfangen eines Tages einen Funkspruch aus dem Weltraum von einem interplanetarischen Rat, der die Entwicklungen auf der Erde seit langem mit Besorgnis beobachtet. Man wolle die Erde nunmehr, bevor ihre Bewohner planetarischen Schaden anrichten, schmerzlos austilgen – den Menschen aber vorher noch die Chance einer letzten Probe gewähren. Sie sollten das Recht haben, drei Fragen an den Planetenrat zu richten. Von der Formulierung dieser Fragen hänge ihr Schicksal ab. Die Menschen beschließen nach langen Beratungen, erst zu fragen: »Glaubt ihr an Gott?«, dann: »Wie seht ihr uns?« Und schließlich: »Was ratet ihr uns?« – Die Fragen machen einen außerordentlich günstigen Eindruck auf den Planetenrat, er läßt die Erde bestehen und gibt Ratschläge, die man bei Baade nachlesen mag. Ich erzähle das hier aus einem anderen Grund. – Warum berührten die Fragen so sympathisch? Weil sie eine Unsicherheit bekennen, auf deren Hintergrund man keine Wasserstoffbomben herstellen und anwenden würde. – Ich fürchte, die Regierungen der wirklichen Menschen hätten so nicht gefragt.

6. *Erziehung zum Frieden heißt* auch lernen, ungehorsam zu sein, bereit zu sein für Unordnung, wenn die Ordnung Beschwichtigung des Übels, Verleugnung des tatsächlichen Skandals ist; Erziehung zum Frieden heißt mit *Konflikten* leben, um den *Krieg* zu vermeiden. – Vor meinen Studenten müßte ich nun anfangen, meine Unterscheidungen zu schärfen. Was ist noch »Konflikt« und nicht schon »Krieg«? Und was vor allem ist »Konflikt« und nicht schon »Chaos«? – Hier genügt vielleicht, wenn ich sage: Ich bin kein Anarchist, und ich unterschlage auch nicht, daß denen, die die Ordnungen brechen, eine eigene Verantwortung zufällt. Aber ich glaube doch, daß jeder staatlichen Ordnung eine Dosis Anarchie guttäte – eine prinzipielle Anfechtung ihrer Existenz, ihres Anspruchs, das Leben der Menschen gültig zu regeln. Ich möchte also, daß die einzelnen Menschen nicht nur über Krieg und Frieden nachdenken, sondern auch darüber, daß es die Staaten sind, die heute Kriege führen, die angeblich niemand will. Die »Staaten« erscheinen den Menschen als absolute Größen; ihre Maschinerie läuft nach absoluten Gesetzen; ihre Repräsentanten sind in ihrer höchsten Verantwortung absolut zu Gott. Ich über-

treibe nicht; ich habe nicht die Ungeheuerlichkeiten des faschistischen Staates im Sinn; ich spreche von dem, was uns täglich umgibt. Am 16. 5. 1967 konnte man in der »Neuen Zürcher Zeitung« lesen:

»Im Augenblick deuten die Zeichen nicht auf De-eskalation, sondern auf Eskalation. Sie mag den Präsidenten hart ankommen, wie man einem Bericht der ›New York Times‹ entnehmen muß, aus dem hervorgeht, daß er während der Bombardierung der Öldepots in Nordvietnam, die er angeordnet hatte, bedrückt im Salon saß und seiner Tochter sagte, ihr Vater könne als der Mann in die Geschichte eingehen, der den dritten Weltkrieg ausgelöst habe – worauf ihn die . . . Tochter dazu überredete, mit ihm in die Kirche zu fahren und dort kniend mit ihr zu beten. Das Blatt berichtet, er sei darauf gestärkt ins Weiße Haus zurückgekehrt.«

Das Risiko und der Glauben des Präsidenten in Ehren – aber solche Berichte können uns den Konflikt mit seiner Politik nicht ersparen. Auch »mein Führer« übernahm allein die ganze Verantwortung. Es ist also besser, daß es diesen Konflikt zwischen uns und den Regierenden gibt, auch für sie. Wenn wir der Jugend beibringen, Konflikte seien ungesund, undemokratisch, unfriedlich, verkehren wir die Logik. Wem Konflikte schlimm sind, dem macht es auch nichts aus, sie gewaltsam zu lösen.

Eine andere Frage ist, *wie* man dazu erzieht, mit Konflikten zu leben. In jüngster Zeit hat diese Frage die Erziehungswissenschaft gerade in Amerika beschäftigt, und zwar in der Form: »*Wann* – das heißt, von welchem Alter an – kann man Kinder Konflikten aussetzen, um sie daran zu erziehen?« – Ich glaube, daß die Frage so falsch gestellt ist: Kinder leben nicht in der heilen Welt, sie sind immer schon – ja heftiger und hilfloser als die Erwachsenen – in Konflikte verstrickt. Man muß sie vielmehr erkennen lassen, *worin* Konflikte bestehen, warum sie notwendig sind und warum viele auch von den Erwachsenen nicht gelöst werden können.

### b) Politische Verfahrensweisen

7. *Mit Konflikten leben heißt*, daß man sich auf Schuld und Widerstand, auf Versöhnung und Vergessen einläßt, auf einen komplizierten, aber verstehbaren Mechanismus. Man muß dazu dreierlei ausdrücklich *lernen* – und zwar in einem engen Zusammenhang

miteinander: zu verstehen / zu »streiten« / den Streit wieder fallenzulassen. Dies sind drei laienhafte Ausdrücke für eine Technik, die in verschiedenen Graden überall im Leben angewandt wird – von der Freundschaft bis zur Weltpolitik.

Das »Verstehen« verstehen wir am ehesten. Aber seine Funktion ist in der Politik eine andere als in der Freundschaft, wo man sich damit in die Lage des anderen versetzt. Wie kann man Völker »verstehen«, wie Regierungen, die die Völker falsch und doch legitim und jedenfalls wirksam repräsentieren, wie Schicksale und Traditionen, die wir mit ihnen nicht teilen? Wir lernen dazu ihre Geschichte – aber auch ein Volk hat ein Recht, *anders* sein zu wollen, als seine Vergangenheit ihm vorschreibt. Das Verstehen ist also schon schwer genug!

Der Sinn des »Streitens« ist noch schwerer einzusehen, aber das liegt vielleicht nur an dem überspitzten Ausdruck. Was ich hier meine, ist mehr als Dialektik, mehr als sogenannte fruchtbare Spannung, mehr als ein gleichsam automatischer Konflikt. Die konfliktlose Welt wäre nicht eine friedliche Welt, sondern eine erdrückte, sterilisierte, ertötete. »Streit« – das soll heißen: die Überzeugung, die *grande cause*, die Wahrheit, die für beide wichtig sein kann, nicht leichtfertig im Stich lassen, sondern weiter für sie einstehen – auch auf Kosten von Freundlichkeit, Anpassung, Harmonie. Streit ist eine Weise, den andern ernst zu nehmen, und ist darum sogar ein unerläßlicher Teil des Verstehens.

Das »Fallenlassen des Streits« schließlich meint: Man muß verhindern lernen, daß Streit zum Selbstzweck wird; die Auseinandersetzung muß wieder absinken können in die Normalität, sie darf unsere Kraft nicht für immer an einen Punkt binden. Der zum Zweck gewordene Streit ist irreal, und das führt zur nur um so heftigeren Behauptung der einmal eingenommenen Position. Man kann nicht zurück, ohne das Gesicht zu verlieren; man usurpiert das Recht, das man nicht hat, und das endet, wie gesagt, notwendig in der Gewalt.

Die Bundesrepublik ist ein Meister im Nicht-fallenlassen-Können von altem Streit. Ja, hierzulande bringt man es fertig, die irreal gewordenen Fälle noch an die nächste Generation zu vererben! Wer nicht weiß, was hiermit gemeint ist, der achte auf dem Heimweg auf die Säulen mit den roten Plakaten: »Dreigeteilt? – Niemals!«

Was Schuld und Versöhnung betrifft, so möchte ich ganz am Schluß meiner Vorlesung etwas darüber sagen – im Zusammenhang mit Vietnam. Hier nur dies: Ist im Laufe des Streites Unrecht geschehen, so sind Versöhnung und Frieden schwerer. Dennoch: Auf Verzeihung besteht kein Anspruch. Wir begehen eine Unaufrichtigkeit, wenn wir Kindern das beibringen, um den Frieden zu erleichtern. Friede darf nicht leichter fallen, als er ist. Alles, was wir tun können, ist ihnen erfahrbar machen, daß Nachtragen gerade für den Nachtragenden qualvoll ist. Jean Améry[5], der den Deutschen weder verzeihen kann noch will, was sie mit ihm im KZ gemacht haben, gibt ein bewegendes Zeugnis dieses Leids; den Deutschen dagegen hat er mehr geholfen, wieder »normal« zu werden, als irgendeiner, der ihnen großmütig verzieh. Vor Amérys Anklage können wir nicht dem pathologischen Wahn verfallen, wir würden nun die »Opfer der Opfer«; vor ihr läßt sich das wahre Verhältnis nicht umkehren. – Besser freilich noch als Verzeihen und Anklagen ist Vergessen; es ist jedoch eine ganz und gar nicht lehrbare Kunst – und wird obendrein häufig mit Verdrängen verwechselt.

8. *Erziehung zum Frieden heißt* darum in erster Linie Erziehung zur Politik. Politik ist eine Verfahrensweise, ein System von Regeln, Institutionen und Prozeduren, die das Verhältnis der Menschen zueinander *beweglich* ordnen und in einer Demokratie jedenfalls den ständigen Abbau von Herrschaft bezwecken, die immer wieder von alleine nachwächst. Ja, diese Institutionen und Prozeduren können selbst wieder Herrschaft konstituieren. Wehe dem, der nicht weiß, was er in diesem System vermag und nicht vermag: Er wird keine Entscheidung mitbestimmen und doch alle Schuld mit davontragen.

Daß so viele Menschen diesem Gefühl der Ohnmacht erliegen, ist der Anlaß, nicht die Folge davon, daß sich Regierungen so oft Macht und Entscheidungen anmaßen, die ihnen nicht zustehen. Ein ehemaliger Schüler von mir wurde eines Tages zum AStA-Vorsitzenden seiner Universität gewählt. Er besuchte mich ein halbes Jahr später, und ich fragte ihn nach seinen Erfahrungen in der Politik. Seine Antwort war verblüffend und, ich glaube, zutiefst wahr: »Ich habe mehr Möglichkeiten zu handeln – mehr Macht also –, als ich Kraft und Ideen habe.« Das zerstört das

Klischee, zu dem wir so gern Zuflucht nehmen – das Klischee, daß, wenn wir nur mehr Macht und Kompetenzen hätten, wir auch mehr tun würden. Nein, die Grenzen liegen *in uns*: im Mangel an »Kraft und Ideen« und wohl auch an Mut! Ich kenne keine Bemühung, die die heute überall benötigte und darum so viel berufene »Kreativität« mehr brauchte als die Bemühung um den Frieden.

Was allein kann man bewirken, wenn man wirklich sachkundig, wirklich neugierig, wirklich kritisch, wirklich aufrichtig mit anderen spricht? Viel mit den Menschen über das sprechen, was sie gemeinsam bewegt – was nicht identisch ist mit viel Reden halten –, das ist Politik, Atem der Polis, Aufgabe des Bürgers. Ein Gradmesser für die Macht des Gesprächs ist die Härte, mit dem es im totalitären Regime beargwöhnt und verfolgt wird. Daß die Deutschen nach 1945 zu so großen Teilen »nichts gewußt« hatten, mag wahr oder unwahr sein: Es *entschuldigt* sie nicht. Daß sie, von der Teufelei wissend, nicht zu Heroen geworden sind, dafür hätte man Verständnis; daß sie, ohne etwas zu wissen, zwei sehr bescheidene Tugenden nicht aufgebracht haben – Neugier und Mitteilung –, das belastet sie schwer.

Ich kann hier nicht aufzählen, was alles zur Politik des Bürgers gehört, ich kann nur sagen, was mir vorrangig scheint, weil es nachrangig behandelt wird: *erstens* unermüdliche Bildung und Umbildung von Gruppen – allein erreicht man nichts, und immer mit denselben Leuten erreicht man auf die Dauer etwas Falsches; *zweitens* unermüdlich die Rangfolge unserer Ziele revidieren; *drittens* unermüdlich verschiedene Fachleute befragen und sich dann frei von ihnen zu entscheiden suchen; *viertens* unermüdlich Rechenschaft fordern für das, was die Politiker tun – auch Non-Proliferation und Abrüstungsdialektik, auch die Konjunkturkrise, auch die Reform der UNO sind verständlich, wenn man darauf besteht. Das Volk wird nicht nur betrogen, es muß geradezu betrogen werden, wenn es die *Sachverhalte* zu kennen sich scheut.

### c) Kenntnisse und Fertigkeiten

9. *Erziehung zum Frieden ist* Erziehung zur Veränderung der Welt. Das schließt die Veränderung unser selbst ein – unseres Lebens,

unserer Bewertungen und nicht zuletzt auch der Fragen, die wir stellen. Wir werden uns dazu bequemen müssen, daß »mehr Frieden« oder »mehr Freiheit« keine Alternative sind; wir sollten heute schon merken, daß die Parole »Kein Frieden durch neues Unrecht!« nicht mehr ein politisches Problem ausspricht, sondern eine Verwirrung; wir hätten längst lernen können, daß es nicht die zentrale Frage unseres Jahrhunderts ist, ob der Kapitalismus oder der Sozialismus in der Welt siegt, sondern wie schnell und wirksam sich beide auf die Aufgaben in der Welt des 20. Jahrhunderts umstellen: Die sogenannte Befreiung der jeweils Unterdrückten und Ausgebeuteten genügt nicht. Die, die so »frei« geworden sind, sagen uns das heute mit heftigen Worten:

». . . die nationale Befreiung der kolonisierten Länder enthüllt ihren wirklichen Zustand und macht ihn noch unerträglicher, die scheinbar grundlegende Konfrontation zwischen Kolonialismus und Anti-Kolonialismus, ja sogar die zwischen Kapitalismus und Sozialismus verliert bereits an Bedeutung. Was heute zählt, das Problem, das den Horizont versperrt, ist die Notwendigkeit einer Neuverteilung der Reichtümer. Die Menschheit muß, unter dem Risiko, aus den Fugen zu geraten, dieser Frage Herr werden.«[6]

Diese Neuverteilung der Reichtümer geschieht nicht dadurch, daß wir ein bißchen von unserem Reichtum verschenken. Wir müssen den Umweg über die Erziehung und Ausbildung gehen – und das ist u. U. sehr viel kostspieliger, langwieriger, riskanter. Die Probleme, die dabei zu lösen sind, sind technisch schwierig, moralisch opfervoll – und gar nicht so unbekannt. Aber wir haben nicht begonnen, sie so zu lösen, wie wir wissen, daß wir es müßten, nämlich: gemeinsam, systematisch und radikal – und das heißt in unserem Fall: durch die Erziehung einer Generation, die zu dieser Aufgabe bereit und befähigt ist. Wir erziehen die jungen Menschen statt dessen weiter zu engen Patrioten, zu Gelehrten, zu Sklaven ihrer bürgerlichen Karrieren, ihrer Bildung und Bequemlichkeit. Sie bleiben im Land, von dem sie nicht merken, wie es zur Provinz geworden ist, sie werden zu Verbrauchern von Dingen, die sie nicht brauchen, sie lernen keine Sprachen, sie leisten einen Wehrdienst, an dessen Sinn sie selber nicht glauben.

Ja, es lohnt sich, eigens zu formulieren:

10. *Erziehung zum Frieden ist* Erziehung zur Entwicklungshilfe. Kennedy hat diejenigen, die sich dieser Aufgabe widmen wollten, mit Recht *Friedenskorps* genannt. In der Bundesrepublik genügt dieser Dienst allenfalls zur Zurückstellung, nicht zur Freistellung vom Wehrdienst[7] – geschweige denn, daß ähnliche große Anstrengungen, Aufwendungen und Opfer dafür gebracht würden wie für das Militär. Dabei müßten die Anstrengungen umgekehrt sein. Wer bereitet bei uns wen darauf vor? Wer wüßte schon, wie man Menschen, deren Umgang und Erfahrung das nicht enthält, lehrt, mit den indirekten Verfahren der technischen Zivilisation zu leben – sich Zwecke zu setzen und sie zu verfolgen, ein eigenes System mit Steuern, repräsentativer Regierung, Parteien, Massenmedien, Schulinvestitionen, Sozialleistungen, Genossenschaften zu entwickeln und so mit der Entwicklung fertig zu werden!

Voll Ungeduld möchten wir dies alles von uns aus »durchsetzen«, aber wenn wir es tun, zerstören wir das Vertrauen in die Logik jenes Verfahrens; es wird in den Augen der anderen wieder zu Macht und Magie – und das ist doppelt gefährlich, wenn eben erst aus den Speeren Bombenflugzeuge und aus Zaubersprüchen Universitäten und Fernsehsender geworden sind.

Ich darf die Frage, was es heißt, den Frieden im Geist der Menschen zu verteidigen, heute nicht verlassen, ohne von Israel und den Arabern zu sprechen. Wer in den letzten drei Wochen nicht nur auf die Ereignisse, sondern auch in seine eigene Seele geschaut hat, der kann von schlimmen Anfechtungen berichten. Wir sind froh, daß Israel gerettet ist, nein, daß es sich hat retten können. Aber alle, die sich darüber freuen, müssen zugleich wünschen, daß dies anders als durch Kriegsgewalt, durch einen Präventivschlag, durch jahrzehntelanges Wachen und Rüsten möglich gewesen wäre. Schon lobt man uns wieder das »Volk in Waffen«, die »Politik der Stärke«, die Handlungsfreiheit, die ein Volk außerhalb aller Bündnisse genießt; man spricht vom »Waffen*glück*« und von der Widerlegung der »modischen Vorstellung«, der Krieg sei kein Mittel der Politik mehr.[8] Aber wer so spricht, vernebelt die Tatsache, daß dies alles nur Sinn hat, wo der Feind ein verletzter und verhetzter Beduine ist, mit schlechtsitzender Khakiuniform und schlechtbeherrschten Waffen – und *mit einem Krieg im Herzen, wo niemand ihm gewehrt hat!* Wer daraus Rezepte für uns macht, hat kein Gewissen. Und wer sich jetzt – im Angesicht der fast unlösbar gewordenen Lage im Nahen Osten – nicht wenigstens klarmacht, was *er* bisher versäumt hat, um dort Frieden zu machen, der wird auch in Zukunft nicht helfen können, den sinnlosen Haß in notwendige Koexistenz zu verwandeln.

Die Fülle der Dinge, die wir hier noch zu tun – zu denen wir uns noch zu entschließen – haben, ist so groß, daß es mir schwerfällt, meine dritte und letzte Frage zu stellen:

## Welche reale Aussicht wir haben, diese pädagogische Aufgabe jetzt noch zu lernen und auszutragen

Wie kann die Antwort darauf ehrlich und nützlich zugleich sein! – Dies ist der Augenblick, in dem der Erzieher die Verantwortung auch für den künftigen Frieden entschlossen an die Politik zurückgeben muß, nicht um sich zu absolvieren, sondern, im Gegenteil, um nun zu seinem Teil an der Politik teilzunehmen. Er kann sich für seinen Auftrag nicht auf die Pädagogik beschränken. Denn alle Erziehung zum Frieden *dann* wird durch die Politik der Gewalt und der Kurzsicht *jetzt* zunichte gemacht.

Wir haben geprüft, wie es mit den »geistigen« Ursachen des Krieges steht und welche pädagogischen Aufgaben das impliziert. Überblicken wir das Ganze, dann müssen wir zugeben, daß die reale Möglichkeit, den Krieg durch eine Veränderung der Mentalität, durch mehr und andere Kenntnisse, durch mehr geistige Zuversicht zu verhüten, völlig ungewiß ist.

Wir Pädagogen, die an einer so wichtigen Sache nicht unbeteiligt sein möchten, übernehmen uns mit dieser Aufgabe; wir machen, wie man so sagt, »fromme Sprüche« und reden die Weisheiten von Tierforschern und Tiefenpsychologen. Aber davon, wie Kriege gemacht werden und von wem und warum, verstehen wir wenig oder nichts. Wir können darum auch unseren Schülern – der nächsten Generation – nicht helfen, sie zu verhindern. In unserer Funktion als Lehrer und Erzieher sind wir selbst der Inbegriff für ein unpolitisches, nicht gegenwärtiges, indirektes und offensichtlich machtfernes Leben. Wer die Macht nie geübt hat, kennt sie nicht!

Über den Wert von Schulsystemen und Bildungsidealen kann man verschiedener Meinung sein. An amerikanischen Schulen wird z. Z. viel Kritik geübt; aber niemand wird ihnen bestreiten, daß sie in der Erziehung zum demokratischen Staatsbürger, zur Achtung vor den Mitmenschen, zu Verfassungstreue, zu politischer Wachsamkeit und Kritik eine längere und gründlichere Erfahrung haben als die Schulen der meisten anderen Länder – und daß sie es mit dieser Aufgabe ernst meinen.

Heute sehen wir in den Zeitungen neben Bildern von Protestmärschen der sehr jugendlichen amerikanischen Friedensbewegung Bilder von Gegendemonstrationen für den Krieg. Diese ebenfalls jugendlichen Demonstranten tragen Schilder mit der Aufschrift: ALL COMMIES WANTED DEAD, NOT ALIVE (Gesucht: nur tote Kommunisten – keine lebendigen) – VICTORY NOW (Jetzt Siegen) – Bombardiert Hanoi – Miniert Haiphong – Hört auf, euch zu entschuldigen – MY COUNTRY, RIGHT OR WRONG.

Wir wundern uns nicht, denn die politische Führung ihres Landes geht diesen Weg und erklärt ihn schlecht. Man weiß doch, was Bomben ausrichten – man hat es wissenschaftlich untersucht. Man weiß, daß es nicht gut ist, wenn *ein* Mensch allein über Krieg und Frieden entscheidet – man hat es in die Verfassung geschrieben. Man weiß, daß die Frage des Ansehens und der Grad der Verwirklichung längst alle Fragen nach Recht und Sinn des Krieges in Vietnam verdrängt haben – man hört es aus dem Mund des eigenen Staatssekretärs. Man weiß, daß die Kommunisten auch Menschen sind – man muß sie darum doppelt verteufeln! Ja, entgegen beliebten Pädagogenvorstellungen muß man sagen: Diese patriotischen Hysterien auf den Straßen New Yorks sind unschuldig, sind ihrerseits eine *Folge*, nicht *Ursache* des Krieges – sie werden von denen »gemacht«, die den Frieden nicht machen können oder nicht machen wollen.

Wir huldigen der Vorstellung: Kriege brechen die Politiker vom Zaun, Frieden stiften die guten Menschen – die Pastoren, die Pazifisten, die Pädagogen. Aber sie sorgen doch nur dafür, daß die Kriegsmacher ihre Sache soviel besser absichern und verhüllen. Die bloß Friedliebenden haben noch keinen Krieg verhindert!

Das Friedenschließen ist eine Technik, keine Gesinnung. Das Kriegverhindern dagegen ist eine Art Revolution – eine Sache von ganz entschlossenen, ganz verschlagenen, ganz verwegenen Männern und Frauen. Ich fürchte, wir erziehen statt ihrer – in bester

Absicht – arglos angepaßte Menschen, die dem »Zwang zum Krieg« pflichtbewußt und völlig hilflos erliegen.

Gleichwohl, mit alledem, was heute in Amerikas Straßen und Universitäten vorgeht, hat es Amerika »doch besser«. Es ist ein Land, in dem der Konflikt unbeschönigt aufbricht. Wie hätte man sich gewünscht, Deutschland so mit sich zerfallen zu sehen, als es 1914, 1938, 1939 in Belgien, in der Tschechoslowakei und in Polen einfiel – von 1933 und der Verfolgung der Juden ganz zu schweigen!

Wenn wir nun nicht einsehen, daß auch *wir* in *diesem* Krieg in Vietnam eine Verantwortung versäumen, daß wir uns mitschuldig machen

- durch unseren eigenen unaufgeklärten Antikommunismus
- durch unsere Prinzipienreiterei
- durch unsere Rüstungsbeflissenheit
- durch unsere Provinzialität
- durch unsere aufdringliche Präokkupation mit unseren die Welt sehr wenig interessierenden Problemen: der Mauer, der Wiedervereinigung, der Oder-Neiße-Linie, der Nichtanerkennung der »sogenannten DDR«,

wenn wir das nicht einsehen, dann haben wir das Problem des Friedens im 20. Jahrhundert schlecht verstanden: Vietnam ist nicht nur deshalb schrecklich, weil daraus ein Weltbrand entstehen könnte!

Bei unserer eigenen politischen Führung sieht die Jugend in dieser Sache nur Stillhalten, Indifferenz, eine halbherzige Unterwerfung unter den großen Verbündeten und Angst – Angst vor dem Hineingezogenwerden, vor den Reminiszenzen der eigenen Vergangenheit, vor Präzedenzien und Parallelen zum geteilten Deutschland. Der ist nicht nur ein schlechter Freund, der liebt auch seinen Frieden schlecht, wer dem Bundesgenossen nicht aus seiner Verranntheit heraushilft. Wenn man nicht mehr über Irrtum und Schuld mit ihm reden kann, wenn immer nur der Feind so urteilen darf, wird, wer unrecht hat, *siegen* müssen, um das Unrecht loszuwerden. Wenn wir nicht lernen, uns gegenseitig bona fide zu tadeln, werden die alten Moralisten für ewig recht behalten, daß sich nichts so unerbittlich fortzeugt wie Schuld.

Im Angesicht von soviel Kleinmut in der gelebten Politik sind Lehrer und Erzieher gezwungen, in der nur gelehrten Politik sehr extreme Positionen einzunehmen: damit man ihnen wenigstens den Mut und die Aufrichtigkeit glaube. – Das ist kein Glück für die Didaktik des Friedens. Ich habe selbst als Studienassessor und staatlicher Beamter meinen Schülern geraten, den Wehrdienst zu verweigern. Daß nur wenige es getan haben, entsprach ihrer so erst gefundenen Überzeugung: Solcher Rat war eben mehr als Lehrbuchweisheit und Pensum, es war ein kleines Stück politischer Erfahrung.

Und Erfahrung müßte alles sein, was ich in den Thesen 1 bis 10 aufgeführt habe, nicht Belehrung. Wie unterscheiden sie sich? Was ist Erfahrung? Was ist es nicht? Ich kann Erfahrung nicht besser definieren, als indem ich von einem Vorgang berichte, der mir zugleich hilft, diese Vorlesung zu beschließen:

Der Pole Josef Czapski schildert im vorletzten Kapitel seines Buches »Unmenschliche Erde«, in einem Buch, das die unerhörte Leidensgeschichte des polnischen Volkes zwischen Rußland und Deutschland berichtet, wie er nach dem Kriege den Film über die Hinrichtung der Verschwörer des 20. Juli sah:

»Als in dem Prozeß die Reihe an (Ulrich-Wilhelm Graf) Schwerin (von Schwanenfeld) kam, fing Freißler sofort an, ihn zu schmähen ... Ich blickte auf dieses gesammelte und ferne Gesicht, auf das ein Hagel von Flüchen wie ›Schweinehund, Schweinehund!‹ niederprasselte. Es gab einen Augenblick, da Freißler kurz innehielt, um den Speichel zu schlucken. Und in diesem Augenblick vernahmen wir die Stimme Schwerins, der ruhig, gleichsam zu sich selber sagte:

»Ich habe zuviel Mord in Polen gesehen.‹

›Mord? Mord? Das nennen Sie Mord?‹ kläffte, zeterte der Ankläger.

Nichts mehr. Aber dieses Gesicht Schwerins und der kurze Satz sagten mir mehr als alles, was ich über Deutschland wußte. Schwerin wurde zum Tode verurteilt und noch am selben Tage hingerichtet. Ich habe bis heute das Gefühl behalten, bei der Verurteilung eines Unschuldigen zugegen gewesen zu sein. Seit diesem Augenblick hat sich mein Verhältnis zu Deutschland geändert.«[9]

Keine Pädagogik kann sich solche Geschichten ausdenken. Wären wir auf unsere pädagogischen Einfälle angewiesen, wir müßten am Frieden verzweifeln. Aber es gibt ja auch dies: die Erfahrung, daß sich die Wirklichkeit ändert. Daß die Wirklichkeit sich ändere und daß Menschen dies erfahren – *dazu* können wir etwas tun! Das ist die wahre *Chance des Friedens*, von der ich lieber spräche als vom *Zwang zum Frieden*[10].

# Zweite Übung: im Darstellen der Schwierigkeiten
## Sich in den anderen hineinversetzen

*Eine Rede für Schüler, 1983*

Wir haben uns, was wir selten tun, in der Mensa versammelt, weil wir uns für diese Woche ein wichtiges und vor allem ein gemeinsames Thema vorgenommen haben: den Frieden. Wir werden in den einzelnen Gruppen sehr verschieden damit umgehen. Eben darum wollen wir unsere Arbeit mit gemeinsamen Überlegungen, einer gemeinsamen Prüfung unserer Absichten anfangen. Ich stelle einige Fragen und gebe meine Antworten. Diese Antworten sind für den Verlauf der Woche weniger wichtig, als daß Ihr die Fragen nicht vergeßt!

1. Projektwochen haben wir auch sonst. Die heute beginnende heißt »Friedenswoche«. Das Thema haben *wir* nicht gestellt. Wer sonst? Die Friedensbewegung? Die Gewerkschaften? Die politischen Ereignisse selbst? Warum folgen wir ihnen diesmal und sonst nicht? – Die Laborschule will Euch zu verantwortungsbewußten Bürgern unserer Republik erziehen. Wenn die Zeitungen, das Fernsehen, die Gespräche der Erwachsenen unablässig vom Frieden und insbesondere davon handeln, ob er durch die Aufstellung von amerikanischen atomaren Mittelstreckenraketen in Westeuropa sicherer werde, dann sollt Ihr die Argumente, die Absichten und Gefühle, die da eingebracht werden, verstehen. Ihr müßt, gottlob, die schwierigen politischen Probleme nicht lösen, um die man sich dort streitet, aber Ihr sollt auch nicht ausgeschlossen sein, sollt teilnehmen können an der von allen für schicksalhaft gehaltenen Auseinandersetzung.

2. Man spricht von einer »Friedenswoche«, aber es wird in ihr vor allem vom »Krieg« die Rede sein. Was ist Krieg – was ist Frieden? Wir leben im Frieden, aber wissen wir darum schon, was das ist? Und Krieg vollends, kann man ihn kennen, ohne daß man ihn erlebt hat? Gehört er nicht zu den Erfahrungen, die man selber machen muß, um sie zu verstehen? Ihr alle habt Bilder von Astronauten, in ihrem Raumschiff schwebend, gesehen, und Ihr könnt

wohl auch erklären, warum dort die Schwerkraft aufgehoben ist. Aber was einem dabei geschieht, »weiß« nur der, der dem einmal ausgesetzt gewesen ist.

In Eurer Lebzeit hat es auf dieser Erde schon viel Krieg gegeben – und Ihr habt ihn sogar gesehen: auf dem Fernsehschirm ist er in Eure Wohnzimmer gekommen. Jahrelang war es der Krieg in Vietnam, dann der in Biafra, dann der zwischen dem Iran und dem Irak, dann der in Afghanistan und schließlich der um die Falkland-Inseln – und, gleichsam ohne Anfang und ohne Ende, der Krieg im Libanon. Was für Empfindungen habt Ihr, wenn Ihr das seht? Könnt Ihr ruhig Euer Abendbrot zu Ende essen und danach in die Disco gehen? Welche Gedanken macht Ihr Euch – über die Ursachen, über den Schuldigen, über den Preis und Gewinn eines solchen Krieges und über seine Beziehung zu uns? Auf diese Fragen habe ich einigermaßen nüchterne Antworten. Ich bin ja nicht anders als Ihr. Und doch bedeuten die gleichen Bilder vom gleichen Krieg etwas anderes für den, der, wie ich, noch Soldat im Zweiten Weltkrieg gewesen ist, als für den, der nur solche Bilder kennt.

3. Also nicht: Was *ist* Krieg? Sondern: Was *bedeutet* der Krieg *für mich*? Wovor habe ich da Angst, und warum haben andere diese Angst offenbar nicht? Wenn andere Menschen sich vom Krieg (oder muß ich sagen zum Krieg?) verleiten lassen – könnte das auch mir geschehen?

Ich erinnere mich an meine eigene Kindheit. Wir hatten ein Buch, in dem ich als Sechsjähriger immer wieder eine bestimmte Geschichte aufsuchte und sie mir vorlesen ließ. Sie zog mich an durch ein Bild. Auf ihm sah man einen Soldaten, der – während eines Krieges des vergangenen Jahrhunderts – eine Ziege »requirierte«, und das heißt: sie wegnahm. Da stand eine Frau mit einem Säugling an der Brust; ein kleiner Bub hing an ihrer Schürze; ein Mädchen etwa in meinem Alter hatte die Ziege um den Hals gefaßt. Aber der Soldat entriß ungerührt den armen Leuten das Tier . . . Daß Starke Schwachen etwas wegnehmen dürfen und der Bitten und Tränen nicht achten, das war meine erste Vorstellung von »Krieg«.

Unsere Kinderfrau sang das Lied: »Maikäfer flieg / der Vater ist im Krieg / die Mutter ist in Pommerland / Pommerland ist abgebrannt / Maikäfer flieg.« Ich habe mir auch das vorzustellen versucht: »im Krieg« zu sein und ein »abgebranntes Land«. Die Kinderphantasie bringt immer etwas zuwege. Richtig kann es kaum gewesen sein, eher dramatisch, eher, wie ich mir Krieg vorstellen *wollte*. Die Eltern erzählten manchmal vom Krieg, vom Ersten Weltkrieg, den sie erlebt hatten. Mein Vater war in ihm eine Art Nationalheld gewesen. Daran dachte ich lieber als an den Hunger, von dem vor allem die Mutter berichtete. Hunger war nicht vorstellbar in einem reichen Land, in dem ich damals lebte – in Kalifornien. Um zu verstehen, was Hunger ist, beschloß ich eines Tages, nichts zu essen. Vom Frühstück bis zum Mittag habe ich es ausgehalten und dann wieder kräftig zugelangt. Nein, so kommt man nicht zu der Erfahrung, die die Eltern hatten.

Gehe ich in meiner Erinnerung voran, sehe ich einen Jungen, der gerne Schlachtenbilder betrachtet, am liebsten die von Seeschlachten. Da sind große Kriegsschiffe mit flatternden Fahnen, ein aufgebrachtes Meer, einschlagende Granaten, rotleuchtende Mündungsfeuer und Rauch. In der Ferne geht ein feindliches Schiff (»mit Mann und Maus«) unter: auf dem schräg nach oben stehenden Bug sammeln sich die Matrosen und halten sich fest – und das wird ihr Verderben sein. Ich bin sehr aufgeregt! Merke ich, daß ich die Aufregung genieße, die Ereignisse, das Ungewöhnliche, das Ungewisse?

Vielleicht geht es Euch auch so, noch heute!

Und wie sehen dagegen die Bilder vom Frieden aus? – Versucht einmal, eines zu malen, jetzt in Eurer Phantasie! Wenn es überhaupt gelingt, wird es vermutlich langweilig sein: Menschen gehen ihren Geschäften nach, sie arbeiten, kaufen ein, sitzen in der Schule. Es sieht sehr alltäglich aus, stocknormal! Auf alten Bildern, die den Frieden darstellen, lagern Löwe und Stier, Tiger und Lamm friedlich nebeneinander. Das ist verwunderlich und zieht uns darum vielleicht an. Aber wirklich interessant würde es erst, wenn plötzlich der Löwe den Stier anfiele und dieser sich verteidigte!

Ist Euer Bild vom Frieden wirklichkeitsgetreu, dann wird es in ihm auch Unangenehmes geben: Menschen, die Sorgen haben, einander etwas neiden, an sehr ungleich gedeckten Tischen sitzen – Arme und Reiche, Wohlinformierte, Unwissende, unwissend Gehaltene, Freie und Unfreie. Nein, im Frieden ist nicht automatisch alles gut!

So ist Friede mehr eine Sehnsucht derer, die im Krieg Entbehrung, Angst, Verlust, Verletzung erlitten haben oder erleiden. Wenn aber der Frieden lange gedauert hat, ziehen Krieg und Streit die Menschen an. Wer sich da nicht an das Leid des Krieges erinnert, kann leichtfertig große Fehler begehen. Wir neigen dazu, Schrecken, die wir nicht erlebt haben, zu verherrlichen oder zu verniedlichen.

Ich glaube nicht, daß meine Eltern damals etwas falsch gemacht, etwas an mir versäumt haben, wenn ich, wie andere Kinder auch, mir gern vom Krieg erzählen ließ, wenn ich mir in meinen Vorstellungen ausmalte, wie ich mich selber einmal in ihm bewähren würde. Ich sehe Euch auch Kriegsspiele spielen; auch Ihr lest Kriegsgeschichten; Ihr seht Filme von Kriegen – alten, neuen, zukünftigen. In den meisten siegt der Held über böse Feinde, ist stark, geschickt, mutig. Selten handeln die Geschichten davon, wie kläglich, qualvoll, von Angst durchsetzt der Kriegsalltag ist.

Ja, was »Frieden« ist, begreifen wir vor allem daran, was Krieg ist. Wenn der Krieg nicht schlimm ist, ist sein Gegenteil, der Frieden, nicht notwendig und nicht notwendig gut. Ist der Krieg dagegen buchstäblich fürchterlich, wird uns der Friede lieb, auch wenn er karg, wie gesagt, ein wenig langweilig, scheinbar ereignislos und voller Ungerechtigkeit ist.

4. »Der Krieg ist der Vater aller Dinge«, hat ein griechischer Philosoph gesagt. Er meint damit: Wo alles stillsteht, friedlich in sich ruht, geschieht und entsteht nichts – nichts Schlimmes, aber auch nichts Großes, nichts Bemerkenswertes, ja, nicht einmal spürbar Gutes, denn das Gute ist die Ablösung des Übels. Alle Kultur ist eine Antwort auf eine Bedrohung: durch Kälte (also näht man sich Kleider und baut man Häuser), durch Hunger (also sichert man sich Lebensmittel durch Anbau, Vorräte, Tausch und Handel), durch Feinde (also errichtet man Städte, macht Gesetze, regelt die Ausübung von Gewalt) . . . Aber auch in der Natur walten unaufhörlich Kampf und Konkurrenz. – Wenn Heraklit, jener griechische Philosoph, recht hat, dann erübrigt sich die Frage, wo der Krieg herkomme: Krieg ist immer da, ist das Normale, Frieden dagegen der erklärungsbedürftige Ausnahmezustand, ja, wenn der Friede zu lange gedauert hat, wird er zum Vater des Krieges.

Mag sein, daß ein »Ewiger Friede« eine schlimme Sache wäre: nicht nur langweilig und unproduktiv, sondern unfrei und ungerecht, eine faule, faulige Hinnahme von Übeln, die man eigentlich bekämpfen sollte. Aber »Ewiger Friede« hat die Menschheit noch nie ernstlich bedroht, und wer so argumentiert, zieht den Verdacht auf sich, er wolle uns den Krieg schmackhaft machen.

Ich teile die Meinung von Heraklit nicht, jedenfalls bestreite ich, daß heutige Kriege eine Art Naturereignis sind, das über uns kommt wie Sturmflut, Gewitter, Erdbeben, wie Krebs, Karies, Akne. Nein, wenn es Krieg gibt, hat jemand ihn gewollt und hofft, etwas damit zu erreichen. Und trotzdem ist es gut, bei der Frage, *wie Kriege entstehen* (um sie verhindern oder vermeiden zu können), diese Möglichkeit im Auge zu behalten: daß man eigentlich fragen müßte, *wie der Friede entsteht* und ob jetzt überhaupt »Friede« sei und nicht vielmehr eine verdeckte Form von Krieg. Und was sind die Übergänge von diesem zum offenen oder – das habt Ihr sicher schon oft gehört – vom kalten zum heißen Krieg?

Ich gehe noch einmal zurück in meine Kindheit. Ich habe Euch erzählt, daß ich als Kind – zwischen meinem dritten und meinem siebenten Lebensjahr – in Amerika war. Der Erste Weltkrieg war vor etwa über einem Dutzend Jahren zu Ende gegangen – ein Krieg, in dem Amerika gegen Deutschland gekämpft und gesiegt hatte. Ich ging gleichsam in »Feindesland« zur Schule. Aber die Feinde waren keine, ja, die Mitschüler staunten, daß ich, meine Schwester, meine Eltern Menschen waren wie sie alle auch, und wollten nun von der Lehrerin wissen, wieso Amerika und Deutschland miteinander Krieg geführt hatten. Diese erzählte, Amerika habe in den Krieg in Europa eingegriffen, weil die Deutschen mit ihren U-Booten (und diese damals neue Waffe, so klang es aus ihrer Stimme, war selbst schon eine Art Verbrechen) ein großes friedliches Passagierschiff, die »Lusitania«, versenkt hatten, auf dem sich auch 139 Amerikaner befanden. Warum haben die Deutschen das gemacht?, fragten alle gleich neugierig weiter. Aber das konnte die Lehrerin nicht mehr genau sagen, und jedenfalls verstanden wir nicht, was sie uns danach über Demokratie und den »Kaiser« erzählte, die sich wohl zueinander verhielten wie Feuer und Wasser. Ich fragte zu Hause meinen Vater, und der erzählte mir etwas von der Hungerblockade der Engländer gegen Deutschland und dem Versuch der deutschen

Kriegsführung, diese zu durchbrechen, auch von Munition, die die »Lusitania« geladen hatte, und – meinen Fragen folgend – am Ende die ganze (deutsche) Geschichte des Ausbruchs des Ersten Weltkrieges, von dem der mit Amerika ja nur ein Teil war. Diese Geschichte war lang und spannend, aber erklärte mir das Problem nicht, das in meiner Schulklasse aufgekommen war: warum wir eigentlich »Feinde« waren. In meines Vaters Bibliothek stand und steht ein vielbändiges Werk, wenigstens zwei Handspannen breit, das nur von der Frage handelt, wie es zu jenem Krieg gekommen war. Der Mord von Sarajewo am österreichischen Thronfolger war nur ein sogenannter Auslöser, ein fast beliebiger, dessen Folgen vermeidbar waren. Aber man *wollte* nicht vermeiden, und das eigentlich hätte geklärt werden müssen.

Meinen Lateinern erzähle ich zur Zeit die Geschichte vom Krieg der Griechen gegen Troja. Aber auch Ihr anderen »wißt«, daß der trojanische Prinz Paris die Frau des griechischen Königs Menelaos geraubt hatte und daß die Griechen, um dies zu rächen, zum Kriege ausgezogen sind. Die schöne Helena war freilich nur ein, wenn auch sehr guter Vorwand, um die Kontrolle Trojas über die Dardanellen – den schmalen Seeweg zum Schwarzen Meer – zu brechen; König Agamemnon konnte dabei gleich seine Vorherrschaft über die Griechen festigen; die Myrmidonen an der Nordflanke der Griechen mußten gleichzeitig »militärisch gebunden« werden, und so schloß man einen Kriegsvertrag mit ihrem Führer Achill ab; und als die ganze Expedition an widrigen Winden zu scheitern drohte, hatten auch noch die Priester mitzureden und sicherten dabei ihre Interessen . . . usw. usw.

Es sind selten einfache und nie die genau gleichen Gründe, die zur offenen Gewalt unter den Völkern geführt haben, und vollends heute nicht. Auch der mächtigste Mann kann heute nicht »den Krieg« beschließen wie einst Kroisos, als er den Halys, oder Xerxes, als er den Hellespont, oder Cäsar, als er den Rubikon überschritt.

Wenn Ihr also in den nächsten Tagen der vierten Frage nachgeht, dann – so ist mein Rat – beherzigt folgende drei Grundsätze:

a) Es gibt nicht *die* Ursache von Krieg oder Kriegen – man sollte also mindestens drei, möglichst fünf verschiedene Beispiele untersuchen und unter ihnen auch solche, bei denen die

»Schuld« nicht, wie z. B. beim Hitlerkrieg, von vornherein festzustehen scheint.

b) Selbst in solchen Fällen soll man sich die Frage nicht ersparen, was man sonst hätte tun können, um Hitler das Handwerk zu legen: was außer Krieg, den er wollte und den wir heute zu vermeiden trachten? Wann spätestens muß man zu einem begrenzten, aber gleichwohl gefährlichen kriegerischen Akt bereit sein, um einen unbegrenzbaren Krieg zu vermeiden? Mit anderen Worten: Welche Rolle hat die Angst vor dem Krieg für den Ausbruch des Krieges gespielt?

c) So wichtig wie die Frage, was wohl zu einem Krieg geführt hat, ist die Frage, was die Überlebenden aus ihm gelernt haben. Wenn unsere Eltern – Eure Großeltern – den Ersten Weltkrieg so schlimm fanden, warum haben sie es zum Zweiten kommen lassen? Wie kann es sein, daß heute Menschen, die die Bombennächte in London und Berlin, den Vernichtungskrieg in Vietnam und den nicht beendbaren Dauerkrieg im Libanon erlebt haben, meinen, es gebe ausreichend gute Gründe, den nächsten Krieg führbar zu machen? Oder ist aus einem Kriege Derartiges nicht zu lernen? Aber woraus sonst?

5. Meine fünfte Frage lautet endlich: Warum ist die Sorge um den Frieden heute so groß?

Die Antwort liegt auf der Hand: wegen der Aufstellung von Pershing II und Cruise Missiles in Mitteleuropa. Die Gegenfrage liegt auch auf der Hand: Warum erregt Ihr Euch jetzt so heftig und anhaltend und habt dies nicht schon in all den 20 Jahren getan, seit nach dem Versuch, sowjetische Raketen auf Kuba zu stationieren, offenbar war, worum es beiden Weltmächten geht – um die eigene Sicherheit durch unmittelbare Bedrohung des anderen?

Wenn man eine Waffe, die man hat, nicht einsetzen will, dann sagt man, sie diene der »Abschreckung«, es handle sich um eine »politische Waffe«. Sie ist da, nicht um mit ihr zu kämpfen und zu siegen, sondern um den anderen an den Verhandlungstisch zu zwingen.

Deutschland ist seit langem mit Atomraketen angefüllt, die freilich meist nicht über deutsches Territorium hinausreichen. Aber jeder weiß auch, daß der Gegner im Fall eines Krieges diese Waffen als erstes auszuschalten trachten muß. Spätestens als sie ins Land gebracht wurden, waren also die beiden Hälften Deutschlands zum Atomkriegsgebiet bestimmt. Der Protest hätte damals stattfinden müssen.

Ich denke, gerade Ihr Jungen, die Ihr diesen Protest nicht habt erheben können, habt ein Recht, uns Ältere, die wir uns heute so absolut gebärden, zu fragen, was uns so lange hat zögern lassen. Die Antwort muß, meine ich, lauten: Wir haben auf die Wirkungen der Entspannungspolitik gesetzt; wir haben von den damaligen Regierenden der westlichen Demokratien andere Worte gehört als von den heutigen, wir haben allmählich gelernt; eine Überzeugung ist darum nicht weniger ernst zu nehmen, weil sie spät kommt . . .

Die Argumente der heutigen Friedensbewegung sind in notwendiger Vereinfachung:

a) Weil die neu zu stationierenden Mittelstreckenwaffen bis nach Rußland und, nach ihrer nächsten Modernisierung, bis nach Moskau reichen, sind sie eine direkte Bedrohung der Sowjet-Union von deutschem Boden aus. Sie sind nicht mehr »Verteidigungswaffen«.
b) Sie gelangen dort so schnell – also ohne ausreichende Vorwarnzeit – oder auf so schwer auszumachende Weise hin, daß die Sowjet-Union auf einen Überraschungsangriff gefaßt sein muß, der mit einem Schlag ihre Fähigkeit zerstört, einen wirksamen Gegenschlag oder einen konventionellen Verteidigungskrieg zu führen.
c) Die Verfügung über diese Waffen liegt nicht bei uns, auf deren Gebiet sie stehen, sondern allein beim amerikanischen Präsidenten.
d) England und Frankreich haben schon Mittelstreckenraketen. Diese stehen zwar nicht im Dienst der NATO, sind aber nichtsdestoweniger auf die Sowjet-Union bzw. auf die Warschauer-Pakt-Staaten gerichtet.
e) Dies alles zusammengenommen, könnte die Sowjet-Union herausfordern, dem allen mit einem ersten Schlag auf Europa zuvorzukommen – vielleicht sogar mit der Chance, daß Amerika, den zweiten Schlag auf den eigenen Kontinent fürchtend, dies hinnimmt. Dann wäre Europa schlicht dem Machtkampf der beiden Großen geopfert.

f) In Genf wird verhandelt, unter anderem mit so plausiblen Argumenten seitens der Sowjet-Union, daß die englischen und französischen Raketen mit verrechnet werden müßten. Darum lieber nach-verhandeln, wenn der Termin abgelaufen ist, als nach-rüsten.

Die andere Seite argumentiert (ich vereinfache wieder):

a) Die Sowjet-Union hat zu ihren Interkontinental-Raketen, die also die USA erreichen, in den letzten Jahren und bis zum heutigen Tag auf Westeuropa gerichtete Mittelstrecken-Raketen in überwältigender Zahl aufgestellt; die NATO habe dagegen bisher keine Mittelstrecken-Raketen (die nationalen Atomstreitkräfte Englands und Frankreichs ausgenommen).
b) Seit fast 40 Jahren sei der Friede durch das Prinzip des Gleichgewichts der Stärke gesichert: Was der eine dem anderen tun kann, kann dieser jenem vergelten.
c) Angestrebt werde das Gleichgewicht auf dem niedrigsten Waffenstand: Beide Staaten haben »null« Raketen mit Atomsprengköpfen. Damit und bis die andere Seite an einer solchen Lösung interessiert sei, müsse man peinlich auf der Einhaltung des Waffengleichgewichts bestehen.
d) Die USA werden die Pershing und Cruise Missiles nicht aufstellen, wenn die Sowjet-Union die Ausgangslage (vor der Aufstellung der SS 20) wiederherstelle und ihre Mittelstrecken-Raketen verschrotte – *ceteris paribus*, das heißt auf latein: unter Beibehaltung aller anderen Bedingungen.
e) Ein Friede ohne Freiheit ist nichts wert.
f) Die Friedensproteste schwächen die Verhandlungsposition des Westens in Genf.

Mindestens über dieses kleine Abc der Argumente muß man sicher verfügen, wenn man in diesen Fragen mitreden will. Es sage keiner, es sei doch sonnenklar, wer hier recht habe! Wer das behauptet, dient seiner eigenen Sache schlecht.

Wir tun gut, drei Probleme sorgfältig zu unterscheiden:

– Sind die neuen Waffen für ihren Zweck, nämlich zur Abschreckung, geeignet? Diese Frage verlangt Sachkunde.

- Wie wird man die Waffen beiderseits los? Das ist eine politische Frage.
- Darf man sich überhaupt mit solchen Waffen verteidigen wollen? Das ist eine moralische Frage.

Alle drei Fragen müssen gestellt werden – und auf ihrem von mir benannten Boden. Mißtraut einander, Euren Lehrern und anderen Erwachsenen, wenn sie die eine zugunsten der anderen auslassen oder beispielsweise die Sachfrage mit einem moralischen, die politische Frage mit einem Sachargument beantworten.

6. Ihr habt ein Recht zu erfahren, wo Eure Lehrer stehen. Wenn Ihr mich fragt, antworte ich: Ich halte auch schon die Drohung mit Massenvernichtungsmitteln für unerlaubt, denn die Drohung ist nur wirksam = glaubhaft, wenn man auch bereit ist, sie anzuwenden. Massenvernichtungsmittel sind im Grunde kein »Mittel« mehr, sondern ein »Ende«. Ein Mittel ist ein Mittel, wenn es einem Zweck dient. Den Zweck, der rechtfertigt, auf einen Schlag einen Kontinent auszulöschen und das Weiterleben der Menschen auf dieser Erde unwiderrufbar aufs Spiel zu setzen, kenne ich nicht. Dieses Bekenntnis fällt mir nicht leicht, weil ich auch bekennen muß: Ich weiß nur ungefähr, was die Politiker statt dessen tun sollten. Ich weiß, daß wir in Zukunft nur mit größeren Risiken und größeren Opfern und weniger nationaler Unabhängigkeit werden leben können. Ich weiß auch, daß Pokern angesichts dieser Möglichkeiten nicht statthaft ist. Ihr seht: Mein Standpunkt ist von der Moral bestimmt – von dem, was sein soll oder nicht sein darf. Ich hoffe, daß es möglich ist, innerhalb dieser moralischen Grenzen zu handeln.

7. Ja, was können wir tun? Bei dieser Frage mündet das alles.
Auch hier erinnere ich zunächst an Grundsätzliches:

- Wir leben in einer Demokratie und in einem Rechtsstaat. Demokratie heißt: Ich muß die anderen von der Richtigkeit meiner Auffassung durch Argumente überzeugen, wenn ich will, daß sie mir folgen. Ich muß Mehrheiten gewinnen. Rechtsstaat heißt: Ich erkenne die Gesetze und Regeln an, nach denen die Entscheidungen ablaufen. Widerstand darf nur sein (und *muß* dann sein!), wenn die Prinzipien der Verfassung verletzt sind, die Demokratie und Rechtsstaat zusammenfaßt.

- Proteste sind *ein* Mittel, andere davon zu überzeugen, wie ernsthaft und verbreitet eine Meinung in der Bevölkerung ist. Unbequemlichkeiten, die bei solchen Protesten auftreten, nimmt unsere freiheitliche Gesellschaft hin.
- Ein anderes, nicht weniger radikales Mittel, andere zu überzeugen, ist ein folgerichtiges eigenes Verhalten. Ich hatte einen Freund (er ist an einer Krankheit früh gestorben), der auf mich und andere eine geheimnisvolle Macht ausübte: weil er nie etwas Böses über irgendeinen anderen Menschen sagte. Dabei war er alles andere als unkritisch; er sah sehr wohl, wenn einer dumm oder brutal oder verlogen handelte – aber er versuchte zugleich, a) zu verstehen, warum er dies tat, und b) Einfluß darauf zu nehmen, daß er dies nicht wieder tat. Er prügelte den anderen nicht mit seinem Tadel von sich fort. Das Verhalten dieses Freundes rührte an das Gewissen, das ja nie ganz rein ist. – Zugegeben, der Abstand zwischen unserem Verhalten und der Politik ist groß; aber wir gewinnen der Politik gegenüber Sicherheit, wenn wir nicht um der Karriere willen parteilich geworden sind, uns nicht durch Vergünstigungen haben kaufen, uns nicht gegen einen vermeintlichen Feind ohne Prüfung haben aufbringen lassen, weil das auch sonst nicht unsere Gepflogenheit ist. Wir gewinnen vor allem Vertrauen.
- Wir können uns über die politische Lage Klarheit verschaffen – wir können lernen: studieren, was Afghanistan oder Nicaragua für Länder sind und was ihre Lage geschichtlich verursacht hat; die Reden, die Verträge, die Nachrichten, die Statistiken genau lesen; uns überschaubare Modelle zurechtlegen, an denen wir uns das Geschehen erklären können: Athen und Sparta / Rom und Karthago / Glaubens-, Eroberungs-(Territorial-), Führungs-(Hegemonial-), Vorbeugungs-Kriege / Formen der Sicherung: Gleichgewicht der Kräfte, Chinesische Mauer, Einkreisung des Gegners, die Herstellung gesunder und freier Lebensverhältnisse, Beschwichtigung (Appeasement) ... An solchen Modellen kann man dann – was in der Geschichte selbst nicht geht – andere Annahmen durchspielen: Was geschähe, wenn ...
- Das Wichtigste aber ist: sich in den anderen hineinversetzen – in die Position des Präsidenten der Vereinigten Staaten und in die sowjetische Regierung, in die Palästinenser und die Israelis,

in die Demonstranten, die Polizisten, den Innenminister. Dabei kommt man schnell auf andere Möglichkeiten als die uns geläufigen. Abschreckung könnte zum Beispiel zum Vorbeugungsschlag verführen, und verläßlich ist sie schon deshalb nicht, weil sie ja in erster Linie eine *Vorstellung* ist.

Noch einmal: Was können wir tun – wir einzelnen?

Ich zähle auf, was mir einfällt (damit Ihr nicht meint, es bleibe uns eigentlich nur noch der Rabatz): anders wählen, und das heißt für Euch, Euch auf die richtige Wahl vorbereiten (für einige von Euch ist es spätestens in zwei Jahren soweit); sich kundig machen; neugierig sein; sich selbst kritisch beobachten; allen einseitigen Erklärungen und Schuldsprüchen zunächst mißtrauen; nicht nur an *unseren* Frieden und den hier möglichen Krieg denken; sich einüben im Zuhören, Verstehen, Aushalten von Konflikten; sich phantasievoll auf Verzicht einstellen; sich Möglichkeiten der Hilfe ausdenken – für Hungernde, Einsame, Verzweifelte, denn Menschen, die nichts zu verlieren haben, sind für den Frieden gefährlich.

Bis zum Dezember dieses Jahres, wenn die Pershing II aufgestellt werden soll, scheint mir eines am allerwichtigsten: uns durch erbarmungslos gründliches Gespräch klarwerden, a) ob Atomwaffen in unserem Namen verwendet werden sollen und b) ob es darum gehen kann, Krieg schlechthin unmöglich zu machen.

8. Zuletzt frage ich: Wozu eine Friedens*woche*? – so viel oder so wenig Zeit, je wie Ihr's nehmt!

Es ist ein Anfang, sage ich den einen; es soll mehr sein als sonst, damit wir die Probleme ernst nehmen und nicht nur unsere Meinung tönen lassen, sage ich den anderen. Am Ende der Woche sollt Ihr alle möglichst etwas gemacht haben, was Ihr zeigen oder vorführen könnt: ein gut vorbereitetes Streitgespräch, ein Theaterstück, eine Darstellung eines bestimmten Krieges oder seiner Entstehung oder seiner Folgen, ein Werk Eurer Hände, das Eure Gefühle angesichts von Krieg und/oder Frieden ausdrückt. Und dies wollen wir einander und den Eltern am letzten Tag auf einem »Fest« zeigen. Ein Fest heißt es mit Recht, weil man mit hängenden Flügeln und Seelenelend keinen Frieden machen kann. Frieden fordert Zuversicht und fröhliche Herzen.

Am 20. 10. aber, wenn in ganz Deutschland Friedensaktionen

stattfinden und die Erwachsenen sich darüber und über die gemeinte Sache streiten, sollt Ihr Euch das mit ansehen: Was machen diese Bürger mit ihren Argumenten, ihrer Phantasie, ihrer großen Zahl, um diese oder die entgegengesetzte Idee zur Geltung zu bringen? Einen besseren Unterricht in Politik und Menschenkunde kann es kaum geben. Und natürlich dürft Ihr von Euch aus mitmachen, *Eure* eigene Überzeugung zum Ausdruck bringen, wie Ihr auch ausdrücklich in der Schule bleiben dürft, wenn Ihr der Meinung seid, dies alles sei nicht Eure Sache. Wir werden diejenigen achten, die dieses tun. Eines Mutes bedarf es dazu nicht. Es werden im übrigen Lehrer im Hause sein – das Lernen geht dann in der Zeit wie für die anderen einmal anders vor sich.

Ihr alle aber tut gut, Euch klarzumachen: dies ist weder ein politisches Rambazamba, noch ist es selbst Politik – es kann nur die Vorbereitung auf sie sein.

# Dritte Übung: im Zuhören und Weiterfragen

## Das Vorurteil, wir könnten nichts für den Frieden tun

*Ein Dialog für den Unterricht, 1983*

*Vater:* Woher kommst du so spät?

*Sohn:* Von einer Friedensdemonstration. Da solltet ihr Eltern eigentlich auch mitmachen. Es handelt sich schließlich auch um deine Zukunft. Oder hast du schon zu Ende gelebt?!

*Vater:* Nein, aber in dem Teil, den ich noch vor mir habe, möchte ich meine Ruhe haben.

*Sohn:* Genau darum geht es: Du wirst keine Ruhe haben, wenn du hier sitzt und zuläßt, daß hier überall Abschußrampen für atomare Raketen gebaut werden. Außerdem wäre es gut, wenn die, die schon einen Krieg erlebt und überlebt haben, mitprotestieren. Den nächsten Krieg überlebt keiner mehr!

*Vater:* Eben weil wir einen Krieg erlebt haben, wissen wir, daß *wir* ihn nicht verhindern können. Wer seinen Krieg haben *will*, wird ihn haben. Da nützt es nichts, wenn liebe Menschen woanders abrüsten. Hitler hat ganz kaltschnäuzig mit dem Friedensbedürfnis, der Kriegsunlust der anderen gerechnet. Und die Japaner mit dem Überfall auf die Mandschurei und Italien mit dem Überfall auf Abessinien haben ihm gezeigt, was man erreichen kann, solange die anderen nicht gerüstet und nicht ernstlich bereit sind, einzuschreiten.

*Sohn:* Mit dem Faschismus war das anders. Der wollte erobern; er behauptete sogar: er *müsse* erobern. »Volk ohne Raum« hieß es damals nicht nur in Deutschland, sondern eben auch in Japan und Italien. »Eroberungspläne« werfen sich die Russen und Amerikaner heute zwar gegenseitig vor – aber glaubt wirklich irgendein vernünftiger Mensch, daß die Russen uns hier in Westdeutschland »erobern« wollen?! Was hätten sie davon! – Nur Scherereien.

*Vater:* Ich sehe den Unterschied zwischen der heutigen Sowjet-Union und den damaligen faschistischen Staaten sehr wohl. Ich glaube sogar fest, daß die Sowjet-Union *keinen* Angriffskrieg vorhat. Aber sie kann auch nicht einfach zusehen, wie ihr sozialistisches Lager auseinanderbricht. Ihre riesige Armee braucht sie ja hauptsächlich, um im eigenen Haus Ordnung zu halten. Andererseits: Stehen einmal ihre gewaltigen Panzerdivisionen in der norddeutschen Tiefebene – da soll einer nicht Angst haben, der keine solchen Armeen aufstellen kann?

*Sohn:* Und sollen die Russen nicht Angst haben, wenn sie sehen, wie sie systematisch eingekreist werden – nicht von ihren Nachbarn, sondern von den USA und deren Stützpunkten – rund um die Erde, rund um die Sowjet-Union!?

*Vater:* Du erklärst sehr genau, warum die Russen und die Amerikaner voreinander Angst haben und keiner dem anderen in der Rüstung und in der Zuverlässigkeit der Bundesgenossen nachstehen will.

*Sohn:* Du vergißt, daß es heute Atomwaffen und Interkontinentalraketen gibt – und beides im Überfluß. Ein Krieg wäre heute kein Krieg mehr, sondern die Vernichtung dieser Erde.

*Vater:* Und trotzdem werden Kriege geführt: siehe Afghanistan. Was immer den Einmarsch der Russen dort veranlaßt hat: es ist ein klassischer Angriffskrieg, und wären die Afghanen ähnlich gerüstet und kriegsbereit gewesen wie, sagen wir Israel, die Sowjets hätten sich den Einmarsch wohl dreimal überlegt.

*Sohn:* Das kann man auch umgekehrt sehen: Ob Rüstung oder nicht – den Ungarn, Tschechen und Afghanen hat niemand geholfen, und auch den Polen wird man nicht helfen. Und zwar nicht, obwohl wir gerüstet sind, sondern weil wir *so* gerüstet sind, daß man die Waffen gar nicht mehr einsetzen kann, ohne die eigene Vernichtung zu riskieren. Das ist doch der Wahnsinn! Die Rüstung »verteidigt« gar nicht die Freiheit, von der es immer heißt, sie sei unteilbar!

*Vater:* Sehen wir auf die Tatsachen – z. B. die beiden Bündnissysteme. Tatsache ist, daß sie existieren. Tatsache ist, daß sie beide nach der gleichen Regel spielen: Abschreckung. Tatsache ist, daß ihre Vormacht sie wirtschaftlich viel kostet. Meinst du, sie werden dulden, daß andere in ihrem Schutz, auf ihre Kosten gleichsam, wirtschaftlich gedeihen?! Anders: Der Preis, den die Bundesrepublik für ihren Austritt aus der NATO zu zahlen hätte, wäre hoch – zu hoch für ein Land, das sich seit dreißig Jahren lieber als Wirtschaftsmacht denn als politische Macht verstanden hat. Hier weint doch schon alles, wenn der Lohnzuwachs ein Jahr lang einmal nicht über der Inflationsrate liegt!

Treten wir aus der NATO aus und wollen wir jetzt auf einmal neutral werden, werden die Amis uns strafen mit allen ihnen zur Verfügung stehenden Mitteln, und die anderen wiederum werden das ausnutzen. Wir werden viele Millionen Arbeitslose haben. Was meinst du, was da gesellschaftspolitisch passiert! Wie schnell wir unsere stabile Demokratie los sind und wer da wen zu Hilfe ruft! Solche Lagen schreien dann geradezu nach Einmarsch.

*Sohn:* Wenn die Länder zwischen den USA und der Sowjet-Union strikte Neutralität wahren und dies durch Verzicht auf Bewaffnung vorgängig bestätigen, wird ihnen nichts passieren.

*Vater:* Glaub doch nicht, daß Frankreich, England, Japan die wirtschaftliche und soziale Erschütterung Westdeutschlands zunächst nicht für sich ausbeuten! Amerika wird ein Äußerstes tun, um sie bei seiner Stange zu halten. Und die schwachen Länder – Griechenland, Italien, Spanien, Portugal, Irland, Dänemark – werden schnell ersetzen, was Amerika an der BRD verliert. Keinen Augenblick werden wir aufhören, »Vorgelände« für die gegenseitigen Abschreckungsmaßnahmen zu sein.

*Sohn:* Eben darum muß die Friedensbewegung europäisch-universal sein. Solange ihr immer wieder in den nationalen und wirtschaftlichen Kategorien denkt und vor allem, solange die Menschen ihre Angst immer wieder betäuben, wird in der Tat nichts aus dem Frieden.

*Vater:* Das ist in der Tat das Problem: Wie durchbricht man den Bannkreis von Angst und Egoismus – dieses Gewebe aus wirklichen Bedürfnissen und Rationalisierung?

*Sohn:* . . . und wie kann das so schnell geschehen, daß die Raketen nicht vorher schon »aus Versehen losgegangen« sind? Im Denken der Menschen hat sich diese Möglichkeit doch schon festgesetzt.

*Vater:* Du sagst es, und ihr glaubt, mit einem Friedensmarsch, mit Transparenten und Sprechchören ließe sich das austreiben! Du siehst doch an mir, wie wenig das bewegt. – Ihr müßt erst zeigen, daß dies nicht auf unsere Kosten geht. Vorher bekommt ihr den deutschen Michel nicht dazu. Ihr müßt zugleich zeigen, daß alle anderen zu ihrem Teil mitmachen. Das ist doch die relative Stärke des Arguments von Schmidt und

Apel und der NATO: daß die Chancen auf Verhandlung sich vergrößern, ja nur dann existieren, wenn das militärische Gleichgewicht da ist: weil es weniger kostet zu verhandeln als weiterzurüsten.

*Sohn:* Was für eine seltsame Rechnung. Man weiß doch, daß das Gleichgewicht nicht feststellbar ist. Der, der mehr zu haben glaubt, als der andere, will den Vorsprung behalten; wer weniger hat, will ihn wettmachen. Er wird nicht nur an Zahl nachrüsten, er wird vor allem raffiniertere Waffen ausfindig machen, die ihm erlauben, mit weniger Aufwand einen größeren Effekt zu haben.

*Vater:* Das ist noch nicht alles: Jeder wird, solange er selber solche Hoffnungen hat, dem anderen die gleichen unterstellen – und auch die Möglichkeit, sie zu erfüllen.

*Sohn:* Was siehst du also für eine Chance?

*Vater:* . . .

*Sohn:* Du schweigst. Und das tun alle die gescheiten Leute. Ihr laßt den Wahnsinn geschehen. Wir schreien wenigstens. Und wenn dies gar nichts nutzen sollte – was ich nicht glaube –, so werden wir im Untergang doch wenigstens wissen, daß wir versucht haben, ihn zu hindern!

*Vater:* Du findest also den Krieg das größte heute mögliche Übel?

*Sohn:* Ja. Kommt er, ist nichts mehr möglich.

*Vater:* Du bist darum bereit, große Entbehrungen, Unsicherheit, möglicherweise Unfreiheit auf dich zu nehmen?

*Sohn:* Ja – um so mehr, als ich das nicht Freiheit nennen kann, was der »Rüstungsfriede« uns beschert: Angst, Bündniszwang, politische und wirtschaftliche Abhängigkeit . . . Von jeder Mark, die ich für den Wohlstand ausgebe, dienen wenigstens zehn Pfennig der Perfektion des *overkill* – und das, während Millionen von Menschen in der Welt hungern, nein, verhungern.

*Vater:* Die Menschen müssen einmal rundum erfahren, daß Krieg sich nicht lohnt. Und diese Erfahrung ist schwer herzustellen. Nach jedem Krieg haben die Sieger der Welt bewiesen, daß er sich doch, nämlich wenigstens für sie, auszahlt.

*Sohn:* Das kann man vom Atomkrieg nicht sagen. Deshalb unsere erste Forderung: die Beseitigung der Atomwaffen. Dann kann man weitersehen.

*Vater:* Gut – dann will ich mitgehen. Wenn jeder Sohn und jede

Tochter ihre Eltern überzeugen, dann sind wir vielleicht doch plötzlich die Mehrheit, auf die es ankommt.

*Sohn:* Hast du eben »wir« gesagt?

*Vater:* Ja. Das habe ich von dir gelernt.

# Vierte Übung: im Bekämpfen der alltäglichen Friedlosigkeit

## »Weil sie nicht glücklich sind ...«

*Eine Preisrede auf Janus Korczak, 1972*

Hochverehrter Herr Bundespräsident,
meine sehr verehrten Damen und Herren.

Mir ist die Aufgabe zugefallen, einer großen Öffentlichkeit zu erklären, warum Janusz Korczak den Friedenspreis des Deutschen Buchhandels des Jahres 1972 bekommt und verdient, einer Öffentlichkeit,

- die von vielen Preisverleihungen ermüdet ist;
- die das Wort »Frieden« – mit Recht – verlegen, ja ratlos macht;
- die fast nichts von Janusz Korczak weiß;
- die durch diesen Akt aufgefordert wird, das beschattete Olympia-Jahr 1972 an dem finsteren Kriegsjahr 1942 zu messen und zu prüfen, ob sie den Anfechtungen von damals heute besser gewachsen wäre, ob sie gewillt und in der Lage ist, heute von einem Mann zu lernen, den damals Deutsche umgebracht haben.

Korczak war Arzt, Schriftsteller, Pädagoge und Mensch seiner Zeit – ihr Diagnostiker, Mitgestalter und Opfer, ein Pole und ein Jude.

Wenn man mich, einen Pädagogen, gebeten hat, hier zu sprechen, dann heißt das, daß das Werk des Erziehers im Vordergrund stehen soll. Dies hätte er selbst so gewollt.

Aber eine gute Pädagogik spiegelt immer die ganze Welt, in der wir leben. Ihre Fragen und Aufgaben sind so zahlreich, vielfältig und abgründig wie unsere Erfahrung. Ich kann Korczaks ganzes Erziehungswerk hier nicht in 40 Minuten darstellen. Ich beschränke mich auf einen Bereich, eine bestimmte Herausforderung – auf das, was ich einstweilen »Erziehung in einer friedlosen Welt« nennen möchte. Was hat uns Korczak darüber gelehrt?

Ich spreche absichtlich nicht von einer »Erziehung zum Frieden«. Diese Formulierung kommt nicht nur bei Korczak nicht vor (jene andere tut es auch nicht); er hätte nicht nur als praktischer Pädagoge, der *diesen* 200 Kindern helfen wollte, sich in einer gewalttätigen, gleichgültigen, gewissenlosen Welt zu behaupten, wenig mit ihr anfangen können; er hätte sie nicht nur für eine Überforderung gehalten, die, weil sie nicht zu erfüllen ist, zynisch machen muß – er hätte vermutlich ihren prinzipiellen Sinn bestritten.

Aber er hätte die Absicht gebilligt, er hätte vielleicht gesagt: Daß Euch die Friedlosigkeit der Welt endlich zu einem Problem der Pädagogik geworden ist – statt: wie man Helden, Arbeiter, Gebildete, Gläubige erzieht –, das verbindet uns, und das wird euch hellsichtig machen für das, was ich habe tun und sagen wollen.

Als er 1904 sein Medizinstudium beendet hatte, wurde er als Untertan des Zaren zum russisch-japanischen Krieg eingezogen. »Dieses Buch«, so lesen wir auf S. 122 seines großen Werkes »Wie man ein Kind lieben soll«, »habe ich im Feldlazarett geschrieben, beim Donner der Geschütze . . .« Das war zwischen 1914 und 1916. Seine »Erinnerungen« – Nachtgedanken an den Alptraum Tag – entstanden im Getto des besetzten Warschau 1942. Dazwischen erlebte er zwei Revolutionen. Ein Lebenswerk inmitten von Krieg. Darin kannte er sich aus – er und seine Generation. Aber was Friedlosigkeit ist, wußte er diesseits davon, das lehrte der Alltag des sogenannten Friedens.

Fortgesetzte aberwitzige Rüstung, Verachtung, Vertreibung, Vergewaltigung von Menschen, die anders und schwächer sind, die schamlose Zunahme von Reichtum der einen, die Festschreibung der Armut der anderen und vor allem das Fortzeugen der Gewalt, der Angst, der Lüge, der Eitelkeit, der Ungeduld der Erwachsenen in ihrem Verhältnis zu den Kindern – was ist das alles, da es doch *Frieden* nicht ist?

Wenn ich mit meinen Studenten, die politische Lehrer werden wollen, heute ein Seminar über »Erziehung zum Frieden« ankündige, dann kommen sie, weil sie hoffen, daß hier über wichtige Aufgaben der Erziehung gesprochen werde. Aber das Wort »Frieden« nehmen sie mir nicht ab.

Frieden – das ist der pauschale und viel mißbrauchte Gegenbegriff zu den Leiden und Verkehrtheiten unserer Welt, zu dem, was offensichtlich nicht gutgehen *kann* und was die Menschen darum schon in der Vorstellung beunruhigt.

Soll Friede greifbar werden, muß man ihn in einzelnen Aufgaben zerlegen – z. B. in diese sechs:

- die Vermeidung oder Verhinderung von Gewalt;
- die Sicherung der materiellen Bedürfnisse;
- die Verwirklichung von sozialer Gerechtigkeit;
- die Gewährung und Forderung von politischer Mitbestimmung;
- die Wiederherstellung eines ausgewogenen Verhältnisses von Mensch und Umwelt, zwischen dem, was wir machen, und dem, was wir nur zerstören können;
- die Verständigung zwischen den Generationen, zwischen der jüngeren, die die Welt nicht hinnehmen will, wie sie ist, und der älteren, die von dem guten Sinn dieser Welt nicht überzeugen kann.

Schon auf den ersten Blick wird deutlich, daß keine dieser sechs Aufgaben ausgelassen oder auch nur zurückgestellt werden kann, ohne daß alsbald die Bemühungen um alle anderen zunichte werden. Wer hungert, wird am Ende auch rauben; wer gedemütigt wird, den beruhigt der volle Teller nicht; wer nicht mitbestimmen darf, dem nützt es nicht, wenn er inzwischen mit »Herr« angeredet wird; wenn wir Menschen untereinander verständig leben, aber die Natur unverständig ausbeuten, dann wird *sie* zurückschlagen; wenn wir den Frieden zwischen den Völkern durch das Unglück und die Entmündigung derer erkaufen, die nach uns kommen, dann haben wir den Krieg nur an eine andere Stelle verschoben.

Auf den zweiten Blick sieht man auch, daß dieses politische Programm zur Herstellung des Friedens eine ungeheuerliche Überforderung darstellt – etwas, was die Menschen vermutlich weder leisten können noch wollen. Ja, doch auch nicht wollen! Denn jeder hätte da seinen Preis zu zahlen: der Mächtige müßte seine Privilegien aufgeben, der Arme seine Verantwortungslosigkeit, der Wilde seine Muße – und allesamt müßten auf den Feind verzichten, die Projektion ihrer Schuld, die Wonnen der Rache. Als Sokrates seinen Jüngern vorrechnete, welche Veränderung des Gewohnten die gerechte Ordnung sie kosten würde, haben sie ihn laut ausgelacht.

So ist es nicht zu verwundern, wenn die Menschen ihre Hoffnung immer wieder auf die Pädagogik setzen: sie solle einen

Menschen herstellen, der erst gar keinen Krieg *will*, ein friedfertiges, vernünftiges Wesen, das sich mit den Verhältnissen arrangiert, sich mit Sublimierungen oder Circenses oder mit Gotteslohn zufriedengibt.

Weil nun Frieden so vielerlei voraussetzt, weisen die Friedensforscher den Pädagogen auch so verschiedene Wege zu ihm. Und weil alle mit ihren jeweiligen Thesen auch ein wenig recht haben und jede These von ihrem Gegensatz zu den anderen lebt, sind sie – diese Friedensleute – untereinander gründlich zerstritten. Wie der Gegenstand der Theologen so ist auch der ihre ebenso wichtig wie ungewiß, und das macht sie dogmatisch.

Der Frieden in der Welt hänge davon ab, daß man ihn wirklich wolle – das sagt der eine. Ihn wirklich wollen, heiße, in ihm die Voraussetzung zu unseren anderen Möglichkeiten sehen, ihn also mehr wollen als Wohlstand, Sicherheit, Macht, Rechthaben und Bessersein.

Man müsse die kommende Generation zu Abscheu vor Gewalt, zu Toleranz im allergenauesten Sinn, zu Formen des passiven Widerstandes und zum Martyrium erziehen. Nur wenn so die Nutzlosigkeit der physischen Gewalt in unserer Zeit erwiesen würde, sei Hoffnung auf bleibenden Frieden.

Der Frieden ergebe sich aus einer zweckmäßigen internationalen Ordnung, sagt ein anderer. Hebe man die überholte Nationalstaatenstruktur auf, werde die Welt zwar kein Paradies, aber die selbstmörderischen Kriege hörten auf: es fehlten die geeigneten Subjekte und Mittel. Wie sich die äußeren Gewaltakte kleiner Feudalherren zu den inneren Ordnungsaufgaben der heutigen Staaten gewandelt haben, als die wirtschaftlichen und technischen Entwicklungen dies erheischten, so müsse in der technischen Weltzivilisation aus internationalen Konflikten Weltinnenpolitik, ja Verwaltungsarbeit werden.

Man müsse die kommende Generation in diesen Vorstellungen aufwachsen lassen und selber für die Sicherung des Übergangs sorgen. In den Schulen müsse Geschichte gelernt werden, um überlebte Einrichtungen und Gewohnheiten abzulegen, Ökonomie, um die wirtschaftlichen Interessen und Notwendigkeiten zu durchschauen, Völkerrecht, um dieses Instrument weiterzuentwickeln und anzuwenden; man müsse eine vernünftigere Weltordnung simulieren und die Jugend auf sie einüben.

Der Frieden sei – sagt ein dritter – eine Frage der praktischen Politik des Interessen- und Machtausgleichs, einer geschulten Diplomatie und einer aufgeklärten, gut funktionierenden öffentlichen Meinung, einer Rechenschaft fordernden öffentlichen Neugier.

Man müsse die kommende Generation zu Rationalität und politischer Verantwortung erziehen, sie die Weisheit der Institutionen, der Aufgabenteilung, der Spielregeln erfahren lassen.

Der Frieden – sagt ein vierter – sei umgekehrt ein viel zu schwieriges Problem, um ihn der Politik und damit – in Demokratien – der Laienöffentlichkeit zu überlassen: er sei eine Aufgabe langfristiger und großräumiger Planung durch den neutralen Sachverstand – eine Frage der richtigen Verteilung von Gütern, Wissen, Kapital, Arbeitskraft, Ansehen und Selbstachtung.

Man müsse der kommenden Generation die dazu nötigen Fertigkeiten beibringen, sie zu vielseitig verwendbaren Fachleuten ausbilden und im Respekt vor der Kompetenz anderer. Wissenschaftlich überwachter Fortschritt, stabile Handelsbeziehungen und eine unpolitische Entwicklungshilfe seien die beste Friedenspolitik. Sie werden die Kriege abschaffen, indem sie die Menschen *gegenseitig* voneinander abhängig machen.

Der Frieden – sagt ein fünfter – erliegt den falschen Besitz- und Produktionsverhältnissen, in denen die Notwendigkeit dauernder Maximierung des Gewinns zu Ausbeutung, Täuschung und Unterdrückung zwingt – er sei ein Opfer von Sabotage, Verschwörung, Verschleierung.

Man müsse die kommende Generation in der Systemkritik, der Gegensabotage, den verschiedenen Formen der Verweigerung und der List schulen, sie mit einem revolutionären Bewußtsein förmlich »indoktrinieren«, weil die Übermacht der Verhältnisse bloß »gelernte« Denkmöglichkeiten alsbald wieder ersticke.

Der Frieden bleibe immer auch ein sozial-biologisches Problem – sagt ein sechster. Die dem Menschen für den Kampf ums Dasein mitgegebene rudimentäre Aggressivität könne nicht ohne schädliche Folgen unterdrückt werden. Umgekehrt lasse sich diese Aggressivität manipulieren und mobilisieren – zu beliebig teuflischen Zwecken.

Man müsse den Menschen insgesamt, vor allem aber der kommenden Generation, dieses Erbteil, die Gelegenheit seines Mißbrauchs und die Mittel seiner Ablenkung und Sublimierung bewußtmachen.

Der Frieden sei eine Folge ungemeisterter Komplexität – sagt ein siebenter. Es sei ein Wunder – ein Zeichen erstaunlicher sozialer Gesundheit des Menschen –, daß wir nicht im offenen Dauerkrieg leben. Oder nein: wir tun es doch! Die Türen des Janustempels werden nicht mehr geschlossen, nicht weil wir Krieg wollen, sondern weil wir die kriegstreibenden Nebenwirkungen unserer zahllosen Tätigkeiten nicht mehr unter Kontrolle haben. Wir verwalten unsere komplexe Lebensapparatur noch immer nach den Modellen der aristotelischen Physik.

Man müsse lernen, in Systemen und Systemtheorien zu denken.

Der Frieden sei eine Utopie und nicht einmal eine angenehme – sagt ein achter. So sehr man den unmenschlichen modernen Krieg verabscheuen und bekämpfen müsse, so müsse man doch auch den Zustand fürchten, in dem Menschen auch als Gruppe nichts mehr wichtig genug finden, um ihr Leben dafür einzusetzen: wenn alles, was stört, nur reguliert, therapiert, umdressiert wird.

Man müsse also lernen, mit Konflikten zu leben, die eine Folge und Form des Wandels in jeder freien und kreativen Gesellschaft seien.

Wie gesagt: keine dieser Thesen ist von vornherein ganz töricht. Aber jede von ihnen verliert an Überzeugungskraft in dem Maß, in dem sie beansprucht, allein zu gelten. Nimmt man sie dagegen zusammen, so wird daraus – wie vorher aus den Aufgaben der Friedenspolitik – eine totale Überforderung der Friedenspädagogik.

So wird der Frieden nicht nur das Opfer seiner offenen und heimlichen Verderber, sondern auch seiner bestallten Heiler. Es bilden sich zwei Parteien:

Die einen sagen: Erst muß die Welt umgebaut werden; bis das nicht geschehen ist, wird jede neue Generation mit Krieg im Herzen aufwachsen.

Die anderen sagen: Erst muß der Mensch umgebaut werden; bis das nicht geschehen ist, wird niemand eine andere Welt machen wollen und können.

Die ersten argumentieren: Der Unfriede sei zu einem Prinzip unseres Systems, er sei selbst »zum System« geworden; es sei darum aussichtslos, ja widersprüchlich, zugleich zum Leben in unserer Welt *und* zum Frieden zu erziehen. Unsere Wirtschaftsformen, Erkenntnisweisen, Entscheidungsprozesse, Sicherheitsmaßnahmen, Geltungsbedürfnisse seien gerade nicht auf jene sechs Maße gestimmt, die wir dem Frieden zugrunde gelegt hatten. Sie konvergierten in einer »organisierten Friedlosigkeit« (Senghaas). Alles, was die Menschen in ihren kleineren Bereichen lernen, scheitere an den Erfahrungen im Großen. Die Gesellschaft selbst müsse an ihren eigenen Prozessen umlernen, und die beste politische Erziehung sei immer noch eine gute Politik. Umgekehrt können selbst »emanzipatorisch« gemeinte oder erscheinende pädagogische Maßnahmen der bestehenden Gesellschaft stets nur einer weiteren subtileren Abrichtung dienen. Die Ohnmacht und Bedeutungslosigkeit der Erziehung besiegele die Bedeutungslosigkeit jedes ihrer Gegenstände.

Die anderen argumentieren: Dies überlasse die Gesellschaft vollends der Einübung in ihre falschen Gewohnheiten; wer sich hiervon auch noch »Veränderungen« erwarte, der rechne insgeheim mit der Katastrophe. Es sei weniger wahrscheinlich, daß Erwachsene, die ihr Leben auf die herrschenden Vorstellungen gegründet haben, ihre Einstellungen ändern, als daß Kinder sie gar nicht erst annehmen. Die Kinder seien das natürliche Veränderungspotential der Kulturen. Die Feststellung, daß »Kriege im Geiste der Menschen entstehen« und darum »auch im Geiste der Menschen die Werke zur Verteidigung des Friedens errichtet werden müssen« – so der erste Satz der Präambel der UNESCO –, meine gerade dies. Sie sei auch dann richtig, wenn der Krieg eine soziale, gleichsam rechtlich geschützte Einrichtung sei und Gewalt heute immer mehr »strukturell« (Galtung), das heißt: indirekt, durch legitime Institutionen und Verwaltungsakte – ohne Blutvergießen und Konzentrationslager – ausgeübt werde. Auch wer uns darüber belehre, wende sich an den »Geist der Menschen« und halte es für wichtig, ihn wenigstens davon zu überzeugen. Nicht welche Strukturen und Institutionen den Krieg fördern, sei die erste Frage (wichtig, wie sie ist!), sondern was die Menschen so fügsam und phantasielos gegenüber der organisierten Gewalt gemacht habe. Warum sie verwirrt, voller Vorurteile, aggressiv seien, erkläre sich fast von allein. – So gehe es denn darum, in den Kindern Kenntnis und Kritik, Wille und Vision, Sensibilität und

Selbstbewußtsein gegenüber der blind »fortschreitenden« Gesellschaft anzulegen.

In diesem Streit stellt sich Korczak entschieden auf die Seite der letzteren. Aber er tut es aus seinen besonderen Gründen und mit seinen besonderen Vorbehalten. Ich zähle und formuliere ihrer zehn:

1. Es geht nicht um einen »neuen« Menschen, sondern darum, dem alten, verkrümmten, unterdrückten, dem unterschiedlichen, wandelbaren, unverlierbaren, dem weder guten noch bösen Menschen zu seinem Recht auf sich selbst zu verhelfen.

2. Es geht erst recht nicht darum, eine »neue« Ordnung durchzusetzen, bevor man gestatten könne, daß Kinder oder die Menschen überhaupt sich selbst bestimmen. Kindheit ist das gemeinsame gesellschaftliche Los aller Kleinen. Man muß es ihnen bewußtmachen. Der große und zeitlose Klassenkampf der Menschen geschieht hier. Daß er bis heute nicht entdeckt worden ist, bestätigt, wie tief die Erwachsenen in ihn verstrickt sind.

3. Die Sozietät steht dem Individuum nicht »gegenüber«. Sie ist seine Lebensform. Sie ist mächtig, ja übermächtig, aber nie allmächtig. Sie ist kein Zweck an sich und sie ist nicht schon durch Mehrheit besser. Man muß nicht ihr helfen. Man muß vielmehr denen, die in ihr leiden, helfen, sie zu einer besseren Lebensform zu machen. Dazu bedarf es einer geschützten Kommunikation, verständlicher Prozeduren, einer Serie von Schiedsinstanzen und einer nachhaltigen Erfahrung vom Sinn dieser Institutionen.

4. Korczak steht auf der Seite der vorhin zitierten Präambel der UNESCO, weil dies die Aufgabe und die Möglichkeit der Pädagogen ist. Und er ist Pädagoge, weil er Kinder liebt. Er hat seinen Beruf als Arzt darum aufgegeben. Nun kann er nicht Revolution machen wollen oder auch nur Politik. Wer das will, kann nicht gleichzeitig Kindern gerecht werden. Kinder sind, was sie sind, *jetzt*. Morgen sind sie etwas anderes. Wer Politik treibt, wird keine Zeit haben, sich nicht um Kleines kümmern können, nicht auf Unterschiede achten. Nichts gegen Politiker und auch nichts gegen Revolutionäre – aber wehe, wenn sie ihre Aufgaben mit

Pädagogik verwechseln. Unsere pädagogischen Zeitschriften sind voll von den Zeugnissen und Erzeugnissen dieses Irrtums.

5. Dagegen gibt es eine politische Pädagogik – und die Korczaks ist eine solche. Igor Newerly, der lange mit Korczak zusammengearbeitet hat, urteilt, Korczak habe sich als Student von der Politik abgewendet, er sei bis zu seinem Lebensende in einer entschieden unpolitischen Haltung verharrt und sei skeptisch geblieben gegenüber der Möglichkeit, ein Problem auf revolutionärem Weg zu lösen (I, XI f.)[1]. Aber man kann – wenn man sich einen etwas weiteren Begriff des Politischen macht – auch sagen, Korczaks Pädagogik sei seine Politik; gerade ihre scheinbare politische Abstinenz, ihre Konzentration auf die unmittelbare Umwelt der Kinder habe ihm erlaubt, diese durch und durch politisch zu machen. Nur so kann Pädagogik, können Kinder auch »revolutionär« sein. Wer Kindern ein- und vorredet, daß und wie *sie* unsere Welt verändern sollen, hat sie zu Funktionären seiner eigenen, meist ohnmächtigen Absichten degradiert – so wie der, der ihnen den Stachel der Politik gänzlich erspart, sie zu Biederbürgern macht. Kinder sollen fähig sein, ihre Welt heute und hier und *darum* auch morgen und im Großen zu ändern.

6. Korczaks Vorstellung war: nicht eine Revolution unserer Welt durch Kinder, sondern eine Revolutionierung der Kinderwelt. Gelingt sie, die Folgen für »unsere Welt« würden unermeßlich sein. Die Kinder sollten in einem offeneren Spielraum ihre eigenen Bedürfnisse nach Veränderung erfahren und sich die Zuversicht aneignen, daß man Ordnungen verändern kann.

7. Die Kinder sind selbst eine unterdrückte Klasse – wie Frauen, Bauern, Arbeiter, Neger (KH, 241). Und diese Tatsache – hervorgebracht und verschleiert durch die Maßnahmen, Theorien und unkontrollierten Folgen einer wohlwollenden Pädagogik – konstituiert selbst eines der Hauptprobleme der Gesellschaft, ist eine Hauptquelle für ihre Friedlosigkeit. Zwischen Kindern und Erwachsenen herrscht Krieg – ein Krieg der Ungleichen. Korczak hat ihn in seinem Kinderbuch »König Hänschen I.« mit größter Genauigkeit vom Kinde her und für Kinder geschildert. Meist ist er bitter (wenn die Erwachsenen die Kinder belügen, nicht ernst

nehmen, ungerecht strafen, ungefragt betätscheln), gelegentlich heiter (wenn die Kinder den Erwachsenen listig entgehen); und erst als die Kinder ihre eigene Volksvertretung haben, werden ihre Probleme mit einiger Vernunft gelöst. In dem folgenden Ausschnitt aus einer Parlamentsdebatte der Kinder spiegelt sich die alte, noch nicht überwundene Not wider:

»Fritz eröffnete die Sitzung.

Er klingelte und sagte: ›Die Sitzung ist eröffnet. Tagesordnung: Jedes Kind soll eine Uhr haben – erster Punkt; Kinder dürfen nicht mehr abgeküßt werden – zweiter Punkt; Kinder brauchen mehr Taschen – dritter Punkt; Mädchen soll es nicht mehr geben – vierter Punkt.‹

Fünfzehn Redner hatten zur Frage der Uhren ums Wort gebeten.

Ein Abgeordneter sagte, die Kinder brauchten Uhren, weil sie zur rechten Zeit in der Schule sein müßten. Die Erwachsenen würden eher ohne Uhr auskommen, weil sie besser kopfrechnen könnten.

›Wenn Vatis und Muttis Uhren nachgehen, warum muß dann ich darunter leiden?‹, sagte der zweite Redner. ›Wenn ich aber meine eigene Uhr habe, werde ich schon aufpassen, daß sie richtig geht.‹

›Nicht nur für die Schule brauchen wir die Uhr‹, sagte der dritte Abgeordnete. ›Wenn wir zum Mittagessen oder Abendbrot zu spät kommen, schnauzt man uns an. Ist es vielleicht unsere Schuld, wenn wir nicht wissen, wie spät es ist, wo wir doch keine Uhren haben?‹

›Und zum Spielen brauchen wir auch eine Uhr‹, sagte der vierte Abgeordnete. ›Wenn wir um die Wette laufen oder feststellen wollen, wer länger auf einem Bein stehen kann, dann geht das ohne Uhr auch nicht so recht.‹

›Und wenn wir für eine Stunde ein Boot ausleihen, dann werden wir immer beschummelt. Die sagen, die Stunde sei schon um, dabei ist das gelogen . . .‹

Es fanden sich aber doch neun Abgeordnete, die keine Uhren haben wollten . . . ›Wir werden ja doch nur daran herumbasteln und sie kaputtmachen. Schade um das Geld, man kann sie doch verlieren. Beim Handstand fällt sie aus der Tasche und geht entzwei. Nicht jeder Erwachsene hat eine Uhr, das gibt nur Neid. Ich brauche keine. Vati wird sie mir wegnehmen, verkaufen und das Geld vertrinken.‹« (KH, 196 f.)

Unsere Erziehung ist eine Form von Gewalt – von *structural violence* (Galtung) – unter Ausnützung der Unerfahrenheit, der Ohnmacht, der Besitz- und Rechtlosigkeit der Kinder. »Mein Kind ist mein Eigentum, mein Sklave, mein Schoßhündchen. Ich kraule es hinter den Ohren, streichle ihm den Nacken, verziere es mit Schleifen, führe es spazieren, dressiere es, damit es aufgeweckt und manierlich ist; und wenn es mir lästig wird, sage ich: ›Geh spielen. Nimm dir die Schulbücher vor. Geh endlich schlafen!‹« (I, 58) Wie reagiert das Kind? Es durchschaut dies alles und wartet auf die Zeit, da es »die Betrüger entlarven, sich für die Jahre der Unfreiheit, für das gestohlene Vertrauen, für die erzwungenen Zärtlichkeiten, die entlockten Geständnisse, die anbefohlene Achtung rächen« kann. »Achten und ehren – diese Erwachsenen? Nein, verachten, verspotten *und nichts vergessen*! Kämpfen gegen die verhaßte Abhängigkeit« (I, 138). Kinder in der Grundschule, denen ich die Geschichte habe vorlesen lassen, hatten immer dann ihre größte Freude, wenn König Hänschen oder Fritz den Erwachsenen ihre »Gemeinheit« heimzahlten.

Weil der Krieg zwischen den Kindern und Erwachsenen so ungleich ist, kommt er nie zum Austrag, und dadurch erzeugt er sich selbst immer wieder neu. Auf diese Weise gibt es »unter den Kindern . . . ebensoviel böse Menschen wie unter den Erwachsenen« (I, 213), solche, die dann die anderen Kinder unterdrücken, und solche, die ihr Bedürfnis nach Vergeltung nie haben stillen können und es darum später an ihren eigenen Kindern auslassen. – Nicht nur, weil er Sigmund Freud gelesen hat, weiß Korczak, daß es eine mit der Kultur der gesellschaftlichen Vernunft, der Erziehung selbst verbundene »Unterdrückung« gibt. Weil das Kind ihren Sinn nicht versteht, erfährt es sie als die schiere Willkür, eben als Gewalt. Wir meinen, weil das Kind klein, unerfahren, unverständig ist, müßten wir solche Gewalt ausüben. Aber es ist umgekehrt: allenfalls dem Großen, Erfahrenen, Verständigen ist Gewalt ohne schlimme Folgen zumutbar.

8. Unser Hauptfehler ist, daß wir meinen, das Kind *werde* erst Mensch. Nein, es *ist* einer. (I, 158) Es ist nur schwächer als wir. Die Aufgabe der Pädagogik ist es, das Kind den Erziehern gewachsen zu machen, den eingesetzten wie den heimlichen. Man muß die Ungleichheit des Kampfes beenden, das, was ihn zur ständigen Quelle von Friedlosigkeit macht.

Wir können das Problem nicht ernst genug nehmen. Wenn so unterschiedliche Beobachter wie Margaret Mead (eine Kulturanthropologin), Erich Fromm und Alexander Mitscherlich (zwei Tiefenpsychologen) und Konrad Lorenz (ein Verhaltensforscher) gleichermaßen von einer »Feindschaft« zwischen den Generationen sprechen und nicht mehr von einem Generationskonflikt, meinen sie nicht notwendig dasselbe, aber sie meinen eine gleich große Gefahr. Konrad Lorenz – ich wähle ziemlich willkürlich einen von ihnen – hat die Abfolge der Generationen unter einem evolutionären, darwinistischen Gesichtspunkt analysiert. Die Möglichkeit, Erkenntnisse zu erwerben und sie an andere weiterzugeben, zeichnet die Menschen von anderen Arten aus. Zwischen Neulernen einerseits und Übernehmen, Bewahren, Weitergeben von Gelerntem andererseits besteht ein bestimmter, zeitlich und quantitativ geregelter Ausgleich, auf Grund dessen die Kulturen sich entwickeln und erhalten. In der modernen Welt ist dieser Ausgleich gefährdet und damit die Kontinuität der Kultur. Wir können heute auf fast allen Gebieten die Belastungen, Störungen und Rückschläge, die sich aus unseren Tätigkeiten ergeben, durch künstliche Mittel ausschalten. Sie verlieren dadurch auch ihre Signalwirkung. Wir haben keine verläßlichen Warnzeichen mehr. Pharmaka betäuben unsere Schmerzen und natürlichen Bedürfnisse, technische Maßnahmen fangen die Folgen technischer Maßnahmen auf, soziale und moralische Probleme werden in administrative und finanzielle verwandelt, aus Unvorhergesehenem wird alsbald ein Forschungsobjekt – ein Gegenstand für den zuständigen Fachmann. Wir entwöhnen uns nicht nur der Herausforderungen, wir gewöhnen uns nicht nur an Scheinentlastungen und immer höhere Ansprüche und Reize, wir nehmen uns vor allem keine Zeit mehr, irgendein Erlebnis, irgendeine Schwierigkeit oder irgendeine Wandlung zu verarbeiten – geschweige denn, sie mit den Kindern und für sie zu verarbeiten. Kinderzeit war für Rousseau offene, eigens dafür von der Natur bereitgestellte Erfahrungszeit. Wir haben Programmierungszeit daraus gemacht. – Aber anders als einzelne Techniken läßt sich Kultur so nicht übernehmen: sie fordert umständliche, zeitraubende Identifikation mit Personen und Lebensformen, Erprobung von ganzen Erfahrungsbereichen, das Durchspielen von Rollen. Die Erwachsenen entziehen sich jedoch ihren Kindern – sich selbst, ihre Tätigkeiten, ihre Lebenssituationen. Sie bleiben der nächsten Generation ihre eigene wichtigste Kulturfunktion schuldig: sichtbares Modell für Ordnungen, Gefahren und Chancen zu sein, die die Kultur bietet. Ja, sie erscheinen den Kindern und Jugendlichen nicht als Menschen, die ein wichtiges Leben mit wichtigen Aufgaben leben und die *darum* keine Zeit für sie haben, sondern als Sklaven freudloser Verrichtungen, Gefangene von Systemzwängen, Anbeter von Werten, die sie im Grunde nicht achten.

Unsere Kultur – will Lorenz sagen – können die Jungen nicht lernen und übernehmen. Sie fallen darum in einen archaischen Stammeskrieg mit den Alten zurück, und die Alten reagieren darauf mit mehr, genauerer, früherer, geschlossenerer Pädagogik.

Wenn die Kultur weiterbestehen soll, muß in erster Linie dieses Verhältnis geändert werden, weil alle anderen daran hängen – ein Zustand, auf den die Metapher »Krieg« nicht mehr zutreffen will. Es ist eher eine Vergiftung, Krankheit – Friedlosigkeit.

9. Korczak hat – nicht die Analyse, wohl aber – die Beschreibung dieses Zustandes vorweggenommen.

»Wir haben uns so eingerichtet, daß die Kinder uns möglichst wenig stören, möglichst wenig ahnen, wer wir eigentlich sind und was wir wirklich tun!« (I, XXI) So verweigern wir uns selbst. Und zugleich kennen *wir*

»den Weg zum Glück, wir geben Hinweise und Ratschläge. Wir wecken seine guten Eigenschaften und unterdrücken die schlechten. Wir lenken und korrigieren es, wir üben mit ihm. Das Kind tut nichts, wir tun alles.

Wir befehlen und verlangen Gehorsam.

Wir sind als die moralisch und rechtlich Verantwortlichen, Wissenden und Vorausschauenden die einzigen Richter über alle Taten, Bewegungen, Gedanken und Absichten des Kindes.

Wir geben Aufträge, wir wachen über ihre Ausführung, ganz nach unserem Belieben und unserem Verständnis – es sind unsere Kinder, unser Eigentum – so ist das! . . .

Ein Bettler verfügt immerhin frei über sein Almosen, ein Kind jedoch hat gar kein Eigentum, es muß über jeden Gegenstand Rechenschaft ablegen, den es zum Gebrauch erhalten hat.

Es darf nichts zerreißen, zerbrechen, schmutzig machen, es darf nichts verschenken oder im Überdruß wegwerfen. Es muß annehmen, was man ihm gibt, und damit zufrieden sein. Alles am rechten Platz und zur rechten Zeit und gemäß seiner Bestimmung.

(Vielleicht schätzt es darum die wertlosen Kleinigkeiten, die wir verwundert und mitleidig betrachten: wertlosen Kram, sein einziges wirkliches Eigentum: den Reichtum eines Bindfadens, einer Schachtel, einer Handvoll Glasperlen.)

Das Kind muß nachgeben, sich durch gutes Benehmen alles verdienen – bitten soll es, oder durch kleine Listen erreichen, was es haben will, aber ja nicht fordern! Es darf keinerlei Ansprüche stellen. Von unserem guten Willen hängt es ab, ob wir ihm etwas geben . . .

Wir achten das Kind gering, weil es noch nicht viel weiß, noch nicht scharfsinnig ist, noch keine Voraussicht hat . . .

Das Kind ist kein Soldat, es verteidigt das Vaterland nicht, aber es leidet mit ihm.

Um eine politische Meinung braucht man sich bei ihm nicht zu bemühen; es ist ja kein Wähler: es droht nicht, es fordert nicht, es sagt nichts.

Schwach, klein, arm, abhängig – ein Staatsbürger soll es erst werden. Wir behandeln es mit Mitleid, Schroffheit, Grobheit und wenig Achtung. Ein Kind nur, erst in Zukunft ein Mensch, jetzt noch nicht . . .

Wir sind reich geworden. Wir genießen längst nicht mehr lediglich die Früchte der eigenen Arbeit. Wir sind Erben, Aktionäre, Miteigentümer eines ungeheuren Vermögens . . . Wie viele Waren auf den Märkten – von unzähligen Schiffen herbeigebracht – drängen sich dem Verbraucher förmlich auf und wollen – bitteschön – verwendet werden.

Machen wir Bilanz, berechnen wir, wieviel dem Kinde danach vom Gesamteinkommen zusteht, wieviel ihm als sein rechtmäßiger Anteil, nicht aus Gnade und nicht als Almosen zukommt. Prüfen wir redlich, wieviel wir davon dem Volk der Kinder, der Nation der Minderjährigen, der Klasse der Fronenden überlassen. Wie groß ist ihr Erbteil, wie soll es aufgeteilt werden; haben wir sie nicht – wie ein unredlicher Vormund – enterbt und enteignet? . . .

Wir haben den Unterricht für die Allgemeinheit eingeführt, den Zwang zu geistiger Arbeit; die Kinder werden registriert und der Schulpflicht unterworfen. Wir haben dem Kinde die Bürde auferlegt, mit den sich widersprechenden Interessen zweier gleichlaufender Autoritäten fertig zu werden: der Schule und der Eltern! . . .

Wir üben unsere Aufmerksamkeit und unseren Erfindungsreichtum im heimlichen Beobachten des Bösen; wir suchen es überall, spüren es auf, verfolgen es, wollen es auf frischer Tat ertappen; wir sehen Schlimmes voraus und kommen zu demütigenden Verdächtigungen . . .

In unserer Bequemlichkeit wäre es uns lieb, wenn keines der Kinder uns jemals Mühe machte, und wenn von den zehntausend Sekunden einer Schulstunde (bitte nachzählen) keine einzige schwierig wäre. Warum ist ein Kind für den einen Erzieher gut und für den anderen böse? Wir verlangen eine Uniform der Tugenden und Momente, und das auch noch nach unserem Gutdünken und unseren Vorstellungen.

Gibt es in der Geschichte wohl ein Beispiel für eine ähnliche Tyrannei?« (II, 10-31)

Daß vieles heute so nicht mehr ist, daß Kinder in der Regel nicht mehr für uns arbeiten, daß sie Geld haben, mehr als vielleicht gut ist, daß sie kaputtmachen dürfen, was wir ihnen geben (auch mehr als gut ist), ändert nichts an ihrer Abhängigkeit und unserer Tyrannei – im Gegenteil: weil dieses Verhältnis nun ohne Not und Notwendigkeit so ist, ist es im Prinzip verschärft.

Korczak hat seine Diagnose auf eine andere Formel gebracht als Lorenz oder Mead oder Mitscherlich – auf die etwas altmodische Formel des Rechtes auf Achtung, das wir dem Kind verweigern.

10. Daß die Welt für die Kleinen so unleidlich ist – auch dort, wo die Erwachsenen freundlich mit ihnen sind – liegt zu einem großen Teil daran, daß sie ihnen unverständlich bleibt. Und dies wiederum ist eine Folge davon, daß wir ihr Leben ständig an unserem messen, es auf unsere Zwecke, Deutungen und Einteilungen ausrichten. *Dies* ist die Nichtachtung, die Korczak unermüdlich aufdeckt und tadelt – und die sich rächen wird.

König Hänschen besucht einmal den befreundeten Nachbarkönig. Dieser hat in seinem Lande die Demokratie eingeführt (die es bei Hänschen noch nicht gibt) und viele fortschrittliche Einrichtungen. Aber König Hänschen sieht, wie sich die Menschen auch dort streiten und beschimpfen. »Warum haben sie sich eigentlich so gezankt?« fragt er seinen Gastgeber beim Verlassen des Parlaments. »Weil sie nicht glücklich sind!« ist die Antwort. »Weißt du, Hänschen, wir haben es falsch gemacht, als wir den Erwachsenen die Reformen geschenkt haben. Versuch es doch einmal mit den Kindern. Vielleicht gelingt es dir . . .« (HK, 94) König Hänschen kehrt in sein Land zurück und befolgt den Rat des Nachbarkönigs, der gut zu seinen eigenen Erfahrungen und Beschlüssen paßt. Er hatte seinen Ministern gesagt: »Ihr werdet euch mit den Erwachsenen befassen. Ich aber werde der König der Kinder sein . . . Ich bin noch klein und weiß, was die Kleinen brauchen.« (KH, 78 und 207)

Kinder sind Sachkenner in Angelegenheiten der Kinder (II, 23). Das gilt es nicht nur aus moralischer Empfindsamkeit zu respektieren, sondern das ist selbst ein Stück Heilung der Welt. Wie sie mit ihrer Kennerschaft ihre Welt ordnen, und wie Erwachsene *dabei* helfen können, davon handelt Korczaks gesamtes Werk.

Korczak war kein Systematiker. Was seine Gedanken einander zuordnet, sind letztlich ein einziges Prinzip und eine einzige Tatsache: das Prinzip der Achtung vor den Kindern und die Tatsache seiner spontanen, uneingeschränkten, fast möchte man sagen, unpädagogischen Liebe zu ihnen. Gleichwohl – er war ein Praktiker und hat Maßnahmen getroffen. In ihnen steckt »System«. Ich will vier von ihnen skizzieren – zwei, die sich an die Kinder wenden (A), und zwei, die sich an die Erwachsenen wenden (B).

A. Für die Kinder stellt Korczak
*erstens* Institutionen der Selbstverwaltung bereit und
*zweitens* Geschichten zur Selbsterfahrung.

In den einen können die Kinder ihre gemeinsamen Angelegenheiten selbst erkennen, definieren, regeln und Formen des gegenseitigen Einvernehmens erfinden. In den anderen, den Geschichten, können sie ihre Vorstellungen erweitern, Alternativen zur Wirklichkeit durchspielen, Identifikationen vornehmen und vor allem ihre Hoffnungen stärken.

## Die Institutionen

Im Jahre 1911 gab der damals 33jährige, glänzend arrivierte Kinderarzt seine Praxis auf und übernahm das nach seinem Entwurf errichtete Waisenhaus (Dom Sierot), in dem er bis zum schrecklichen Ende gewirkt hat. Von 1919 bis 1936 arbeitete er außerdem in einer Heimschule für Arbeiterkinder mit, die Maryna Falska, eine befreundete Sozialistin, nach seinen Prinzipien gegründet hatte.

Ein Waisenhaus bot alles und forderte alles, was Korczak brauchte: Kinder von klein auf; Kinder im Kollektiv; Kinder, die des Schutzes bedürfen; Kinder ohne Bindung an Eltern, an deren Erwartungen, an deren Weltanschauung; Kinder ohne gesellschaftlichen Status. Ein Internat für Kinder von Arbeitern ist nicht weniger festgelegt als eine englische Public School.

Das erste Drittel unseres Jahrhunderts war die Zeit der pädagogischen Kinderrepubliken: von den deutschen Landerziehungsheimen bis zu Makarenkos Gorki-Kolonie. Aber im Gegensatz zu den meisten anderen Schulgemeinschaften galt die seine nicht in erster Linie der Erziehung zur Gemeinschaft. Igor Newerly teilt uns mit, Korczak habe die »kategorische Widerlegung« Platons und seiner Epigonen gefordert, und das heißt, Korczak bestritt die These, daß Erziehung und ideale Staatsform zusammenfallen müssen und dem Glück des Kollektivs dienen. Korczak ging es darum, daß Menschen lernen, sich die Ordnungen zu machen, in denen sie ihr Glück finden oder gestalten können. Das heißt nicht, daß in seinem Heim Egoisten erzogen wurden, wohl aber Menschen, die auf Grund von Selbsterkenntnis Selbstdisziplin üben, auf Grund von sozialer Erfahrung Regeln beachten, mit Hilfe von verstandenen Verfahren Verständigung suchen. Sie lernen, »zusammenzuleben«, nicht »für die Gemeinschaft zu leben«. An die Stelle der vorgängigen Forderung nach Gemeinschaft treten gemeinsame Sachnotwendigkeiten. Sachnotwendigkeiten aber stellen auch Launen bloß, setzen Willkür einzelner außer Kraft. Um das zu bekräftigen, hatte das Waisenhaus ein Minimum an Personal. Als Korczak das Fazit des ersten Jahres zieht, sieht das so aus: »Wir hatten uns von einem x-beliebigen Personal und seiner Tyrannei unabhängig gemacht. Hausherr, Mitarbeiter und Leiter des Hauses wurde – das Kind. Alles, was im weiteren Verlauf beschrieben wird, ist ein Werk der Kinder, nicht das unsrige.« (I, 286)

Und was war das Werk der Kinder?

- Eine Tafel für Bekanntmachungen, Fragen, Bitten, Warnungen – von allen an alle. Schriftliche Mitteilung ersetzt die mündliche nicht, aber wie bei der Kodifizierung der Gesetze in den frühen Stadien des Staates, so geben die Anschläge am Schwarzen Brett Sicherheit. Man kann zu ihnen zurückkehren, sie noch einmal lesen, sie anderen vorweisen. Sie erlauben zu sagen: »Lies dir das durch!«;
- ein Briefkasten erlaubt entsprechend, zu sagen: »Schreib das mal auf!« Aufschreiben dient dem Verständlichmachen der Welt. In der Mühe, die es uns bereitet, wird deutlich, daß das Verstehen von Sachverhalten etwas mit der Verständigung zwischen Personen zu tun hat. Ja, es gibt Anlaß auch hierfür: »Schreib das mal auf!« »Ich kann aber nicht schreiben!« »Dann bitte jemanden darum, der es kann.« (I, 289);
- die Schulzeitung ist eine andere Form der Mitteilung – nämlich

mit dem Wunsch, auf andere Einfluß zu nehmen. Darüber hinaus ist sie ein »ausgezeichnetes Regulativ für die Worte und Taten des Erziehers. Sie ist eine lebendige Chronik seiner Arbeit – seiner Bemühungen, seiner Fehler und Schwierigkeiten.« (I, 304);

- Abstimmungen, die ad hoc und anonym vorgenommen wurden, genauer: Stimmungsabbilder dienen bei verschiedensten Gelegenheiten dazu, bloße Mutmaßungen, untergründige Gefühle, Verdächtigungen, Empörung ans Licht zu bringen und zu »Tatbeständen« zu machen, auf die man reagieren kann; durch solche Veröffentlichung einer unöffentlichen Meinung wurden »Machthaber« entthront: sie und alle anderen können nun erkennen, wie schlecht es um ihre Gefolgschaft wirklich steht;
- ein öffentliches Regal zum öffentlichen Aufbewahren gemeinsamer Gegenstände;
- ein Schrank für Gesuchtes und Gefundenes;
- ein Kramladen und ein Arsenal von Sachen, die man einmal braucht, kurz: lauter Einrichtungen, die die Welt verständlich und verfügbar machen;
- auch die Betreuungskommissionen dienen in erster Linie der Verständigung; in ihnen kümmern sich Ältere um Jüngere – ebensosehr um zu lernen wie um zu helfen. Auch diese Beratung wird zu einem großen Teil schriftlich gesucht und erteilt: das versachlicht den Einfluß, den die einen auf die anderen nehmen;
- Sachlichkeit bestimmt auch die Versammlungen, die die Kinder selber einberufen und abwickeln und die sie nicht besuchen müssen, die sich also nur erhalten, wenn sie eine spürbare Bedeutung für die Gemeinschaft und den einzelnen haben. Freiwilligkeit und Freitätigkeit allein schaffen Verantwortung.

Die wichtigste Instanz freilich ist das Gericht, dessen Zuständigkeit sich auf alles erstreckt – Kinder, Erzieher, Personal. Es ist Schiedsstelle, Schutz, Chance. Die Schülergerichte bei Berthold Otto und Karl Wilkers, bei Hermann Lietz und Kurt Hahn, oder die Vollversammlungen bei Makarenko treten für die verletzte Ordnung der Gemeinschaft ein. Bei Korczak dient das Gericht in erster Linie dazu, den »Despotismus« der Erzieher aufzuheben (I, 304). Das Gesetzbuch des Kameradschaftsgerichts beginnt so:

»Wenn einer etwas Böses getan hat, so ist es am besten, ihm zu verzeihen und zu warten, bis er sich bessert.

Aber das Gericht muß die Stillen beschützen, damit die Starken ihnen nicht das Leben schwermachen . . . Es wacht darüber, daß der Große dem Kleinen nichts antut und der Kleine den Älteren nicht stört; daß der Gescheite den Dümmeren nicht ausnutzt und sich nicht über ihn lustig macht; daß der Zänkische die anderen nicht quält oder daß auch er nicht schikaniert wird; daß der Fröhliche keine dummen Witze über die Traurigen macht.

Das Gericht muß darauf bedacht sein, daß jeder hat, was er braucht, daß es keine Unglücklichen und Verärgerten gibt . . .« (I, 304-397)

»Man kann bei Gericht die eigene Person, jedes Kind und jeden Erzieher, jeden Erwachsenen überhaupt anzeigen.« (I, 305) Das Gericht veröffentlicht seine Verhandlungen. Es gibt Übersichten über die Fälle, ihre Häufigkeit, die Art der Delikte, die Wirkungen der Strafen. Es gibt graphische Darstellungen heraus, es zeichnet gleichsam die Fieberkurve des sozialen Verhaltens im Waisenhaus auf.

Es gibt 99 »freisprechende« Paragraphen. Sie besagen, »das Gericht hat den Fall nicht behandelt« (I, 309). Danach ist alles so, als habe es nie eine Anklage gegeben. Man hat aus Anlaß eines Falles ein Verhaltensproblem durchgesprochen. Derjenige, auf den der Schatten der Anklage gefallen ist, wird sich Mühe geben, sich so zu verhalten, daß dies nicht wieder vorkommt. Darüber hinaus gibt es zehn Formen des Schuldspruchs.

Der mildeste ist:

»Das Gericht erklärt nicht, daß X etwas verschuldet hat, es erteilt keinen Tadel und ist nicht böse auf ihn« (I, 309); es trägt aber den Tatbestand in die graphische Darstellung, in die Gerichtschronik ein.

Der härteste Schuldspruch lautet:

»Wir haben alle Hoffnung verloren, daß X sich aus eigener Initiative bessern könnte. Wir glauben ihm nicht mehr, wir haben Angst vor ihm. Wir wollen nichts mehr mit ihm zu tun haben.« (I, 311) Dieser Paragraph verweist den Verurteilten eigentlich von der Anstalt. »Er kann jedoch bleiben, wenn ihn jemand auf seine Verantwortung nimmt . . . Der Betreuer verantwortet vor Gericht alle weiteren Vergehen seines Schützlings.« (I, 311)

Für besondere Fälle konnte eine »Ausnahme« verfügt werden:

»Einer kann sich nicht einfügen, einer stellt sich außerhalb von Gesetz und Recht. Man hat alles versucht, nichts hat geholfen. Was soll man tun? – Wenn wir einem gestatten, was allen verboten ist, oder wenn wir ihn von dem befreien, was alle tun müssen, wird sich das nicht schlimm auswirken?

Der Rat des Gerichts kann jemanden zum Ausnahmefall erklären, bis er selbst darum bittet, es nicht mehr zu sein. Der Rat befindet darüber, ob diese Ausnahmefälle an der Gerichtstafel ausgehängt werden.« (I, 308 f.)

Nochmals: das Gericht dient nicht dem Richten, dem Verurteilen und Wiedergutmachen; es dient dem Verständlichmachen und dem Von-nun-an-besser-weiter-Machen. Es bietet dazu eine Skala von Möglichkeiten an: von der Zurücknahme der Klage über das Verzeihen und die Selbstdisziplinierung bis zur Aufkündigung des wichtigsten Grundverhältnisses der Gemeinschaft: des Verhandelns.

Daß das zur Einrichtung gemachte Verhandeln und der begründete Schiedsspruch nach vereinbartem Recht ein »Grundverhältnis« sind, wird dem Kind sichtbar, wenn sie ausfallen. Es gab in Korczaks Waisenhaus Kinder, die das Gericht haßten und, wie sie sagten, lieber eine willkürliche Strafe erleiden wollten als melden und gemeldet werden (I, 348).

Diese Kinder haben das Gericht einmal zu Fall gebracht. Als es wieder auferstand, wußte jeder, daß man es brauchte, daß man es nicht entbehren konnte.

Es gibt Kinder, die nicht vor Gericht gehen mögen, und solche, die sich nicht zu Richtern wählen lassen. Sie werden deutlich belehrt, »daß ein ›ich mag nicht – ich will nicht‹ nicht bedeuten kann ›ich werde nicht‹«, indem sie aus der Gerichtsgemeinschaft entlassen werden. Wer nicht Richter werden will, kann den Schutz des Gerichts nicht in Anspruch nehmen. So erfahren die Kinder, daß das Gericht eine Chance – und *ihre* Chance – nur bleibt, wenn sie es selber bestellen.

Zwei weitere Funktionen hat das Gericht: es läßt »jede unerledigte Frage, jedes dilettantisch zusammengebastelte Gebot oder Verbot, jedes Versehen« erkennen und analysieren (I, 350); es offenbart unser zwiespältiges Verhältnis zur eindeutigen, autoritativen »juristischen« Regelung unserer Beziehungen. Die Kinder erfahren:

- es sind die kleinen Dinge, die quälen: ein nicht zurückgegebenes Löschblatt, ein mißverständlicher Scherz, bloße, aber systematische Unfreundlichkeiten;
- es sind auch die kleinen Dinge, die man hinzunehmen sich gewöhnt hat, und die darum nicht vor Gericht kommen; Ärgernisse, die also ungeklärt weiterschwelen und das Leben in der Polis vergiften;
- es mindert jedoch die Autorität des Gerichts, wenn die wirklichen Ursachen des Unfriedens nicht zur Sprache kommen;
- es ist umgekehrt fatal, wenn seine Arbeit in der »Prozeßsucht«, zumal der Kleineren, ertrinkt;
- das Gericht wird seinerseits zum Tyrannen, wenn es seine Rolle überschätzt und die Fälle moralisiert;
- es braucht jedoch ein gewisses Pathos und wird zum Gespött, wenn die Kinder bei einer gerechten Forderung oder einer mutwilligen Ungerechtigkeit sagen: »Dann melde mich doch beim Gericht!« (I, 339)

Vor allem hat das Gericht die Rolle des Erziehers verändert. War er ein »Wächter über Wände und Möbel, über die Ruhe auf dem Schulhof und die Sauberkeit von Ohren und Fußböden« (II, 35), kann er jetzt Helfer, Berater und Modell sein. Korczak hat sich selbst fünfmal dem Gericht gestellt und diese Fälle als den Grundstein seiner eigenen Erziehung zu einem »konstitutionellen« Pädagogen angesehen, d. h. zu einem, der sich zu Kindern richtig verhält, nicht weil er sie liebt, sondern weil er der Willkür ein Ende gemacht hat, weil sein Verhalten nachvollziehbar ist. (I, 353)

Es gab schließlich im Dom Sierot ein Parlament mit zwanzig Abgeordneten, von denen jeder aus einem Wahlkreis von fünf Kindern gewählt wurde. Das Parlament beschloß über die Aufnahme von Kindern in die Schule und auch über das Personal.

Was ein Kinderparlament sonst noch kann und soll (und nicht kann und nicht soll), wissen die Leser von »König Hänschen«. Aber ihnen ist auch das ungelöste Problem aufgefallen: König Hänschen ». . . wollte, das ganze Volk solle regieren. Aber die Kinder sind auch Volk. Darum mußten zwei Parlamente geschaffen werden: in dem einen sollten die Erwachsenen, im anderen die Kinder bestimmen.« (KH, 129) Wie verhalten sich die Beschlüsse des einen Parlaments zu denen des anderen? Wer teilt die Mittel zu? Wer schlichtet die Konflikte nach welchem Prinzip? Davon steht in »König Hänschen« nichts.

Im Waisenhaus fand der Ernst des Parlaments seine Bestätigung in der Art und Eindeutigkeit seiner Einschränkungen: den Kindern durfte man nicht vormachen, daß sie etwas entscheiden, wo sie es tatsächlich nicht tun, wo die Mittel und die Kompetenz fehlen. Die Befugnisse jedoch, die der Sejm hatte, hatte er ganz.

Und weil von dem »Ernst« die Rede war – ein Beispiel für seinen »Spaß«. Eine der liebenswertesten Befugnisse des Parlaments war es, den Kalender zu beschließen:

Der 22. Dezember hatte die Losung: »Es lohnt sich nicht, aufzustehen.« Wer will, kann schlafen und braucht nicht aufzustehen, ja nicht einmal sein Bett zu machen.

Der 22. Juni hatte die Losung: »Es lohnt nicht, sich hinzulegen.« Wer will, kann die ganze Nacht wach bleiben.

Der Tag des Schmutzfinken – Losung: »Sich zu waschen, ist verboten.« Wer sich an diesem Tag waschen will, muß eine Gebühr bezahlen, deren Höhe der Sejm beschließt.

Der Tag der Uhr: Der unpünktliche Schuster hat sich, wie versprochen, gebessert und ein ganzes Jahr die reparierten Schuhe am richtigen Tag zur festgesetzten Stunde geliefert. Der Sejm hat ihm eine Postkarte für Pünktlichkeit zuerkannt. Zur Erinnerung daran dürfen die Kinder am Tag dieses Beschlusses eine Stunde länger in der Stadt bleiben.

Der Tag des Liederjans: Wer durch Abstimmung zum größten Schlamper erklärt wird, erhält ein sauberes Stück Kleidung, damit er sich an Feiertagen sehen lassen kann. (I, 354 f.)

Erziehung zum Frieden? – Nein, nämlich nicht: aufgefordert werden, die unverstandenen Verwicklungen der größeren Welt zu lösen.

Erziehung in einer friedlosen Welt? – Ja, nämlich: an Dingen, die für Kinder Bedeutung haben, die ihnen zugänglich sind und die sie beurteilen können, Zutrauen gewinnen, daß man Menschen verstehen und beeinflussen kann; und den Anspruch mit forttragen, daß Gemeinschaft verständlich und dienlich ist.

Wem dies zur Grunderfahrung wird, der wird die Ungeheuerlichkeiten unserer friedlosen Welt wenigstens nicht fügsam hinnehmen. Er wird auch nicht so schnell zum Desperado.

## Die Geschichten

Korczak war ein phantasiereicher, hochsensibler und vor allem freudiger Schriftsteller. Seine Pädagogik hat er nicht nur in seinen Schriften beschrieben und begründet, er hat sie auch durch Schriften ausgetragen: in Romanen, Bühnenstücken, Kindergeschichten. Daß er von seinen Kindern so viel schriftliche Mitteilung forderte, scheint mir seinen Grund darin zu haben, daß er selber ohne den Widerhall, die Bestätigung und Prüfung der Tat im Wort nicht auskam. Im Wort wurden die komplizierten Ereignisse festgehalten und verständlich; im Wort wurden aus vagen Ideen brauchbare Pläne oder erwiesene und also zu unterlassende Dummheit; das Wort erlaubte vor allem, mit schon gemachten Fehlern fertig zu werden. Hat man sie formuliert, sind sie mehr als Irrtum, Niederlage, Beschämung – sie werden zu einer Quelle der Einsicht. Sie müssen nicht verdrängt und geleugnet und schon gar nicht anderen zugeschoben werden.

»Die guten Erzieher unterscheiden sich von den schlechten nur durch die Anzahl der begangenen Fehler, des begangenen Unrechts. Es gibt Fehler, die ein guter Erzieher nur einmal begeht, die er, wenn er sie kritisch überdacht hat, nie wiederholt. Ein solcher Fehler bleibt lange im Gedächtnis . . . Ein schlechter Erzieher gibt den Kindern die Schuld am eigenen Versehen . . .« (I, 181) Kritisch überdenken, konkretisieren, eingedenk und ehrlich bleiben – das ist das eine. Das andere ist das Entfalten der Vorstellung, die Welt der Möglichkeit, die Bekräftigung unserer Wünsche gegen eine elende Wirklichkeit.

Neben die Institutionen, die Erfahrungen mit der Realität der Sachen und Menschen hat Korczak Geschichten gestellt. In diesen Geschichten wird die Welt zugleich geschildert, wie sie ist, wie sie sein könnte und wie ein Kind sie verstehen kann. Man kann sagen: in Korczaks Geschichten wird nicht die Welt der Kinder vom Erwachsenen her, sondern die Welt der Erwachsenen vom Kind her erfahren und gedeutet: Auch ihr könnt dies verstehen, dies tun, dies werden.

Auf der ersten Seite des Kinderromans »König Hänschen« befindet sich ein Bild des Autors im Alter von 10 bis 12 Jahren. Er erklärt dazu: ein Autor sollte sich stets so vorstellen, damit die Kinder nicht denken, er sei immer schon so klug und niemals klein gewesen. »Die Kinder denken dann, sie selbst könnten niemals Minister, Reisende oder Schriftsteller werden – und das stimmt doch gar nicht!« (KH, 5)

Korczak erfindet einen Kinderkönig – ein Kind, das Macht hat, aber dabei Kind bleibt. An diesem Kind können andere Kinder – in der Vorstellung – lernen, was es heißt, das zu dürfen und zu können, was man sich immer am meisten ersehnt hat. Sie erkennen ihr eigenes großes Problem: das Problem der Ohnmacht, der Kleinheit, der Unerfahrenheit und wie es sich mit ihren gerechten Wünschen, ihrer unleugbaren Erfahrung und den Behauptungen der Erwachsenen verträgt. Sie lernen, die Macht der Großen zu durchschauen, sehen ihre Grenzen, Schwierigkeiten und Folgen und daß man mit der Macht immer auch Verantwortung trägt. Das unheilvolle Bedürfnis, endlich so zu werden wie die Großen, weil man so dem Elend des Kindseins entrinnt, weicht einer realistischeren Einschätzung. Kinder wissen nun, Macht ist nicht Magie. Es nützt nichts, den Mantel anzuziehen, damit die Erwachsenen mit einem spazierengehen (I, 32). Es nützt auch nichts, Zigarren zu rauchen oder »König« zu heißen: dadurch bekommt man die Macht nicht. Die Kinder werden sie von hier an weder usurpieren noch geringschätzen, noch sich ihr einfach fügen. Sie werden sie unterlaufen und sie sich erlisten – und kein schlechtes Gewissen dabei haben. Korczaks Geschichten stellen die Maße wieder her, die Proportionen, die durch die Kleinheit der Kinder und die Macht der Erwachsenen so verzerrt sind: »Achtung und Bewunderung erweckt nur das, was groß ist und mehr Platz einnimmt . . . Ein Kind ist klein, es wiegt nicht viel, es ist nicht viel von ihm zu sehen, wir müssen uns zu ihm hinunterneigen. Und was noch schlimmer ist, das Kind ist schwach . . . durch unser eigenes Beispiel lehren wir, das, was schwächer ist, geringzuachten . . .« (II, 7 f.)

Dies ist die Geschichte von König Hänschen: Er erbt als Kind die Krone. Sein Land wird von anderen Königen überfallen. Als unbekannter Kindersoldat kämpft Hänschen den grausigen und zugleich abenteuerlichen modernen Krieg mit. Nach dem Sieg will er für eine bessere Welt sorgen – besser vor allem für die Kinder. Häufig betrogen, ständig am Rand seiner kleinen Kraft, von den Verhältnissen widerlegt, von den Erwachsenen verlacht und verlassen, führt er seine Reformen durch: er gibt den Kindern ein Parlament und alle Rechte von Erwachsenen in ihrem eigenen Bereich. In ihren neuen demokratischen Einrichtungen lernen sie, ihre Gegensätze auszutragen und erfinden neue Lösungen zu alten Problemen. Sie geraten dabei in Konflikt mit den Erwachsenen. Die Eltern verbieten ihren Kindern, ins Parlament zu gehen; die Lehrer verlassen ihre Posten; die Jugendlichen, die weder Kinder noch Erwachsene sind, verlangen eigene Institutionen. Es kommt zu Demonstrationen und zu ihrer gewaltsamen Zerstreuung durch berittene Polizei. Kinder in anderen Ländern fordern auch Kinderparlamente, und ein Journalist treibt die Kinder an, mit ihren Forderungen immer weiterzugehen. Es kommt zur völligen Umkehrung der Verhältnisse: die Kinder verrichten die Berufe der Erwachsenen; die Erwachsenen gehen zur Schule, Chaos bricht aus und am Ende wieder der Krieg. Hänschen wird an die Feinde verraten und von einem »internationalen Gerichtshof« zum Tode verurteilt, aber dann zu lebenslänglicher Verbannung begnadigt.

Solche Geschichten erlauben *Identifikation*, Mitleiden, Mitsiegen, Mitdenken, Sich-Mitwandeln. Sie bieten den Kindern Rollen an – die des tapferen Hänschens, der sagt: »Das verstehst du nicht, Fritz, wir Könige können nicht immer tun, was wir gerade wollen«, – die des Fritz, der sagt: »Wenn ich König wäre, ›müßte‹ ich niemals etwas tun«, – die des kleinen Negermädchens Klu-Klu, die sagt: »Ich begreife nicht, wie die Weißen, die sich so viele kluge Dinge ausgedacht haben, immer noch so dumm und wild sein können.« (KH, 71 und 196)

Korczaks Geschichten erlauben, *Fehler, Probleme, Gefahren* zu erkennen. Alle versuchen, König Hänschen zu korrumpieren, wie sie Fritz längst korrumpiert haben (Fritz raucht Zigarren, legt sich Orden an, nennt sich Baron von Rauch, meint, jetzt müsse Schluß sein mit »Hänschen«, tauft das »Kinderparlament« in »Progreßparlament« um – und verrät gerade dadurch die Emanzipation der Kinder an den Standpunkt der Erwachsenen). König Hänschen erfährt (incognito), wie unbeliebt ein König bei seinen Soldaten ist, und wundert sich: »Da fuhren die Truppen in den

Krieg, um für einen König zu kämpfen, den sie nicht liebten!« (KH, 40) König Hänschen will viel Gutes tun – immer wieder – und kommt zu der Einsicht: »Manchmal kann der König etwas ein ganz klein bißchen ändern.« (KH, 19) Er darf, wenn er gleichsam mit dem Leser allein ist, zugeben, daß er etwas falsch gemacht hat (KH, 75), daß er etwas nicht verstanden hat (KH, 81). Er und alle Kinder in der Geschichte machen Wandlungen durch: »So lernen die Abgeordneten langsam, aber sicher, wie man sich in einem Parlament verhält« (KH, 204) – und wir alle, die wir dies gelesen haben, auch, denn wir haben die Fehler und die Erfolge mitgemacht.

Korczaks Geschichten erlauben, mit neuen Ordnungen zu experimentieren, alte Vorstellungen und Wünsche zu erproben. Sie bieten Alternativen an für das, was ist und schon immer war. Die Kinder erfahren, daß »Reformen das allerschwierigste« sind (KH, 92) und wie sie scheitern – an der eigenen Unbesonnenheit wie an der Obstruktion der Erwachsenen.

Ja, Korczaks Geschichten *entlarven* vor allem: wie die Erwachsenen die Kinder beschwichtigen, abschieben, ihre Unerfahrenheit ausnützen; wie schrecklich ernst sie sich nehmen und wie unberechtigt ihre Überlegenheit ist; wie sie »kindisch« und schadenfroh sind: »Laßt doch die Kinder die Suppe auslöffeln, die sie sich da eingebrockt haben. Sie werden bald merken, so leicht, wie sie es sich vorstellen, ist das nicht« (KH, 211); wie die Erwachsenen für alles Vorschriften gemacht haben und wie die dümmste Sache gestattet ist, wenn sie nur vorschriftsmäßig vor sich geht. Als man König Hänschen übelnimmt, daß er seinen Freund Fritz bevorzugt, weiß er sich inzwischen gut zu helfen: »Herr Staatssekretär, dann fertigen Sie eben ein Schreiben aus, das bestätigt, daß ich Fritz zu meinem Favoriten ernannt habe.« (KH, 71)

Dies alles rechtfertigt die Selbstbefreiung der Kinder. Dies begründet ihr moralisches Recht auf Selbstbestimmung. Dies bricht den Bann der Passivität und macht aus Kindern Bürger.

Die Geschichten von Korczak *belehren* nicht zuletzt *über Dinge*, die man wissen möchte, ferne Dinge, die nah herangeholt werden, so daß man über sie nachdenken *kann*, nahe Dinge, die verfremdet werden, so daß man über sie nachdenken *muß*. König Hänschen geht in den Krieg, er kommt ins Gefängnis, er macht große Reisen in exotische Länder, er wird verfolgt, verwundet, verraten. Es kommt alles vor, was zur politischen Welt gehört und womit sich die Erwachsenen so wichtig machen: Kabinettssitzungen und Kriegsrat, internationale Konferenzen und Gerichtshöfe, Staatskrisen und Staatshaushalte, Putsch und Demonstration, Spionage und Untergrund, Entwicklungshilfe und Rassenkonflikte – und immer wieder der Krieg. Er wird auf vielen, vielen Seiten geschildert, wie er ist, bewußt hart, fast gefühllos: »Manchmal fiel eine Kanonenkugel in den Graben und explodierte dort; einige Soldaten kamen um, andere wurden verwundet . . . aber die Kameraden hatten sich schon daran gewöhnt.« (KH, 54) Kinder, denen ich dies habe vorlesen lassen und über deren Reaktionen es lange Protokolle gibt, zeigten Trauer und Empörung. Sie haben dabei Tanks und Kriegsschiffe gemalt – die nicht in »König Hänschen« vorkommen.

Vor allem aber geben diese Geschichten die Vision von einer besseren Welt wieder, von einer Welt, in der es keinen Krieg mehr geben muß und in der »die Kinder gehorchen werden, nicht weil sie Angst haben, sondern weil sie selbst Ordnung haben wollen« (KH, 205).

Die verhinderte bessere Welt steigert die Sehnsucht nach ihr. Der erste Band von »König Hänschen« endet mit der Verurteilung und Verbannung von König Hänschen durch die feindlichen Könige. König Hänschen aber unterschreibt die Schulderklärung, das Urteil nicht. Er geht ungebrochen als moralischer Sieger davon. Er ist nur der Gewalt gewichen. Er hat einen Krieg verloren und die Herzen der Kinder gewonnen. Er wird eines Tages wiederkehren und auch »uns« helfen.

Der zweite Teil von »König Hänschen« muß diese Hoffnung einlösen oder zerstören. Er muß vor allem unzählige Probleme verarbeiten, die der erste Band aufgeworfen hat: Warum haben die Kinder nicht zusammengehalten? Warum behandeln sie sich gegenseitig ebenso gemein, wie die Erwachsenen sie behandelt haben? Warum haben sie alles zerstört? – In dem Bemühen, diese gedanklichen Schwierigkeiten in Erzählung und Bild aufzulösen, hat Korczak seine Kindergeschichte gelegentlich überanstrengt. Aus dem Schicksal eines wirklichen Kindes wird mythologisierte Pädagogik. Aber auch das hat seinen Sinn. Es geht darum, daß das Kind versteht, was ihm in der Erziehung widerfährt.

Igor Newerly berichtet, daß Korzcak den Kindern bei ihrer Entlassung aus dem Waisenhaus zu sagen pflegte:

»Eines geben wir euch mit – die Sehnsucht nach einem besseren Leben, das es noch nicht gibt, das aber einmal kommen wird, wenn ihr ein Leben der Wahrheit und Gerechtigkeit geführt habt.« (I, XXII)

Wer diese Sehnsucht nach dem besseren Leben, das es noch nicht gibt, nicht hat, der hat auch nicht die Kraft, der Wirklichkeit des schlechteren Lebens entgegenzutreten.

Auch der zweite Teil geht traurig aus. Hänschen gibt den Thron auf und arbeitet in einer Fabrik. »Traurig« ist das, weil er damit zugleich aufgibt, die Welt verändern zu wollen. Er ist – wie der alte Mann, den er auf der einsamen Insel trifft – »ein Reformator, der es nicht geschafft hat« (EI, 95).

Ist das Zufall? Hat auch Korczak resigniert? Kritiker haben einen melancholischen Zug in seinem Werk gefunden. Ich erkenne darin in erster Linie Ernst, Empfindsamkeit und Wirklichkeitssinn. Der Schatten der Trauer, den Korczaks Ende über sein Werk wirft, die sentimentalen Illustrationen von Jerzy Srokowski mögen das Ihre dazu beitragen, daß Korczaks Schriften keine Zuversicht verbreiten. Aber sie verbreiten auch keine Resignation! Im Gegenteil: Läge Berechnung diesem Mann nicht so fern, man müßte die aufkratzende Wirkung seins Werkes für kalkuliert halten.

Erstens schafft die literarische, die vorgestellte Einsamkeit (anders als die physische) Solidarität – für König Hänschen wie für Korczak selbst. (Wie unzählige Kinder haben dem Mann am Kreuz versichert, daß *sie* ihn nicht verlassen hätten!)

Sodann: Korczak könnte die Kinder auf dem Papier und in der Phantasie zum Sieg führen, sie dort »die Macht ergreifen« und die bessere Welt herstellen lassen, wie es heute viele Kinderbücher um einer augenblicklichen Lust willen tun. Die kleinen Leser applaudieren den Kinderbuchrebellen, und auch an König Hänschen finden sie gut, daß er seinen Ministern entgegentritt, daß er als Soldat Taten tut wie ein Erwachsener (»obwohl er noch ein kleiner Junge war . . .«), daß er also mehr kann als sie selbst. Aber wenn er Dinge könnte, die sie nie und nimmer können könnten, dann würde das eintreten, was sie Psychologen für die größte Quelle der Aggressivität halten: die Frustration. Korczaks Held erlaubt dem

Kind zu denken: »Wäre ich dabeigewesen . . .« oder »Wäre König Hänschen jetzt bei mir . . .«, oder »Käme noch jener hinzu, dann würde es uns gemeinsam gelingen!« Freilich, leicht wird es nie sein. Aber jetzt weiß das Kind wenigstens, welche Fehler man nicht machen darf.

Wenn ich mich heute mit Jugendlichen unterhalte, beobachte ich vor allem, wie wenig eigene, selbstempfundene Probleme sie zu haben scheinen. Vielleicht war das immer so, aber heute fällt es besonders auf, weil sie gleichzeitig so heftig und beredt für die schwerverständlichen, kaum lösbaren Probleme sehr ferner Menschen eintreten. Ihre Vorliebe für die großen Ankläger kommt daher, daß diese ihnen das Gefühl von bedeutenden, noch ungetanen Aufgaben geben. – Aber wenn es nur Forderungen an andere sind und wenn der Preis nicht genannt wird, den sie selbst zahlen müssen, dann kann aus dem Aufgabenhunger leicht Haß und Zerstörungswut werden. König Hänschen zeigt Aufgaben für mich und dich und nennt zugleich den Weg und das Risiko. Der gute König ist der traurige König, und wer das Gute tut, wird in unserer Welt einstweilen einsamer sein als andere. Er wird jedoch – wie König Hänschen oder der traurige König oder Korczak selbst – von denen geliebt, die die bessere Welt wollen. Das Buch erklärt, warum nicht alles gleich gelingen kann. Es erklärt damit auch, warum es Politik geben muß – Politik, die der Ersatz für Gewalt ist.

B. An die Erwachsenen wendet sich Korczak
*erstens* mit einer Forderung – nach Achtung vor dem Kind und
*zweitens* einer Analyse – ihrer Liebe zum Kind.

Beide hängen eng miteinander zusammen und verteilen sich nicht säuberlich auf die beiden Bände der deutschen Ausgabe, wie es deren Titel zu behaupten scheinen. »Das Recht des Kindes auf Achtung« und »Wie man ein Kind lieben soll« – diese Sätze stehen gemeinsam über dem ganzen Werk, soweit dort nicht stehen müßte »Über die Einsamkeit des Menschen«[2].

## Das Recht des Kindes auf Achtung

Wie können Erwachsene, die selbst nicht frei sind, Kinder zur Freiheit erziehen? Wie ist Selbstbestimmung möglich, bevor ein

Selbst da ist (ein Selbst, das sich erst am Widerstand bildet, dem es unter Umständen erliegt)? Wie ist das Weitergeben von notwendiger Kultur, Erkenntnis, Ordnung, Humanität vereinbar mit ebenso notwendiger eigener Erfahrung, wie die Schutzfunktion des Erwachsenen mit dem Risiko offener Lernvorgänge?

Ich glaube, daß Korczak eine glücklichere Antwort auf diese Fragen gefunden hat als die meisten, die sich sonst mit ihnen geplagt haben: wo sie Liebe, Führung, Wachsenlassen / Partnerschaft, »pädagogischen Bezug«, Konfliktmodell / Emanzipation, Enkulturation, Sozialisation / negative, progressive, antiautoritäre Erziehung / Bildung, Behütung, Beratung fordern – Einsatz und Tätigkeit der Erwachsenen –, da fordert er ein Recht des Kindes, die Achtung seines Rechtes auf Achtung. Die anderen nehmen bewußt oder unbewußt Partei für das Kind oder für den Erwachsenen. Ihre Pädagogik trägt damit den Keim neuer Friedlosigkeit in sich. Sie gewähren dem Kind etwas oder bestreiten es ihm. Korczak gibt an, was das Kind unveräußerlich hat: ein Recht.

Achtung ist ein gegenseitiger Vorgang. Achtung ohne Selbstachtung ist leer. Nur wer den anderen achtet, kann Achtung erwarten. Achtung bestimmt das Handeln auf eine eigentümliche Weise genauer als Liebe und funktionale Abhängigkeit. Gewalt und Aggression werden durch Achtung nicht »verhindert«, sie werden überflüssig und unbrauchbar. Achtung ist mit Ungerechtigkeit, dem Elend des anderen, meiner Alleinherrschaft und unserem gemeinsamen Raubbau – mit den vorhin aufgezählten Elementen der Friedlosigkeit – nicht vereinbar. Achtung ist auf eine glückliche Weise sowohl eine pädagogische wie eine politische Kategorie. Achtung, weil man sie gebieten kann, ist die glaubwürdigere Antwort auf unsere Friedlosigkeit als Liebe, Sanftmut und reine Vernunft.

Wenn wir wollen, daß das Kind unsere Ordnung, die von uns mühsam erkannten Notwendigkeiten, die erprobten Werte und Einrichtungen, die gesellschaftliche Vernunft achtet, müssen wir es erst Achtung erfahren lassen und dann jene Sachverhalte und Vorstellungen. Unsere Achtung vor den Dingen impliziert fast immer eine Nichtachtung des Kindes, und so wird es auch gehindert, die Achtung vor den Dingen zu verstehen. Hier fängt die folgenreiche Zurücksetzung der Kinder an, hier beginnt der »ungleiche Krieg« zwischen Erwachsenen und den störenden, unwissenden, ohnmächtigen, regellosen, zeitlosen, maßstabslosen kleinen Menschen. Wir glauben uns um so mehr zu unseren herrschaftlichen Maßnahmen berechtigt, als das Kind selbst »respektlos« ist: es ist neugierig, fragt ohne Scham, faßt alles an, kennt keine Hierarchie. Das Kind hat eine »offenkundig demokratische Gesinnung« (II, 12). Sein Plastikbecher und meine Meißner Tasse, die eingebildeten Leiden eines Hundes auf der Straße und meine Kopfschmerzen sind ihm gleich viel wert.

Was sollen wir da achten?, fragen die Menschen zurück. Wir haben keine Zeit, wir sind von Mühsal geplagt, wir fühlen uns verantwortlich, wir verdienen das Geld und schaffen an, wir machen die Politik und verteidigen das Vaterland. Das Kind hat alle diese Lasten nicht, und das nehmen wir ihm übel. Zugleich wissen wir, daß wir dazu kein Recht haben. Wir schaffen uns also ein gutes Gewissen, indem wir nicht nur die Unvollkommenheit, die praktische Untauglichkeit des Kindes für das Leben behaupten, sondern ihm prinzipiell Übles zutrauen. Es ist von mutwilligem Leichtsinn. Es hat einen seltsamen Hang zum Bösen. Gern folgt es schlimmen Einflüsterungen. Am liebsten richtet es sich nach dem schlechtesten Beispiel (II, 14). Wir zwingen ihm darum ein ganzes Programm von Vorsicht, Furcht und Gehorsam auf. Wir wissen, was für das Kind gut ist. Wir wissen, was passieren wird. Wir sind auch ganz schnell enttäuscht. »Glaub mir! Du wirst's schon sehen!« sagen wir zu ihm und rechnen schon fest damit, daß wir recht behalten. Zu uns selbst oder zu den Umstehenden sagen wir: »Besserwisserisch und boshaft, wie das Kind ist, hört es natürlich nicht, und so muß es eben fühlen.«

Wie das Kind nicht ernsthaft zu achten ist, so ist ihm auch nicht zu trauen. Wir spionieren den Kindern nach (wir nennen es »aufpassen«); wir lassen ihm keine Geheimnisse; wir müssen es – um seines Wohlergehens willen – »durchschauen«. Korczak sagt dazu: »Ein Kind, das der Erzieher in all seinen Neigungen durchschaut, hat nichts mehr zu verlieren.« (II, 20) Und wer nichts zu verlieren hat, ist nicht nur ein armer, er ist ein gefährlicher Zeitgenosse.

Das schlimmste aber ist die Erpressung: »Du mußt mir alles sagen – sonst kann ich dir nicht vertrauen«; oder: »Von dir hätte ich das niemals erwartet . . . Also auch auf dich ist kein Verlaß!«

Korczak sagt dazu: »Es ist schlimm, daß du das nicht erwartet, und es ist schlecht, daß du vorbehaltlos vertraut hast. Ein armseliger Erzieher bist du. Du weißt nicht einmal, daß ein Kind – ein Mensch ist.« Und er fügt hinzu: »Du bist nicht deswegen empört, weil du eine Gefahr für das Kind wahrnimmst, sondern weil es den Ruf deiner Anstalt gefährdet, deiner pädagogischen Linie, deiner Person: du bist um dich selbst besorgt.« (I, 205)

In genau dem Maß, in dem wir dem Kind mißtrauen, es gängeln und tadeln, fordern wir, daß es uns vertraut, verbieten wir ihm, uns zu kritisieren, unsere »Fehler, Leidenschaften und Lächerlichkeiten« zu bemerken (II, 21).

Man darf nicht alles Unrecht, nicht alles Unheil verhüten wollen. Aus Angst vor moralischem und physischem Schaden verderben wir dem Kind das wirkliche Leben:

»Du wirst dir die Hand brechen, man wird dich überfahren, der Hund wird dich beißen. Iß keine Pflaumen, trink kein kaltes Wasser, geh nicht barfuß, lauf nicht in der brennenden Sonne herum, knöpf den Mantel zu, bind den Schal um. Siehst du, warum bist du mir nicht gefolgt. Nun mußt du hinken, nun tun dir die Augen weh. Um Gottes willen! Du blutest ja! Wer hat dir denn ein Messer gegeben? . . .

Und wenn nun ein Kind das alles glaubt und nicht heimlich ein Pfund unreife Pflaumen ißt oder irgendwo in einem Winkel – mit klopfendem Herzen – mit Streichhölzern spielt, nachdem es die Wachsamkeit der Erwachsenen eingeschläfert hat, wenn es gehorsam, passiv und vertrauensvoll sich der Forderung unterwirft, jeder Erfahrung aus dem Wege zu gehen, jedem Wagnis zu entsagen und die Mühen jeder Willensregung zu vermeiden, was wird es dann tun, wenn es in seinem Inneren etwas verspürt, was verwundet, brennt und beißt?« (I, 43)

Und so verkündet denn Korczak folgende Magna Charta des Kindes: »Diese drei Grundrechte habe ich herausgefunden:
– das Recht des Kindes auf seinen Tod;
– das Recht des Kindes auf den heutigen Tag;
– das Recht des Kindes, so zu sein, wie es ist« (I, 40).

Diese Magna Charta ist unter anderem so groß, weil sie so klein ist. Wer alle möglichen erfreulichen, berechtigten Rechte aufzählt, wird mehr Zustimmung von mehr Menschen erfahren – aber er wird denen um so weniger helfen, denen diese Rechte dienen sollen; er unterschlägt das größte Problem: ob sie vereinbar sind, in welcher Rangfolge sie zueinanderstehen, wie sie sich verwirklichen lassen. Korczak gibt nicht uns viele schöne Vorschriften und Ratschläge – er gibt dem Kind eine Sicherung gegen das, womit wir es beherrschen, überwachen, unterwerfen: die Verfügung über seinen Körper, über seine Gegenwart, über seine Identität. Einen Erwachsenen betrügen wir allenfalls um diese Verfügung; wir würden es nur unter sehr sorgfältig festgesetzten Bedingungen wagen, sie ihm öffentlich abzusprechen. Kinder definieren wir geradezu dadurch, daß sie diese Verfügung über sich nicht haben. Weil wir sie geboren haben, weil wir sie versorgen, weil wir mehr überschauen, nehmen wir uns das Recht, über die Kinder wie über Sachen zu bestimmen. Wir nennen das Verantwortung für ihr *Leben*, ihr *Wohl*, ihre *Zukunft* und nehmen ihnen damit *ihr* Leben, *ihr* Wohl, *ihre* Zukunft. Kinder haben damit kein »Selbst«. Die Erziehung zur Selbst-bestimmung wird dadurch zur Farce. Ja, den so erzogenen Erwachsenen braucht man die Verfügung über sich selbst gar nicht mehr zu bestreiten, weil sie sie nicht mehr wirklich beanspruchen: Sie sind nicht »wie sie sind«. Sie sind es nicht mehr.

Daß Kinder dagegen eine »Person« sind, daß sie ein Selbst haben und nicht erst durch unsere Erziehung bekommen, das hat der Kinderarzt an Neugeborenen in bestechender Weise beobachtet (I, 27 f.).

Das Recht des Kindes, zu sein, »wie es ist«, muß man ganz ernst nehmen; es schließt ein: das Recht auf seine Unwissenheit, weil dies das Recht auf Neugier bedeutet; auf Mißerfolg, weil er die wichtige Erfahrung einschließt, daß man an ihm nicht zugrunde geht; auf Versuchung, weil das Kind sonst zu einem moralisch passiven Menschen wird (I, 205); auf Wechselhaftigkeit, weil es seine Rolle finden muß; auf die Äußerung der eigenen Gedanken und Urteile, auch wenn sie uns töricht erscheinen, weil es nur so das Denken und Urteilen übt; ja, auf Lüge und List (I, 205), nicht weil es allgemein lügen darf, sondern weil ihm gestattet sein muß, eine uns geläufige Regel zu erproben. Das Recht auf »eine Lüge«, wie es besser heißen sollte, gilt nicht, weil Erwachsene auch lügen oder manchmal zu Recht lügen, sondern weil es unwürdig wäre, allen Verfehlungen anderer zuvorkommen zu wollen: Was wäre dann noch ihre Person!?

Eine Pädagogik, die auf Verhütung aus ist, übergeht solche

Skrupel, sie ist darum selbst ein »unwürdiges« Verhältnis. Entrinnt der Erzieher ihm je? Darf man Kinder – nicht nur Fehler, sondern, wie Korczak fordert – auch Unrecht begehen lassen (I, 204)? Korczak hat selbst an dem »unwürdigen« Verhältnis der Erziehung gelitten. Er hat wie Jean Jacques Rousseau gesehen, daß kein Erzieher, wie er's auch anstellt, vermeiden kann, das Kind zu bevormunden. Wollten wir die Kinder tatsächlich von uns befreien, müßten wir sie in der Wildnis aussetzen – die es nicht mehr gibt. Korczak hat in seinen »Erinnerungen« eine Meditation über seine »Gefangenschaft« in Schule und Militär festgehalten, die er mit der Bemerkung beschließt: »Meine Empörung, nicht so sehr gegen die sozialen Verhältnisse als vielmehr gegen das Gesetz der Natur, ist größer geworden.« (II, 305) Die sozialen Verhältnisse, der *état social*, sollten die Grausamkeiten und Ungerechtigkeiten des *état naturel* aufheben. Sie haben ihre eigenen Ungerechtigkeiten und Grausamkeiten geschaffen. Die Hoffnung, es würde alles wieder gut, wenn man *sie* abschaffte – den Besitz, die Ehe, die Erziehung, das gesetzte Recht, die Technik –, ist eine törichte Täuschung. Man kann sie nur verbessern, und das Maß des Besserwerdens liegt in der ursprünglichen Schwierigkeit, die uns bleiben wird: Kinder sind schwach und wir sind stark; wir waren eher da und sie werden uns überleben.

Darüber hinaus haben Kinder das Recht auf Eigentum, sogar auf eigenes Geld (II, 26), das Recht, sich zu organisieren (II, 22) und das Recht, allein zu sein (I, 303). Sie haben schließlich ein Recht auf (überschaubare und überschreitbare) Grenzen. »Mach, was du willst!« ist die schiere Nichtachtung. Verbote sind Mauern und Male des Mißtrauens, aber sie fordern wenigstens den Gegenwillen heraus, sie »entwickeln die Phantasie, auf engem Raum tätig zu werden, die Fähigkeit, sich der Kontrolle zu entziehen.« (I, 46)

Achtung dagegen ist ein ordentlicher Grenzpfahl. Er bedeutet: jeder Übertritt muß legitimiert werden! Der Paß für den Grenzgang ist nicht das »Wohl des Kindes« oder die Kultur, oder die bessere Welt, sondern allein die Liebe. Aber Korczaks Buch, das hiervon zu handeln verspricht, macht sie uns ungemein schwer und rar.

## Wie man ein Kind lieben soll

Achtung läßt sich fordern, Liebe nicht. Man kann allenfalls von einer Liebe, die es gibt, sagen, *wie* sie sich äußern soll und wie nicht, genauer: welche Folgen sie hat. Korczak tut noch etwas anderes: er deckt auf, was Erzieher für ihre Liebe zum Kind halten und was sie aus dieser Liebe heraus tun oder lassen.

Der Kinderarzt und exakte Beobachter Korczak entzaubert die Erzieherliebe. Dies etwa sind die von ihm diagnostizierten Varianten:

- Das Kind sucht eine erotische Beziehung und verführt den Erwachsenen (I, 35).
- Der Erwachsene sucht die erotische Beziehung zum Kind; er scheitert dabei oder zieht sich eingeschüchtert durch die Eifersucht der anderen kleinmütig zurück (I, 172).
- Eine Lage, in der ein Kind einer besonderen Zuwendung bedarf, bringt die Beziehung zustande. Der Zustand geht vorüber und mit ihm die Bindung. »Es gibt Momente, da liebt ein Kind dich grenzenlos, weil es dich so nötig braucht wie den Herrgott im Unglück.« (I, 208)
- Die Liebe schleppt sich von einer Täuschung zur anderen: »Es kann sein, daß du ein Kind liebst, ohne je seine Gegenliebe zu gewinnen. Es will lieber fußballspielen, um die Wette laufen, sich mit den anderen herumschlagen; du möchtest es liebkosen und es ans Herz drücken. Es ist ihm peinlich, lästig und demütigend, und so wird es sich entweder . . . (solchen) Gefühlsäußerungen entziehen oder dich umarmen und dabei um einen neuen Anzug bitten. Das ist dann deine Schuld, nicht seine.« (I, 173)

Wir sind es, die die Kinder brauchen, die Zärtlichkeit bei ihnen suchen und Selbstbestätigung (II, 23), und zürnen ihnen, wenn sie uns nicht wiederlieben, und weil sie, die wir so gerne für abhängig halten, hier von uns unabhängig sind. »Du hast also kein Vertrauen? Du brauchst mich nicht mehr? Meine Liebe ist dir lästig? Uneinsichtiges Kind, das vom Leben nichts weiß, armes Kind, undankbares Kind!« (I, 6) So kehren wir die verletzte Liebe um. Wieder ein Grund zu »Krieg«. Weil wir es mit der Realität so schwer haben, versuchen wir es mit der Idealität. Wir lieben nicht die Kinder, die wir haben; wir »machen« uns Kinder, die sich lieben lassen – die uns nicht nur gehören, sondern unserem Bild entsprechen. »Ist mein Kind gescheit? Wenn die Mutter zunächst nur ängstlich diese Frage stellt, bald wird sie verlangen, daß es so sei.« (I, 10) Statt das Kind zu beobachten, statt *dieses* Kind zu erkennen, messen wir es am Maß des wohlgeratenen Kindes, an einem Vor-Bild. Wir teilen gern ein in gute und nicht gute Kinder und meinen dabei bequeme und unbequeme, wir fühlen uns schon durch ihre Verschiedenheit überfordert. Angesichts der zahllosen Porträts, die der unermüdliche Beobachter und Beschreiber Korczak für uns festgehalten hat: Kinder, die immer in allem zu langsam sind; lästige kleine Frager; unermüdliche Erfinder von immer neuem Unheil (I, 164) – angesichts dieser Porträts fragen wir uns (und *sollen* uns fragen), ob wir sie wirklich »lieben« können, ob mit diesem Anspruch nicht die Lüge und mit der Lüge nicht die Zwietracht beginnt. Weil wir so etwas nicht lieben können, uns aber die Rolle der Liebenden zugemessen haben, müssen wir das Kind ins Unrecht setzen: *es* macht selbst unsere Liebe unmöglich.

Wir versuchen, die Kinder durch Liebe zu beherrschen. Dann beherrscht uns die Liebe. Dann wieder wollen wir die Liebe beherrschen. Der liebende Erwachsene verzeiht dem Kind diese Qual, diese unbeherrschte, diese unerwachsene Lage nicht. Er sinnt auf Vergeltung dafür, daß im »ungleichen Krieg« das Kind hier gleich, ja überlegen ist. Er leugnet die Schönheit des Kindes (I, 9). Er versucht, aus dem »Kuß eine Fessel« zu machen (I, 168). Er empfindet seine Liebe als Schwäche, weil sie dem Schwächeren gilt. Er macht dadurch die Stärke zum Maß seiner elementarsten Beziehung.

Er setzt den Krieg fort – er, der liebende Erwachsene, der dem Kind helfen könnte, solidarisiert sich mit der Moral und der Macht und der Funktionalität der anderen Erwachsenen. Wir sind so gewöhnt an die Figur, daß Eltern ihre Kinder, Kinder ihre Eltern lieben, daß uns der Gedanke schockiert, das Verhältnis zwischen Erwachsenen und »ihren« Kindern sei – nicht einmal durch Gleichgültigkeit, sondern – eher durch Haß bestimmt.

Alle unsere Forderungen an das Kind stellen wir im Namen der Liebe: Gehorsam, Rücksicht, Hilfe, Ordnung, Lernen, an die Zukunft denken, an die Gesundheit, an Gott. Wir meinen dabei:

weil das Kind diese Tatsache nicht erkennen könne, müsse sie auch nicht sichtbar werden. Wir begehen damit zwei Irrtümer:

- wir hoffen, auf die Dauer würden die Kinder die liebende Absicht, die hinter den verhaßten Maßnahmen steht, doch verstehen, uns »verzeihen«, ja, dankbar sein;
- wir hoffen, dies alles werde sie selbst zur Liebe befähigen.

An keiner Stelle seiner Pädagogik war Korczak so unerbittlich aufrichtig wie an dieser, an der er sich selbst am verwundbarsten wähnte. Er hat den Kindern nie Liebe gepredigt, nie »Friedfertigkeit« an sich, nie das zugemutet, was die jiddische Sprache so treffend »schmus« nennt. »Schließlich, wenn das Leben Krallen fordert, haben wir dann das Recht, die Kinder nur mit Schamröte und leisen Seufzern auszurüsten?« (I, 206) Er selbst war, vor allem in den harten späteren Jahren, wie er schreibt, nur »dank mühsam angezogener innerer Bremsen zur Gemeinschaftsarbeit tauglich« (II, 235); in seinen einsamen Tagebuchaufzeichnungen notierte er gelegentlich Feindseligkeit bis zu Mordgelüsten – so über eine Frau K. und eine Frau S.: »Ausspucken und weggehen. Seit langem hege ich diesen Gedanken. Mehr noch – eine Schlinge – Blei an den Füßen.« (II, 333)

Aber daß die Welt den schweren, tapferen, unheroischen Akt der Versöhnung aufbringen muß, daß wir es jeden Tag neu tun müssen, weil es »morgen wieder genauso sein wird« (I, 166), daß gerade der Übeltäter Liebe braucht (II, 34), das hat Korczak gewußt, gesagt und täglich praktiziert. Die Friedlosigkeit ist allzu oft nicht der nicht verhinderte Krieg, sondern die nicht vollzogene Versöhnung. Das haben wir in diesem Jahr in München bitter erlebt: verschleppter, sinnlos gewordener, unpersönlicher, kranker Haß vieler Generationen! Von einem weinenden Kind schreibt Korczak einmal: »Das ist nicht das Kind, das hier weint, das sind Schmerz und Sehnsucht von Jahrtausenden . . .«, unerlöster Zorn, unversöhnte Empörung über die uralte Unterdrückung, Verbannung, Demütigung (I, 332).

Wir vererben diese Friedlosigkeit mit geradezu methodischer Sorgfalt – in der Erziehung. Weil Erziehung konsequent, vernünftig, »gesellschaftlich« ist, kommt Versöhnung in ihr nicht vor. Wir lassen die Kinder zu uns kommen. Wir gehen nicht zu ihnen. Wir »lösen einen Fall«. Wir schließen nicht Frieden. Wir stellen die

Kinder heute vielleicht nicht mehr zum Schämen in die Ecke. Wir lassen sie aus pädagogischen Gründen gewähren. Wir reden mit ihnen über Sexualität und Politik. Wir strafen weniger. Wir sind sanft und aufgeklärt – aber nicht aus Achtung, sondern aus erzieherischer Klugheit. Sollten die Kinder das nicht merken? Sollten sie diese Mißachtung nicht spüren? Wer aber nicht geachtet wird, wird achtlos. Es gibt nichts Gefährlicheres für die Gemeinschaft der Menschen als einen, der keine Achtung zu verlieren hat.

Korczaks Erziehung antwortet auf *eine* Ursache der Friedlosigkeit unserer Welt – auf die, die der Pädagoge direkt erreicht. Was wird aus den anderen? Erreicht er sie wirklich nicht? Gehen sie ihn nichts an?

- wie man mit der Aggressivität fertig wird, die man in sich trägt, und die durch die Fernsehsendungen und Formen unseres Verkehrs, durch Leistungsdruck und verhinderte Leistung, durch Propaganda und verschobene Angst dauernd genährt wird;
- wie man seine politischen Bürgerpflichten erfüllt – ob man den Wehrdienst leistet oder verweigert, für oder gegen die Ostverträge stimmt, Personen oder Programme wählt – ohne Überblick über die Probleme, ohne Erfahrung in der Wirklichkeit, mit falschem Ersatz aus der Schule;
- wie man den richtigen Beruf wählt – unser stärkstes politisches Instrument in der interdependenten Gesellschaft;
- wie man die sozialen, die nationalen, die internationalen Spannungen aufhebt, wie man der Verführung zu Terror oder Kapitulation gleichermaßen widersteht, mit der die verwundbare technische Zivilisation den Menschen zusetzt;
- wie man die langfristigen Entwicklungen fördert, die den Krieg überflüssig machen könnten – Entwicklungshilfe und Preisabkommen, Abrüstung und Familienplanung, Wissenschaftsförderung und Bildungsreform, Mitbestimmung und soziale Mobilität.

Korczak würde wohl antworten: »In der Tat, wenn der Ausdruck ›Erziehung zum Frieden‹ irgendeinen Sinn haben soll, dann muß er ›Erziehung zur Politik‹ heißen, weil der Friede, den ihr meint, ein politisches Problem und weil die Politik die Alternative zu Gewalt ist.«

Aber um die Politik zu lernen, ist es nötig, daß die Menschen möglichst früh in ihrem Leben dreierlei wahrnehmen:

erstens die *eigenen* Probleme,
zweitens *einfache* Lösungsmittel,
drittens die *Unabschließbarkeit* des Lösungsprozesses.

Zu den Mitteln gehören: Achtung, Recht, Verhandlung, Übereinkunft, Mehrheitsbeschluß, Schiedsspruch, öffentliche Neugier, Selbstbehauptung, Selbstbestimmung, Mitbestimmung. Wenn das Kind nicht am eigenen heutigen Mißstand gelernt hat, wie man ihn mit diesen Mitteln angeht und beseitigt, wird es Politik im Größeren nicht verstehen können und wollen. Es wird sich unterwerfen oder andere zu unterwerfen suchen. Die Erziehung zur Politik ist eine Frage der allmählichen und rechtzeitigen Erweiterung der Polis, in der das Kind lebt, denkt und wirkt.

Und doch wird Korczak angegriffen werden, gerade von denen, die mit Frieden mehr meinen als friedfertige Gemüter und als das Schweigen der Waffen. Sie werden Korczak vorwerfen, nicht radikal genug, den Denkmustern der individualistischen Pädagogik verhaftet, ein bürgerlicher Erzieher des 19. Jahrhunderts geblieben zu sein – ein verehrungswürdiger Mensch, dessen Werk aber auf unsere Welt nicht zutreffe. Ja, sie werden denen, die diesen Preis verleihen, vorwerfen, eine noble, durch ihr Schicksal unantastbar gewordene Gestalt für die Fortsetzung ihrer Beschwichtigungspädagogik zu mißbrauchen.

Die Behauptung, man könne zum Frieden erziehen, indem man Kinder zu-frieden mache, ist nicht beliebt in unseren Tagen – weder rechts noch links. Für die einen bedeutet sie die Erziehung zur Hinnahme der Verhältnisse, für die anderen die Auflösung der Ordnungen. Die einen sagen: man müsse, umgekehrt, die Kinder *un*zufrieden machen mit der schlechten Gesellschaft und sie dazu bringen, eine bessere zu schaffen. Die anderen sagen: man könne nicht auf die Zufriedenheit einzelner – weder der Kinder noch der Erwachsenen – Rücksicht nehmen; ohne Pflicht, Härte, Opfer lasse sich die geordnete Gesellschaft, die Kultur nicht erhalten.

Ich möchte darauf antworten:

1. Wer Korczaks Pädagogik für politisch indifferent, für eine Beschwichtigung hält, der unterschätzt die Radikalität seiner Forderung, der macht sich keine rechte Vorstellung davon,

wieviel Veränderung der Verhältnisse notwendig ist, damit Kinder zufrieden sein können.

2. Wer glaubt, Korczaks Pädagogik als Beschwichtigung einsetzen zu können, wird gründlich getäuscht: sie wird ihm, wenn er Ernst mit ihr macht, zum Aufruhr geraten.
3. Wenn die erwachsenen Bürger, die hier den Stein aufheben, es fertigbringen, gegenwärtige Kriege zu beenden und kommende zu verhindern; ihre Regierungen zu sinnvoller Kooperation zu nötigen; die Rüstungen, die Stillhalteverträge, die Panikmache, die Diskriminierung anderer Rassen und Völker aufzuheben – wenn sie das geleistet haben, dann sollen sie das Recht haben, Korczak zu tadeln, ihn und alle, die zu tun versuchen, was er tat: nämlich Kindern zu helfen, mit ihrer eigenen Friedlosigkeit fertig zu werden. Dann könnte es seinen Sinn haben, den Kindern zu sagen: »Dies haben *wir* getan, nun sorgt *ihr* dafür, daß aus Nicht-Krieg Friede werde.«

Pädagogik ist eine große Verführung für alle Gesellschaften, ihre Probleme dort zu lösen, wo die Erwachsenen sich am wenigsten ändern müssen: in der Belehrung und Abrichtung ihrer Kinder. Aber je schwerer unsere Probleme werden, um so mehr sind Erwachsene verpflichtet, nicht nur richtig zu handeln und zu lehren, sondern selber zu lernen und das heißt für sie in der Mehrzahl der Fälle: umzulernen.

Ich werde ungeduldig mit denen, die ihresgleichen immer nur belehren, wie die Welt sein sollte, und den Kindern zumuten, sie zu ändern. Es sollte umgekehrt sein. *Wir* sollten die besseren Verhältnisse schaffen – von heute an, hier, in unserem Betrieb, in unserer Stadt, in unserem Staat. Wir sollten die Kinder inmitten der Friedlosigkeit, die wir so schnell nicht bannen werden, die Notwendigkeit unseres politischen Kampfes, *aber auch* die Segnungen friedlicher Ordnungen erfahren lassen. Wir müssen es und sei es, indem wir einen Frieden für sie erfinden. Sonst werden sie nicht wissen, was das ist.

Ich werde auch ungeduldig mit der Aufforderung, man müsse die Menschen »ihrer Lage bewußtmachen«. Nicht weil das falsch ist, sondern weil es so wenig besagt. Welche Menschen hat man dabei im Sinn? Haben sie kein Bewußtsein von ihrer Lage? Warum wollen sie keines – oder wollen sie nur kein anderes? Wer hält sein eigenes Bewußtsein für unvollkommen? Wer von denen, die andere dazu auffordern, ist bereit und fähig, seine eigene Lage zu ändern? Ich meine, wirklich zu *ändern*, und d. h. gegen eine Lage zu tauschen, die nicht für mich sicherer und angenehmer, sondern für alle richtiger und gerechter ist und in der das Gewohnte und Geläufige vielleicht nicht mehr gilt.

Diesem allen stand Korczak mit »barmherziger Skepsis« gegenüber, wie Newerly es formuliert. Daß ihn just unsere Gesellschaft auszeichnet, hätte Korczak sehr gewundert.

Man hat dieser Preisverleihung vorgeworfen, sie sei zu bequem, zu opportun. Korczak: ein Pole, mit dessen Land wir in diesem Jahr ein neues Verhältnis suchen; ein Jude, an dem wir dreißig Jahre danach immer noch wiedergutmachen wollen, was nicht gutzumachen ist; ein Sozialist, aber ein skeptischer und »individueller«; ein fortschrittlicher Erzieher, aber doch – Gottlob – kein radikaler; und vor allem ein Toter, ein Märtyrer obendrein, vor dessen Todestat sich alle beugen und dem man nicht übelnehmen kann, daß er vor dreißig Jahren nicht *unsere* Probleme im Sinn hatte.

Nun, genau dies ist nicht bequem! Wie in seinem Leben, so gerät Korczak auch mit diesem Preis zwischen alle Fronten. Vollends unzeitgemäß und inopportun aber ist seine Pädagogik, das glaube ich gezeigt zu haben. Der Fortschritt, mit dem unsere Zeit ihren tödlichen Problemen zu enteilen sucht, wird durch das Bewußtsein der Menschen aufgehalten. Wir setzen darum alle Mittel der Wissenschaft, der Technik, der Organisationskunst, des Managements darauf an, den Bewußtseinsstand (welch ein Wort!) auf die »Höhe« unserer Entwicklungen zu bringen. Korczak hätte das nicht nur barbarisch – einen Beweis von Nicht-Achtung – gefunden, sondern für einen unnötigen Irrtum gehalten. Die »Unzeitgemäßheit«, mit der er darauf besteht, Kinder durch ihre eigenen sozialen Erfahrungen zu Politik und Solidarität zu erziehen, ist der immer wieder neue Anfang moderner Pädagogik.

Angesichts unserer Optimierungsprogramme, unserer überkomplexen Schul- und Laufbahnsysteme, der Forderungen und Maßnahmen unserer Erfolgsgesellschaft hätte er das Recht des Kindes auf Scheitern proklamiert.

Korczak bin ich zum ersten Mal in den 50er Jahren im Tübinger

Zimmertheater in Erwin Sylvanus' Stück »Korczak und die Kinder« begegnet, das zweite Mal bei Elisabeth Heimpel, der wir – zusammen mit Hans Roos – die deutsche Ausgabe verdanken. Auf ihrem Tisch lag »König Hänschen«. Beim Blättern traf ich auf das letzte düstere Bild, auf dem das verurteilte Kind abgeführt wird. Ich durfte das Buch mit nach Hause nehmen. Von allem, was es mir sagte, hat mich damals das »Scheitern« des Kindes am meisten beeindruckt und bestärkt: in einer Welt erlogener oder erzwungener Erfolge war es in Ordnung; es gehörte dazu, wenn man mit sich selbst wahrbleiben wollte; es mußte nicht beschönigt werden oder dramatisiert. Schon das Wort »Scheitern« ist falsch, pathetisch, moralisch überhöht. Scheitern – das hatten wir nicht gedurft. Meine Generation trug jedes Scheitern mit fort und mit sich herum, einen Ansporn zu neuer unleidlicher Bewährung.

Mag sein, daß ihre Geschichte die Polen gelehrt hat, daß man auch nach einer Niederlage weiterleben kann. Es sollte nie der letzte Versuch sein. Ein nicht angenommenes Versagen macht friedlos. Wehe dem, der damit zu leben nicht gelernt hat! Und pfui dem, der andere nicht damit leben läßt.

In Korczaks letzten Aufzeichnungen steht der Satz: »Nach dem Kriege werden die Menschen einander lange nicht in die Augen sehen können, um nicht der Frage zu begegnen: Wie ist es möglich, daß du lebst, daß du davongekommen bist? Was hast du getan?« (II, 311)

Daß wir das Unrecht nicht durchgehen lassen, das ist die eine Forderung; daß wir dem Täter verzeihen, die andere. Die Welt wird friedlos bleiben, Erziehung ihre Ziele nicht erreichen, wenn wir nicht beide Forderungen bejahen.

# Fünfte Übung: im Rütteln an der eigenen Gewißheit

## Wahrheitsarbeit und Friede

*Eine Preisrede auf Max Frisch, 1976*

Als ich gebeten wurde, heute die Lobrede auf Max Frisch zu halten, habe ich mir Bedenkzeit erbeten. Ich hatte mich zu prüfen, ob ich das konnte und ob ich das wollte. Diese scheinbar unfreundliche und jedenfalls scheinbar unnötige Bemerkung zu Beginn einer Lobrede, die ich nun ja doch halte, gehört zur Sache.

Wenn Hartmut von Hentig hier über Max Frisch reden sollte und nicht ein Kollege (sagen wir Alfred Andersch oder Siegfried Lenz) und nicht ein Kundiger der Literaturwissenschaft (sagen wir Peter Wapnewski oder Hans Mayer), dann war damit deutlich gesagt: es geht nicht darum, daß hier die literarischen Qualitäten seines Werkes (was immer man darunter verstehen mag) gelobt werden, sondern dessen politische Wirkung. Und weil diese in erster Linie über dic Einbildungskraft, ein inneres Erlebnis, eine sich an ihm erst entwickelnde Fähigkeit des Einzelnen geschieht, mochte man einen Pädagogen für zuständig halten.

Überzeugender freilich wäre ein Politiker gewesen – etwa der Bundeskanzler Helmut Schmidt, der Max Frisch nach China mitgenommen hat, oder ein Mitglied des Bundestags und Parteivorstands, etwa Richard von Weizsäcker. Sie hätten sagen können, ob und worin das Werk von Max Frisch denen, die Frieden zu machen haben, hilft. Ja, es muß einem Mann wie Max Frisch und denen, die seine Auszeichnung mit einem Friedenspreis ernst meinen, sehr daran gelegen sein, daß er ihn weder nur dafür bekommt, daß sein Werk »die Literatur deutscher Sprache bereichert« habe, noch nur dafür, daß sein »Werk im besten Sinne des Wortes modern und doch für das Publikum zugänglich ist«[1] und daß »er immer wieder zeitgemäße Paraphrasen jener unvergeßlichen Verszeile geliefert [hat]: ›Nichts Schönres unter der Sonne als unter der Sonne zu sein‹« (eine kostbare Zeile, fürwahr, aber von Ingeborg Bachmann und als Quintessenz von Max Frischs Dichtung so gut oder so wenig geeignet wie der Eduard Mörikes oder Ernst Jüngers). Das kann man sagen, aber wenn es um die Rechtfertigung eines Friedenspreises geht und inmitten der sogenannten »Tendenzwende« (wie lange dauert so etwas eigentlich?), wäre das ein offenkundiger Rückzug vor dem politischen Bekenntnis, das mit diesem Preis gemeint war.

Es gab nach dem Kriege (man muß inzwischen schon sagen, nach welchem – also nach dem sogenannten Zweiten Weltkrieg) in Deutschland Menschen, die wollten, daß es auch Dichter gebe, die Partei ergreifen – Partei für den Frieden. Sie haben nicht gesagt, daß alle Dichtung dies tun müsse, und nicht, auf welche Weise. Wie vielfältig das geschehen kann, demonstriert die Reihe der Preisträger seit 1950. Immerhin, es sollte jemand mit den Mitteln der Literatur, der Wissenschaft und der Kunst etwas »zur Verwirklichung des Friedensgedankens beitragen«.

Und da sind wir bei dem entscheidenden Wort: »Verwirklichung« eines Gedankens – nicht einen Gedanken haben oder ihm huldigen, ihn wiederholen, ihn bestätigen, ihn aufschreiben, bei Suhrkamp drucken lassen unter vielen anderen Gedanken. Würde ich *das* darlegen können: daß Max Frisch zur *Verwirklichung* einer Hoffnung auf Frieden (und welcher?) beiträgt, oder würde ich nur zeigen können,

- daß sein Werk auch von diesem *Thema* handelt – von Frieden und Friedlosigkeit, von Friedensnotwendigkeit und Friedensmöglichkeit,
- daß es eine *Gesinnung* ausdrückt, die die Stifter des Preises teilen, und
- daß dies auf höchst *kunstvolle Weise* geschieht?

An dieser Alternative hatte ich meine Zusage zu prüfen. Ich habe nachgedacht und nachgelesen. Die Ergebnisse dieser Prüfung versuche ich hier mitzuteilen.

Frieden ist eine Sache der Politik; Frieden entsteht nicht beim Lesen eines Buches – auch nicht, wenn sehr viele Menschen dies zugleich tun. Aber eine Voraussetzung dafür, daß eine Politik geschehen kann – durchgeführt, befolgt, angepaßt, verändert, durchgehalten wird –, ist, daß Menschen ihre Ziele, Probleme und Chancen verstehen. Schon die Planung einer Politik ist abhängig von der Frage, wieviel Einsicht und Einwilligung bei den Menschen vorauszusetzen ist: was sie von sich, den anderen, der Lage verstehen.

Zu diesem Verstehen verhelfen

- Menschen mit Erfahrung, die erlebt haben, wie es gegangen ist und darum wahrscheinlich wieder gehen wird: sie vermitteln die Wirklichkeit des Verstandenen (1);
- Menschen, die methodisch untersuchen, was jeweils vorliegt und es unter allgemeine Erklärungen subsumieren: sie vermitteln die Verläßlichkeit oder Gewißheit des Verstandenen (2);
- Menschen, die Vorstellungen haben, sich ausdenken, wie es sein könnte, die die Wahrnehmung aus ihren Fesseln freispielen: sie ermöglichen Vielfalt und Freiheit des Verstehens (3);
- Menschen schließlich, die Mut machen: sie ermöglichen das Wagnis des Verstehens, die Kraft, der verstandenen Wahrheit standzuhalten (4).

In unserem eigentümlichen (modernen) Hang für Zuständigkeiten denken wir bei den ersten (1) immer in erster Linie an Väter, alte Männer, allenfalls Historiker, bei den zweiten (2) an Wissenschaftler und Analytiker, bei den dritten (3) an die Dichter und bei den vierten (4) an Propheten und Parteiführer. Aber nicht nur nutzt uns die eine Hilfe wenig ohne die anderen – es hat insbesondere ein guter Dichter sicher immer alle vier Möglichkeiten, ja, wo die Sache, deren Verständnis er ermöglichen soll, etwas so Vielseitiges wie der Friede ist, da muß er sie wohl alle vier haben.

Ich habe jedenfalls die Debatten nie verstanden, in denen es vornehmlich darum geht, die Dichter auf eines zu verpflichten: die Entfaltung der Phantsie *oder* die Formung des richtigen Bewußtseins, die Entdeckung und »Protokollierung« der Realität *oder* die Kultivierung des Scheins, die Ermächtigung der Gegenrealität.

Der so eingeordnete Dichter ist immer in Gefahr, ungefährlich gemacht zu werden. Daß der Dichter ein Grenzgänger ist, Kompetenzschranken nicht einhält, anderen dreinredet – das macht seine Wirkungsmöglichkeit aus, darum müssen wir ihn fürchten. Hat man nicht gemerkt, wie bedürftig, demütig, hilflos sich die Verwalter der politischen, technischen, wirtschaftlichen, wissenschaftlichen Apparate stellen, wenn es um Visionen geht, die sie vermutlich »konstruktive Modelle« oder »positive Utopien« nennen? Es wird verdächtig viel von der Notwendigkeit von Alternativen und der sie hervorbringenden »Kreativität« geredet – um so den Dichtern zu schmeicheln und sie rasch auf das Feld der Phantasien zu locken. Ich will nicht sagen, daß Phantasien nichts bewirken, und schon gar nicht, daß unsere verwaltete und industrialisierte Welt ihrer nicht bedürfe, daß sie nicht borniert, festgelegt, inmitten ständiger Veränderung immobil, subjekt- und willenlos geworden sei. Aber erstens könnte das *Ausdenken* einer besseren Welt (beispielsweise einer friedlichen, die zugleich frei ist und Freude macht) weniger die Stärke der Dichter sein als die *Analyse* dessen, was ist (beispielsweise der »Figuren, die unser Hirn – noch immer – bevölkern«; ChM II, 148[2]), vielleicht gehört dazu sehr viel mehr von ihrer Kunst, als wir und sie selber ahnen; zweitens könnte gerade in unserer zuwachsenden Welt das Gegenteil von ihnen gefordert sein, weil es die Politiker nicht können: Anleitung zum liebevollen, pfleglichen Umgang mit dem, was wir nicht ausgedacht haben und nicht machen können, eine Anleitung zur Bescheidung, zur Anerkennung von Grenzen. »Alles, was wir fortan entdecken, es macht die Welt nicht größer, sondern kleiner«, das sagt der verkannte Don Juan in der »Chinesischen Mauer«, und der, zu dem er das sagt, der enttäuschte Columbus, antwortet: »Auch Euch, mein junger Mann, verbleiben noch immer die Kontinente der eigenen Seele, das Abenteuer der Wahrhaftigkeit. Nie sah ich andere Räume der Hoffnung.« (ChM II, 184) Beschränkung ohne Resignation – das muß nicht Max Frischs Botschaft sein. Aber was macht das: sie ist bei ihm zu finden!

»L'imagination au pouvoir« haben jedenfalls weder Dichter noch Politiker an die Wände der Sorbonne geschrieben, sondern Menschen, die es leid waren, ewig mit den sogenannten Sachzwängen und den falschen, darauf antwortenden Versprechungen abgefertigt zu werden. Der Administration ist nicht vorzuwerfen, daß sie zu pragmatisch sei, sondern daß sie die *pragmata*, die ihr anvertrauten Dinge, zu sehr für *poiemata*, für Machbares hält. Sie hängt einer besonderen Form von Illusion nach: sie hält die Hegelsche *Idee* für Wirklichkeit, daß das Gewordene, das ein Gemachtes ist, auch das Notwendige sei. »Hier gibt es nur Lösungen; was einmal ausgeführt wird, ist die Lösung«, so heißt es in Max Frischs zweitem »Tagebuch« (T II, 157) über einen sozialistischen Staat, in dem doch nur übertrieben und damit verdeutlicht wird, was in der verwalteten Welt überall gilt.

Noch einmal: Poeten sind doch Phantasten, also das Gegenteil von Bürokraten und Technokraten – und darum, heißt es, brauchen wir sie. Die einen sagen: Um uns vorzuhalten, wie die Welt sein könnte, damit wir dieser Vision nachgehen; die anderen sagen: Um uns zu trösten, daß sie nicht anders ist.

Nach meinem Urteil ist beides zu wenig, beides einseitig – so einseitig, wie wenn die Poeten nur Stimmungs- und Mutmacher sind; so ungenügend, wie wenn sie der Realität in die Poren dringen oder sie ausdeuten, also tun, was Wissenschaftler und Philosophen vor ihnen und für sie getan haben.

Aber was dann?

Ich hätte es schwer, darauf zu antworten, wenn ich Max Frischs Werk nicht kennte. Er ist nicht der einzige Schriftsteller, von dem ich mir vorstellen kann, daß er diesen Preis verdient; aber er ist der, an dem ich verstehe, was vorzüglich Schriftsteller und Dichter dazu leisten können, daß »der Friedensgedanke Wirklichkeit« wird.

Ich formuliere hierzu eine siebenteilige These, um sie dann zu belegen:

1. Wie andere Dichter auch, hilft Max Frisch dem Gedanken, der der Friede einstweilen ist, wirklicher zu werden, indem er ihn wahrer und uns, die wir ihn denken, wahrhaftiger macht.

2. »Wahrer« heißt: konkret erfahrbar, was uns unfriedlich sein läßt, was Unfrieden und Frieden bedingt, was der Friede uns kosten würde, wie wir uns um ihn betrügen und warum.

3. Er ermöglicht damit vielleicht und allmählich, daß wir den schwierigen Frieden doch wollen, auch wenn er zunächst auf unsere Kosten geht.

4. Er macht auf die Hindernisse aufmerksam. Wie wir wissen, liegen die Hindernisse auf dem Weg zur Möglichkeit des Friedens in den verschiedensten und machtvollsten Tatsachen: in falschen Wirtschaftssystemen, falschen Herrschafts- und Entscheidungsstrukturen, falschen Vorstellungen und Einstellungen, falschen Verbindungen z. B. von Eigentum und Macht und so fort.

5. In dieser Aufstellung kehrt ständig das Wort »falsch« wieder.

Es gibt vor, daß wir wüßten, was richtig ist. Die Zerstörung dieser – wieder kommt das tückische Wort – falschen Gewißheit ist die fundamentale Hilfe, die der Dichter Max Frisch gibt.

6. Max Frisch – ich widerstehe der Versuchung zu sagen: erzieht uns, nein – hilft uns, es mit einer raffinierten und hartnäckigen Form der Selbsttäuschung aufzunehmen, die uns ständig mit Beschwichtigung oder Gewalt vorliebnehmen läßt, statt die harte Arbeit, den Verzicht, die Unscheinbarkeit, den mühseligen Ausgleich auf uns zu nehmen, aus denen das Friedenmachen auch besteht.

7. Max Frisch hat hierzu – wie kein anderer Dichter – Methoden erfunden: Methoden zum Herstellen von Wahrhaftigkeit. Diese können vielem dienen: der Gerechtigkeit, der Freiheit, der Freundschaft, dem Glück – und dem Frieden.

Daß Dichter es in einer besonderen Weise mit der Wahrheit zu tun haben, jedenfalls, daß die Wahrheit ohne die Dichtung, nämlich ohne Spiegelung oder Alternative oder Variation oder Gegenbild, nicht die volle Wahrheit ist, weiß man, muß hier nicht an Max Frisch nachgewiesen werden, wohl aber, wie Wahrheit mit Frieden zusammenhängt.

Wir kennen die anderen Verse dieses langen Liedes:
Freiheit und Friede,
Gerechtigkeit und Friede,
Friedfertigkeit und Friede,
Macht und Friede,
Reichtum und Friede,
Klassengesellschaft und Friede,
die Natur, der Trieb, das sogenannte Böse und Friede.

Die Wahrheit hat man – nicht nur aus Vergeßlichkeit oder Willkür – ausgelassen. Die Wahrheit erkennen und sagen, steht in einem prekären Verhältnis zur Vermeidung von Gewalt, Krieg, Streit, Revolution. Es gibt Übel, die man – wenn man sie einmal erkannt hat – bekämpfen muß. Wer gleichwohl die Ruhe vorzieht, mit dem werden andere streiten oder ihn übergehen, wogegen er dann vermutlich Widerstand leisten wird. Es kommt also, wo die Wahrheit über ein wirkliches Übel erkannt wird, allemal eher zu einer tätlichen Auseinandersetzung; es kommt gerade nicht zu Beruhigung und Frieden.

Mein Standardbeispiel hierfür ist Hitler. Die Großmächte hätten mit dem Zweiten Weltkrieg nicht gewartet, bis Hitler ihn 1939 begann, sie hätten 1933 sofort eingegriffen – wenn sie die volle Wahrheit über den Mann und seine Partei und die Deutschen gewußt hätten. Und mit der »vollen Wahrheit« meine ich nicht die auch mögliche Entlarvung eines Satans und eines ihn tragenden schlimmen Kollektivcharakters der Deutschen, sondern all das, was wir seither mit verstehender Wissenschaftlichkeit wissen: die Deformation einer Volksseele durch Versailles, die Ausbeutung von Schuldgefühl und Idealismus, die verspätete soziale und politische Revolution inmitten anachronistischer Konsolidierung des Nationalstaates, die »Banalität des Bösen« und die Bedingungen der »authoritarian personality« . . . Die »volle Wahrheit« sieht man immer erst, wenn die volle Wirklichkeit daraus geworden ist.

Man mag sagen: Es stand schon alles in »Mein Kampf«, und wer die Wahrheit sehen wollte, konnte sie sehen. Aber das ist gerade das Dilemma: Man kann nicht jede Wahrheit in ihrer schrecklichsten Möglichkeit wissen wollen, weil man dann vermutlich nicht leben könnte. Wer die »volle Wahrheit« über den anderen weiß, ist verführt, ihren möglichen Folgen schnell und gründlich vorzubeugen: Man wird versuchen, *ihn* daran zu hindern, wenn nötig mit Gewalt. Daß man selber das Gute will, dessen ist man eigentümlich gewiß. Wenn wir allen Irrsinn ernst nähmen, der gesagt wird: Die Hälfte der Menschen säße hinter dem einen oder dem anderen Gitter. – Vielleicht würden die Menschen dann vorsichtiger reden. Gut! Nur: Genauso haben stets die Diktatoren argumentiert.

Wie es nicht diese »volle Wahrheit« sein kann, die uns zum Friedenmachen oder Gewaltvermeiden hilft, so auch nicht die bloße Wahrhaftigkeit, das moralische Ehrlichseinwollen gegenüber sich selbst. Die Wahrheit, die auf uns lauert, oder die noch nicht weiß, wo sie hin will; das Ich, das sich selbst nicht kennt, und das die anderen nicht kennen kann, weil es sie so versteht, wie es sich versteht; das Ich, das sich selbst nicht erkennen will, weil diese Erkenntnis unangenehm ist, Folgen haben sollte; Menschen, die die Bedingungen, unter denen sie erkennen und handeln, nicht kennen, die nicht wissen, welche sie selbst gemacht haben und welchen sie ausgeliefert sind – das alles fordert mehr als Wahrhaftigkeit, so wie ja auch der Friede mehr fordert als Friedfertigkeit; beide fordern eine bisher unbekannte oder leider verlorengegangene Kunst.

Und dies ist der Schnittpunkt von Friede und Wahrheit: Der Friede – die friedliche und ehrenhafte Lösung eines Konflikts – ist eine so schwierige Sache, daß wir ständig nach Ausflüchten suchen. Wir halten nicht stand – der Fülle kleiner Mühsal und kränkender Einsicht in unsere Schwäche. Darum inszenieren wir einen Fall für große Bravour, und die anderen, einschließlich unsere Gegner, fallen willig ein in die schöne Gelegenheit, etwas Kompliziertes zu vereinfachen, eine alte Rechnung zu begleichen, ein abgeschabtes Selbstbewußtsein aufzubessern, eine Unentschiedenheit loszuwerden, einen leidigen Mahner zu übertreffen und ins Unrecht zu setzen.

Nicht weniger verlockend ist die Beschwichtigung, der beflissene Friede mit dem Unrecht.

Der »vollen Wahrheit«, die man vielleicht (ich weiß es nicht) studiert, erforscht, beweist, der Wahrhaftigkeit, zu der man sich und andere aufruft, setzt Max Frisch etwas entgegen, was ich Methoden genannt habe, eine Technik zur ständigen Herstellung von möglicher Wahrheit, zur ständigen Störung unseres Vertuschens, Verstellens, Verdächtigens, Verfestigens, Verdammens, Verschweigens . . . Sagen wir, in Anlehnung an einen Terminus von Sigmund Freud: Max Frisch verordnet uns *Wahrheitsarbeit*.

Er selbst wird das nicht gern hören; er wird den Kopf schütteln über das Bildnis, das ich (mir) hier von ihm mache. Er selbst hat ein anderes von sich. Was er schreibt, ist ihm dann am liebsten, wenn es am planlosesten geschieht, und nichts will er weniger als belehren. Aber mein und sein Bildnis müssen einander nicht ausschließen. Er erfindet die Methoden für sich, er benutzt sie, wie er schreibt, »um die eigene Bedrängnis loszuwerden« (T I, 144 über »Nun singen sie wieder«), um den eigenen Versuchungen zu begegnen, um die Erkenntnisse auszuhalten. Weil er sie gar nicht lassen kann, hat er nicht das Bewußtsein von »Methoden«. Dieses Exerzitium, dem er sich unterwirft, oder dieses Spiel, das er spielt, belehrt vermutlich um so mehr, als es den Leser oder Zuschauer gar nicht meint.

Ich will im folgenden erstens (1) diese Mittel oder Methoden aufzählen und kurz beschreiben; ich will dann zweitens (2) die wichtigsten Thesen und Hypothesen nennen, die Max Frisch mit diesen Mitteln verfolgt oder die ihn verfolgen; drittens (3) gebe ich einen Überblick über die politischen Anlässe, die politischen Problembereiche, auf die Max Frisch damit reagiert; viertens (4) werde ich Sätze aus seinem Werk zitieren – Wahrheiten, wenn Sie so wollen, die er dabei herausgefunden hat und die ihn erneut herausfordern, sie und sich auf die Probe zu stellen; und am Schluß (5) sei an einem Beispiel vorgeführt, wie das vor sich geht.

## 1. Die Mittel oder Methoden der Wahrheitsarbeit

Sein wichtigstes, wirksamstes und poetischstes Mittel ist das *Stellen-wir-uns-vor-Spiel*, das er in zahlreichen, man möchte meinen: systematischen Variationen spielt – gespielt hat, lange bevor es im »Gantenbein« gleichsam auf seinen eigenen Begriff gekommen ist:

in »Nun singen sie wieder«: Stellen wir uns vor, die Menschen, die einander im Leben bekämpfen und umbringen, kämen nach ihrem Tode zusammen und könnten sich miteinander unterhalten, einander die Wahrheit über sich sagen;

in »Die Chinesische Mauer«: Stellen wir uns vor, wir seien in China vor fünfhundert oder tausend Jahren, wir »Heutigen« mit unserem Wissen von der Geschichte und der Wasserstoffbombe, und die »Figuren, die unser Hirn bevölkern«, stünden uns Rede und Antwort;

in »Biedermann und die Brandstifter«: Stellen wir uns die Politik einmal wie einen Haushalt vor; oder

in »Andorra« unseren Staat als ein Dorf;

in »Mein Name sei Gantenbein«: »Ich stelle mir vor«, ich werde für blind gehalten und könnte doch sehen, muß mich aber benehmen, als sähe ich nicht;

in »Biografie«: Stellen wir uns vor, wir könnten unser Leben neu leben, indem wir anders entscheiden . . .

Und sie alle entlarven uns in einem biedermännischen Bemühen, Gefahren zu verniedlichen, damit wir nicht auf sie reagieren müssen, oder Ungeheuer hervorzubringen, damit wir sie kühn erlegen können.

Mühelos läßt sich eine ähnliche Figur in jedem erzählenden oder dramatischen Werk von Max Frisch nachweisen. Er ist besessen von der Möglichkeit, es lasse sich die Realität durch Variation unserer Vorstellung besser erkennen; oder genauer: er ist besessen von der Furcht, die Wirklichkeit – die durch das tempus perfecti behauptete Wirklichkeit – sei ihrerseits nur eine Vor-Stellung, ein Vor-Wand, ein Aspekt, ein *theama* oder Schaustück, und erst die Hinzunahme der nichtverwirklichten, der ausgeschlossenen Möglichkeiten mache die Realität daraus; diese, sagt er, erscheine nie auf der Bühne. »Insofern bleibt das Stück immer Probe!« (V 579) Man ist verführt zu denken: nicht nur das Stück *Biografie* – von dem hier die Rede ist –, sondern unser Leben überhaut.

Wie ernst ihm das Spiel ist, mag man den Spielregeln entnehmen. »Was Sie wählen können, ist Ihr eigenes Verhalten« (B V, 490) – also nicht das der anderen und auch nicht die eigenen Eigenschaften. Die Intelligenz beispielsweise ist gegeben. Man kann sie anders einsetzen, schulen oder verkommen lassen – »in einem Glaubensbekenntnis oder im Alkohol« (B V, 503). Aber ihre Reichweite muß man hinnehmen. Was meine Intelligenz sein kann, in anderen Worten, wird durch meine Intelligenz bestimmt und nicht durch meine Wünsche. Das gilt für mein Aussehen, meine Gefühle, meine Spontaneität – für fast alles, außer meinen Willen. Das Spiel definiert wie kein anderes Mittel die Moral. Und so gibt es auch in ihm ständig Einwände gegen das Spiel: »Wie soll man das wiederholen [eine Szene, die zum Anlaufen einer anderen, in der anders entschieden werden soll, gebraucht wird], wenn die Geheimnisse verbraucht sind? – wenn das Ungewisse verbraucht ist, der Sog der Erwartung von Augenblick zu Augenblick . . .« (B V, 541) Oder: Die erste Ehe von Herrn Kürmann hat mit dem Selbstmord seiner Frau geendet. Daß es die falsche Ehe war, wußte er schon, wußte er mit Intensität, als er zum Altar schritt. Er hat jetzt die Möglichkeit, das zu ändern. »Möchten Sie hier nicht eine andere Wahl treffen?« (B V, 509) fragt der Registrator. Damals hatte Herr Kürmann nicht gegen die Peinlichkeit eines Widerrufs anzugehen vermocht. Und jetzt? Jetzt fällt ihm nicht nur die erhängte Frau ein (das könnte ihm helfen, sich umzuentscheiden), jetzt fällt ihm auch sein Kind ein: »Man kann ein Kind, das einmal da ist, nicht einfach aus der Welt denken.« (B V, 512) Und so schließt er die Ehe erneut.

Man sieht, es ist ein fürchterliches Spiel. Aber wenn wir es öfter spielten – auch in der Politik –, wir wären weniger dreist in der Behauptung der Wahrheit und in ihrem Vollzug, es gäbe nicht nur Herrn Kürmann ohne die falsche Frau, die »Biografie ohne Antoinette« (B V, 523), sondern vielleicht auch Deutschland ohne diesen, Amerika ohne jenen Krieg.

Wie das in einem Stück geht, kann man sich denken. Wie sieht das gleiche in einem Roman aus? Die erste, nein die zweite Szene im »Gantenbein« ist mir besonders eindrücklich in der Erinnerung geblieben, weil das Prinzip »Ich stelle mir vor« noch neu, in seiner Funktion noch nicht durchschaut war. So direkt hatte Max Frisch es noch nie angewendet.

Es liegt einer (»ich«) in der Klinik. Er erwacht mitten in der Nacht aus schwerem Traum, klingelt und verlangt nach einem Bad. Ohne Zustimmung des Arztes gehe das nicht, sagt die Nachtschwester. Sie bringt einen Saft, und er solle weiterschlafen.

Da stellt er sich vor: Er nehme sich das Bad. Die Schwester kommt hinzu. Er ist nackt. Er bedeckt sich mit einem Scherz: Er sei Adam. Und weil sie nicht lacht: Sie sei Eva. Im Hintergrund erscheint der Nachtarzt. Die Szene ist zweideutig, sie verlangt nach Auflösung. (Graf Öderland hat für solche Fälle eine Axt, aber »ich« ist nackt.) Er stellt sich vor: Er gehe auf den Arzt zu und sage: »Sie sind der Teufel.« Jener weicht zurück und fordert ihn auf, in sein Zimmer zurückzukehren. Er denkt nicht daran – er wendet sich zum Lift, fährt ab, verläßt das Krankenhaus und geht splitternackt durch die erwachende Großstadt. Alles weicht – wie der Arzt – zurück. Ein Bäckerjunge stürzt mit seinem Rad. »Ich« gerät ins Laufen. Der Lauf endet, von zwei Polizisten auf Motorrädern begleitet, im Opernhaus, wo er auf der leeren Bühne sitzt vor leerem Zuschauerraum. Er bekommt einen Kostümmantel übergeworfen – einen Königsmantel. Die nächste Station ist ein Psychiater.

»Es ist wie ein Sturz durch den Spiegel, mehr weiß einer nicht, wenn er wieder erwacht, ein Sturz wie durch alle Spiegel, und nachher, kurz darauf, setzt sich die Welt wieder zusammen, als wäre nichts geschehen. Es ist auch nichts geschehen.« (G V, 18)

Radikaler kann man dieses Spiel nicht spielen: Die Hüllen des Lebens ganz abwerfen, nur die nackte Person mitnehmen, mit irgendeinem Kostümmantel vorliebnehmen, in eine andere Rolle eingehen, aber derselbe bleiben – wie der Staatsanwalt/Graf Öderland ja auch nie ein anderer geworden ist, sondern nur eine verschüttete, andere, intensivere Möglichkeit seiner selbst.

Kann so etwas überhaupt weitergehen? Aus Laune wird Versuch, aus Versuch Methode. Rückkehr in die leere, vor Wochen noch bewohnte Wohnung. Es ist wie in Pompeji: Man kann hindurchschlendern und sich vorstellen, wie hier einmal gelebt worden ist. Einmal klingelt es. »Ich« mache nicht auf. Der Herr meines Namens ist verreist.

»Ich stelle mir vor: ein Mann hat einen Unfall. Er liegt im Hospital mit verbundenen Augen . . . Er kann hören, riechen, denken. Und er denkt: Eines Morgens wird der Verband gelöst, und er sieht, daß er sieht, aber er schweigt; er sagt nicht, daß er sieht, niemand und nie. Ich stelle mir vor: Sein Leben fortan, indem er den Blinden spielt, auch unter vier Augen, sein Umgang mit Menschen, die nicht wissen, daß er sie sieht – seine gesellschaftlichen Möglichkeiten, seine beruflichen Möglichkeiten dadurch, daß er nie sagt, was er sieht, ein Leben als Spiel, seine Freiheit kraft eines Geheimnisses usw. – Sein Name sei Gantenbein . . .« (G V, 21) Er ist ein umgekehrter Gyges, den schon Platon benutzte, um die Reichweite der Moral zu erproben. Was täten Menschen alles, wenn man sie nicht sähe!

»›Jeder Mensch erfindet sich früher oder später eine Geschichte, die er für sein Leben hält . . . oder eine ganze Reihe von Geschichten . . .‹« (G V, 49)

Das kann uns festlegen wie den Mann, der sich für einen Pechvogel hält und, als er das große Los gewinnt, lieber die Brieftasche verliert: Der Verlust seines ein-gebildeten Ichs wäre zu kostspielig (G V, 51).

Das kann uns schrecklichen Möglichkeiten ausliefern: Sich vorstellen, man hätte den Mann, dem man auf dem Pez Kisch in aller Einsamkeit begegnet ist, über die Wächte in den Abgrund gestürzt. »Ich wußte, ich habe es nicht getan. Aber warum eigentlich nicht?« (G V, 56)

»Warum eigentlich nicht?« – diese Frage ist der Schatten, den wir nicht mehr loswerden, wenn wir einmal begonnen haben, uns vorzustellen. Und, da wir diese Frage nicht loswerden und sie also auch *vor* unseren Handlungen da ist, besorgt sie eine wahrhaft unheimliche Freiheit. Wir müssen Ernst machen mit dem Ich oder

der Vernunft oder der Moral, sonst verlieren wir uns. Frisch hat uns mit diesem Spiel tief in die »Wahrheitsarbeit« gestürzt.

Ein anderes Mittel ist das »Tagebuch«. Max Frischs Tagebücher sind nicht Chroniken, nicht veröffentlichte Zettelkästen, nicht Confessions – Beichte, Selbstbestätigung und Selbstgericht. Ich meine fast, sie sind seine am wenigsten privaten Bücher, und jedenfalls sind sie in hohem Maße Produkte von Kunst, von bewußter Verarbeitung der Erlebnis- und Gedankenstoffe. Das Methodische an den Tagebüchern – im beschränkten Sinn meiner These – ist die Unerbittlichkeit, mit der die einzelnen Wahrnehmungen und Reflexionen miteinander konfrontiert und verbunden werden. In den Tagebüchern rekonstruiert er die Fallen, die der private wie der politische wie der poetische Alltag stellt: Er will keiner aus barem Zufall entgangen sein. Die Fallen sind meistens nichts als Fälle: Wenn man sie in eine bestimmte Konstellation bringt, ist man gefangen, Und wer bringt sie in diese Konstellation? Vermutlich Max Frisch; aber indem sie so aussehen, als seien sie von allein zueinander geraten, überkommt uns der Verdacht, die Wirklichkeit sei so; die Wahrheit lauere in den Ereignissen, wenn wir nur genau hinsähen. Und am Ende sind wir es selber, die die Fallen-Konstellation herstellen.

Hier eine typische Abfolge von Tagebuchbrocken:

- Ein Text für einen Brunnen:
  »hier ruht kein kalter krieger. dieser stein, der stumm ist, wurde errichtet zur zeit des krieges in VIETNAM 1967«;
- eine Aufzeichnung über eine Reise nach Prag:
  Gespräch mit einem namhaften, aber in Ungnade gefallenen Mann in einem Hotel, in dem Mikrophone angebracht sind, ein Gespräch, in dem »kein subversives Wort [fällt], der Staat ist einfach nicht da . . . Es geht um Poesie. Poesie als Résistance?« (T II, 71), und ein Gespräch mit dem in Ehren stehenden Ilja Ehrenburg, ein Gespräch, in dem alles folgenlos gesagt werden kann und sich der Verdacht mehrt, dies sei nichts als »taktische Schein-Offenheit. . . . Vorsicht, die hier . . . jedermann gelernt hat wie Orthographie« (T II, 73 f.);
- ein »Verhör«:
  A fragt B: »Wie stehst du zur Gewalt als Mittel im politischen Kampf?« – anhand eines Textes von Tolstoi –, und B antwortet

in immer neuen Wendungen und Windungen, er sei Demokrat, für den Rechtsstaat und habe Angst vor der Gewalt: »daher liebe ich die These, die Vernunft könne verändern.« (T II, 84) Er meidet am Ende den ihm nahegelegten Satz, der Staat gebrauche nur Gegengewalt;

- ein Stück Tagesrealität Ende April:
  Militärputsch zur Verhinderung demokratischer Wahlen in Griechenland. Spiegelung der Ereignisse in der Presse. »Fotos: Griechisches Volk ohnmächtig vor NATO-Tank unter griechischer Flagge.« (T II, 86)
- Reflexionen zu einem Stück:
  gegen eine »Dramaturgie der Fügung, ... der Peripetie. Im Grunde erwartet man immer, es komme einmal eine klassische Situation, wo eine Entscheidung schlichterdings in Schicksal mündet. ... Tatsächlich sehen wir, wo immer sich Leben abspielt, etwas viel Aufregenderes: es summiert sich aus Handlungen, die zufällig bleiben. ... Jeder Versuch, den Ablauf [einer Geschichte] als den einzigmöglichen darzustellen und sie von daher glaubhaft zu machen, ist belletristisch.« (T II, 87 f., woraus in »Biografie«, dem Stück, das er gleichzeitig schreibt, wird: »Ob eine bessere oder schlechtere Biographie, darum geht es nicht. Ich weigere mich nur, daß wir allem, was einmal geschehen ist – weil es geschehen ist, weil es Geschichte geworden ist und somit unwiderruflich – einen Sinn unterstellen, der ihm nicht zukommt.« (B V, 522);
- und immer wieder »Reminiszenzen« an die schlimme, die Maßstab setzende Zeit, etwa:
  Wie ihm auf einer Schweizer Behörde (!) 1936 (!) unverlangt ein Ariernachweis erteilt worden ist (T II, 173).

Max Frisch erlaubt sich nicht, das mag aus diesem Beispiel einer Abfolge hervorgehen, einfach eine Gebärde der politischen Ästhetik zu tun (Brunneninschrift), er geht selber ins andere Lager, versucht, »kein kalter Krieger« zu sein, und registriert, wenn er diesen Vorsatz verletzt oder im Gespräch nur noch nickt, weil die andern leider kalte Krieger geblieben sind; er mißt die Erfahrung an allgemeinen Überzeugungen, badet diese im Drachenblut der politischen Theorie, stößt mit dem Speer der Tagespolitik (Statistik, Nachricht, Zeitungsverschnitt) auf die nicht gehürnte Stelle und zieht Folgerungen – selbst für die Formen seiner Kunst.

Ein weiteres Mittel der Wahrheitsarbeit ist eben schon genannt worden:

*Das Verhör.* Es ist so angelegt, daß einer die wohnliche Gedankeneinrichtung des anderen in Unordnung bringt. A fragt sich auf den Boden der Rationalisierungen von B durch. Er tut es anhand eines Textes, der radikal ist und dadurch zu ungeschützten Bekenntnissen verführt. B hat sich Stellen angestrichen, als er sich mit dem Text allein wähnte. Nun fragt A, warum? Und fragt nicht von rechts oder von links, sondern von überall. B ist, wie gesagt, für den Rechtsstaat. A setzt nach: »Was verstehst du darunter?« B: »Daß niemand der Willkür und Gewalt des jeweils Stärkeren ausgesetzt ist, Recht für alle, eine Ordnung, die garantiert, daß gesellschaftliche Konflikte ausgetragen werden.« A geht zurück: Wie ist es dann mit »Repressalien«, von denen B gesprochen hat? B muß zugeben: »Es gibt natürlich Gewalt ohne Gewalttätigkeit, ein Zustand, der dem Rechtsstaat sehr ähnlich sehen kann. Gewissermaßen ein friedlicher Zustand: indem . . . um der Gewaltlosigkeit willen Konflikte geleugnet . . . werden. [Aber] das garantiert der Rechtsstaat: Schutz vor Gewalttätigkeit . . .« A stellt fest, daß B sich wiederhole; er fragt hartnäckig nach der »Repressalie«. B: »Die betrifft nicht das Gesetz, sondern lediglich die Betroffenen; also nicht den Rechtsstaat als solchen. Hingegen die Gewalttätigkeit verstößt gegen das Gesetz . . .« (T II, 77)

Das Verhör setzt sich alle 50 Seiten fort. Das Verhör hat nur uns selbst zum Zuhörer. Es mobilisiert unsere ganze Gescheitheit zugunsten der gewohnten oder bequemeren Überzeugung, und wir haben dann die Bescherung vor uns – die oben zitierte Rabulistik. In diesem Verhör haben wir keinen Gegner, außer unserer Inkonsequenz. Wir geraten in die Zwickmühle, die wir uns selber bereiten – durch allzu große Sicherheit, allzu großes Geschick, allzu viel Freude am Rechthaben.

In einem anderen Verhör mit einem B, der wieder den Rechtsstaat verteidigt, zugeich aber froh ist, daß dieser vor der Erpressung durch die Luftpiraten kapituliert hat, um Menschenleben zu retten, fragt A mit abschließender Entschiedenheit: »Bejahst du die Gewalt: Ja oder Nein?«

B: »Es gibt eine Recht-erhaltende Gewalt, ohne die auch der

Rechtsstaat nicht auskommt, und es gibt eine Recht-schaffende Gewalt; die letztere antwortet auf die erstere, aber die erstere ist immer hervorgegangen aus der letzteren.«

A: »Bejahst du die Pistole im Cockpit?«

B: »Es steht mir nicht zu, die Pistole im Cockpit zu verurteilen, weil ich ohne sie auskomme. Was ich zum Leben brauche, habe ich ohne Gewalt, das heißt, ich habe es durch die Recht-erhaltende Gewalt. Andere sind in einer anderen Lage; meine Recht-Gläubigkeit ernährt sie nicht, kleidet sie nicht, behaust sie nicht, versetzt sie nicht in den Luxus, auszukommen ohne Gewalt.«

A: »Du hast gestanden, daß Akte der Gewalt dich entsetzen. Du bist aber noch immer nicht bereit, die Anwendung von Gewalt grundsätzlich zu verurteilen.«

B: »Es steht mir nicht zu.«

Wir hören in unseren Tagen viel von Dialektik – hier ist sie. Dialektik heißt organisierter, planmäßiger Widerspruch. Meist bekommen wir Dogmatik im Zick-Zack dafür. Mit der Dogmatik kann man besser einschlafen. Aber politischen Frieden wird man nur haben, wenn man gelernt hat, es im Widerspruch auszuhalten. Darum stehen *wir* im Verhör, bringt Max Frisch es dahin, daß wir uns mit B identifizieren, auch wo wir nicht seiner Meinung sind. Was B sagt, sagt er überlegt und überlegen – und sogar ehrlich. Auch Spitzfindigkeit kann ehrlich sein, wenn das Problem so vertrackt ist. Aber wehe es fehlt uns dann ein so unbestechlicher und harter Frager wie A!

Stellen Sie sich vor, ich hätte mein vorbereitetes Manuskript beiseite gelegt, als ich hier auf das Podium stieg, und Max Frisch heraufgebeten, um mich so ins Verhör zu nehmen. Thema etwa: Welche und wieviel Ungerechtigkeit bist du bereit, für den Frieden, die Vermeidung von Gewalt auf dich zu nehmen?

Das wäre eine Demonstration der Unerbittlichkeit wie der Nachsicht, also der Aufrichtigkeit und der Klugheit geworden, die das Friedenmachen von uns fordert – eine Demonstration der Notwendigkeit und Preiswürdigkeit von Max Frischs Verfahren.

So aber huldige ich ihm mit dem, was er als unsere – nicht »Heuchelei« (das würden primitivere Kritiker sagen), sondern unsere – Verstrickung in unsere Vorstellungen nennen würde: in die Vorstellungen davon, wie die Dinge zu sein haben (z. B. solche

Feiern). Es könnte auch die Angst sein vor der rätselhaften (das ist Max Frischs Wort), der schmuddeligen (das ist mein Wort) Wirklichkeit.

Um die Dialektik voll zu machen, folgen einem solchen Verhör in jenem Tagebuch-Jahr 1967 auch noch die Ermordung von Martin Luther King oder der Aufstand der Studenten in Paris, oder die Todesopfer an der Kent State University/Ohio – junge Leute, die demonstrierten, weil Amerika in ein neutrales Land eingefallen war. Ich weiß nicht, wie die Leute darauf kommen, daß Max Frisch auch nur »scheinbar immer von sich« spreche.

Ein ähnliches und zugleich ganz anderes Mittel ist der *Fragebogen.* Auch er kehrt etwa alle 40 Seiten wieder. Die Pointe der Frischschen Fragebögen ist, daß man sie ausschließlich für sich selbst beantwortet. Niemand außer mir will das wissen, niemand wird es auswerten. Um so deutlicher merke ich, wenn ich mich selbst betrüge. Das tue ich schon, wenn ich nicht antworte.

Frage 1: »Sind Sie sicher, daß Sie die Erhaltung des Menschengeschlechts, wenn Sie und alle Ihre Bekannten nicht mehr sind, wirklich noch interessiert?« Diese Frage ist trefflich erfunden, eines Friedenspreises würdig. Und sie steht mit vollem Recht am Anfang.

Frage 2 setzt arglistig eine positive Antwort zur Frage 1 voraus: »Warum?« (Nämlich: Sind Sie sicher, daß die Erhaltung des Menschengeschlechts Sie dann noch interessiere?) Man ist also aufgefordert, auch dann zu antworten, wenn man zunächst zynisch bekannt hat: »Nach mir die Sintflut!« So einfach ist das nicht: Die Sintflut nimmt ja nicht nur die Zukunft weg, sondern den Sinn aller Vergangenheit und Gegenwart. Kann ich das wollen, auch wenn ich ein Zyniker bin? Zur Beantwortung »genügen Stichworte«. Max Frisch macht es einem schwer: In langen Argumentationsketten würde einem – vielleicht – eine glaubhaft klingende Rechtfertigung gelingen, in Stichworten dagegen gibt man sich leicht preis.

Frage 3 macht den Sprung von der Weltgeschichte zu unserer persönlichsten Entscheidung: »Wie viele Kinder von Ihnen sind nicht zur Welt gekommen durch Ihren Willen?« Frieden und Menschengeschlecht, das sagt sich so leicht, weil wenig Anlaß vorliegt zu der Vermutung, so große Dinge hingen von mir ab. Aber sie tun es!

Frage 6: »Möchten Sie das absolute Gedächtnis?« Es wäre so unmenschlich wie das absolute Vergessen (das sich Dickens schon in einer Erzählung ausgemalt hat). Die Antwort selbst – man sieht es sofort – ist uninteressant; aber daß man sich fragt und vorstellt, was die möglichen Folgen wären, ist wichtig.

Frage 16: »Überzeugt Sie Ihre Selbstkritik?«

Frage 17: »Was meinen Sie, nimmt man Ihnen übel und was nehmen Sie sich selbst übel, und wenn es nicht dieselbe Sache ist: wofür bitten Sie eher um Verzeihung?« Das sind die typischen Fragen in Max Frischs Erkundungssystem: Wie nahe stehen wir uns selbst? Wobei und wann laufen wir zu unserer Schwäche über? Was für ein Bildnis machen wir uns von uns selbst?

Frage 20: »Lieben Sie jemand?«

Frage 21: »Und woraus schließen Sie das?« Wenn uns das Selbstverständliche nicht frag-würdig wird, haben wir keine Chance, Fehler oder gar Verbrechen zu vermeiden.

Frage 22: »Gesetzt den Fall, Sie haben nie einen Menschen umgebracht: wie erklären Sie sich, daß es nie dazu gekommen ist?«

Ich kenne Menschen, denen diese Fragen von Max Frisch so unangenehm sind, daß sie das »Tagebuch« »schlecht« finden, in dem sie stehen. Ich glaube, genauso sind die Fragen gemeint: Sie sollen uns aufbringen gegen den, der fragt; aber nachdem wir die Frage gelesen haben, ist es nicht mehr Max Frisch, der sie stellt, sondern wir selbst.

Neben den Fragebögen gibt es *Protokolle,* etwa über die Besetzung des Warenhauses Globus in Zürich, und in diesen oder neben diesen die *Zusammenstellung von Pressestimmen* (T II, 170 ff.), die in ihrer Summe so selbstmörderisch sind wie die *Zitate* beispielsweise aus einer offiziellen Broschüre zur Zivilverteidigung (T II, 274). Gewiß, das sind Mittel zur Entlarvung anderer. Es ist ja auch wenig wahrscheinlich, daß die Wahrheit nur der eigenen Unwahrheit abzuringen sei.

Wo Max Frisch sich selbst preisgibt, weiß man beklommen: mea res agitur. Z. B. auf jenen eineinhalb Seiten im zweiten »Tagebuch«, die »Ehrenwort« überschrieben sind. Einem rabiaten Nationalisten, der ihn auf der Straße mit der Frage anfällt, »Wo möchten Sie wohnen?«, um ihn nach Havanna oder Peking zu wünschen, antwortet er, er sei hier geboren. Die Umstehenden

»finden die Frage berechtigt, und ich weiß natürlich, welche Antwort ich der Menge schulde. So viele sind es gar nicht, aber sie haben die Physiognomie der Mehrheit.« Was er von da an sagt, wird von Satz zu Satz unglaubwürdiger. Jede Bekräftigung (»Ich möchte nicht woanders leben, *Ehrenwort*!«) schwächt die Wahrheit, die dies ist: Sie wird ja nicht gesagt, weil sie wahr ist, sondern um den Frieden mit der Menge zu erkaufen. Wer ist sicher, daß er diesen Verrat nie begeht? Wie lebt man mit diesem Zweifel? Wie anders wird man damit fertig, als daß man sich sein Versagen vorhält, daß man weder an der Peinlichkeit erstickt noch anfängt, sich in seiner Schonungslosigkeit zu sonnen? Max Frisch ist das hier gelungen – durch das, was ihn zum Dichter erhebt: Er macht die Wahrheit aushaltbar.

Das konventionellste und zugleich anfälligste Mittel ist das der Preisgabe von *Entwürfen und Versuchen* – wenn also der Autor das Entstehen, Abbrechen, Wiederaufnehmen einer Idee oder einer Gestalt vorlegt: die Wahrheit nicht im Ergebnis, sondern als Bemühung und Probe. Da gibt es im ersten »Tagebuch« ein in seiner Unfertigkeit überwältigend vollendetes Werkstück – einen Brief an einen jungen Deutschen, der ihm anklagend geschrieben hat; es sind drei Anläufe, jeder anders, jeder anders gestimmt, jeder auf den anderen angewiesen, und am Ende wird keiner abgeschickt. Ich habe mir, als ich dies etwa 1958 als Lehrer an einem süddeutschen Gymnasium las, auf der letzten unbedruckten Seite des Buches notiert: »Ein Buch machen, das den Leser in verschiedene Situationen stellt, und jede Situation wird mehrfach – aus verschiedenen Gesichtswinkeln – geschildert: der Mensch unter Anklage, in der Rechtfertigung, in Abhängigkeit, Empörung, Einsamkeit, Partnerschaft, Feindschaft, Reichtum, Armut, Muße, Arbeit, Verantwortung.« Das Buch liegt, zu einem halben Zentner Papier angewachsen, in meinem Schrank. Es wäre – wenn es fertig geworden wäre – ein vorzügliches Mittel der politischen Bildung. Zugleich kann es nicht fertig werden: Die Unfertigkeit ist sein Prinzip, das es von Max Frischs »Tagebuch« übernommen hat.

Von ganz anderer Art ist das Mittel, das ich einmal die literarische *Standfoto-Serie* nennen möchte: Max Frisch erfindet einen Mann namens Kabusch. Er zeigt uns nicht ein Foto von ihm und sagt, das ist er. Er dreht auch nicht einen Film. Er zeigt uns vielmehr 30 bis 40 Aufnahmen von Herrn Kabusch in allen möglichen Lebenslagen und läßt uns ihren Zusammenhang erfinden – gleichsam die erklärende Biographie. Gegen die Standbilder 1 und 7 und 19 haben wir ein deutliches Vorurteil; 12 und 14 würden uns ratlos lassen; 3, 4 und 5 und 26 und 36 lassen uns verstehen, und 9 und 29 wenden die Anklage auf uns oder andere um.

Natürlich ist das »Tagebuch« auch einfach Tagebuch: *Bericht* davon, wie Max Frisch den Tag, die Ereignisse, die Welt erlebt. Ich hüte mich, dies hier zu schildern und flink in mein Schema von der Wahrheitsarbeit einzuordnen. Max Frisch ist Max Frisch. Reisen, wie er sie macht, können nicht viele machen, und täten sie es, sie kämen als Meyer oder Müller, nicht als Max Frisch an. Nicht jeder speist mit dem Berater des Präsidenten der USA, nicht jeder wurde 1948 zum Congrès Mondial des Intellectuels pour la Paix in Breslau eingeladen – und nicht jeder, der eingeladen war, fuhr hin.

Aber nehmen wir diese beiden Anlässe: Ins Weiße Haus kann in der Tat jeder, wenn er sich zur Besucherzeit einstellt. Doch wie viele werden sehen, wie hier »die Macht haust« und wie viele vor allem sich selbst dabei beobachten wie Max Frisch? In seinem Bericht über den Intellektuellen-Kongreß wird kein Wort über das vergängliche Gedröhn der Ideologien verloren, aber seitenlang schildert Max Frisch das Verhalten von Menschen – wie sie aufeinander und auf ihn eingehen oder nicht. Ich kann mir nicht helfen: Ich stehe doch wieder vor Max Frischs Wahrheitsarbeit.

Diese Spielart hat etwas mit seinem Rang in unserer Gesellschaft zu tun. Max Frisch gehört zu dem, was man Prominenz nennt, und geht mit den Großen der Zeit um. Aber er läßt sich dadurch nicht korrumpieren. Er biedert sich nicht an. Er enthält sich der geläufigen, wichtigtuerischen, professionellen Entlarvung. Er beobachtet – und wenn einer das kann, ist's ein schier tödliches Geschäft. Auf Max Frischs Höhe erfährt man, daß die Leutseligkeit, die Gelassenheit der Macht so erschreckend ist wie ihre Arroganz, am schlimmsten aber ist wohl ihre hilflose Verfallenheit an ihre eigene Mächtigkeit. Das sei eine wichtige Frage, sagt Henry Kissinger, die er oft zu hören bekomme (nämlich, wie sich seine wissenschaftliche Theorie bewährt oder verändert habe durch Praxis), aber: »Er habe keine Zeit, darüber nachzudenken.« (T II, 306) Max Frisch: »Wer Entscheidungen fällt oder zu Entscheidungen rät, die Millionen von Menschen betreffen, kann sich nachträglich Zweifel, ob die Entscheidung richtig ist, nicht leisten . . .« (T II, 305)

Die meisten Zeugnisse unmittelbarer politischer Teilnahme sind übrigens erst in den »Tagebüchern« veröffentlicht worden und können also in der jeweiligen Lage keine Wirkung getan haben – außer der indirekten, daß hier ein Mann die Dinge so gesehen, so beurteilt, mit seinen Freunden so besprochen, sich so verhalten hat. Ich sage dies nicht nur, weil es rechtfertigt, daß ich hier in erster Linie von Max Frischs Verfahren und nicht von seinen literarisch-politischen Taten rede, sondern weil wir uns viel zu sehr daran gewöhnt haben zu meinen, nur was in die Zeitung und auf die Straße, was an hohe Stellen und auf den Bildschirm der Nation gelange, was Massenbasis habe, gehe in die Politik ein und verändere die Wirklichkeit.

Ich komme zu

## 2. Thesen und Hypothesen, die Max Frisch verfolgt und die ihn verfolgen

Ich könnte auch einfach von »Wahrheiten« sprechen, die Max Frisch anleiten oder die er gefunden hat. Es sind moralische Wahrheiten. Moralische Wahrheiten haben sowohl die Form des Indikativs wie des Imperativs.

Einerseits: »Es *ist* überall nichts in der Welt, ja überhaupt auch außer derselben zu denken, was ohne Einschränkung für gut gehalten werden kann, als allein der gute Wille« (Kant), oder: »Der Mensch wär gut, anstatt so roh, doch die Verhältnisse, die *sind* nicht so«, oder: »Erst *kommt* das Fressen, dann *kommt* die Moral.« (Brecht)

Andererseits: »*Liebe* deinen Nächsten wie dich selbst« (Jesus von Nazareth), oder: »Edel *sei* der Mensch, hilfreich und gut.« (Goethe)

Es ist für Max Frischs Umgang mit seinen Wahrheiten kennzeichnend, daß er sie sucht, sobald er sie hat. Man hat ihm darum vorgeworfen, er habe nur wenige Themen, er wiederhole sie dauernd. Richtig. Aber er langweilt nie. Er sitzt nicht einfach auf seinem Grundstück, er gräbt es um und bringt es zu immer neuem, anderem Blühen. Er verhält sich – mit Verlaub – empirisch zur Norm.

Ich beschränke mich auf diejenigen Thesen, die in einem vielleicht nicht offensichtlichen, aber für den Gutwilligen leicht herstellbaren Zusammenhang mit dem Thema Frieden stehen. Die folgenden Aussagen bestehen teils aus Zitaten, teils aus meinen Paraphrasen seiner Maximen:

– Wir neigen dazu, uns ein Bildnis vom anderen zu machen. Wenn wir es tun, ist es ein Zeichen der Schwäche, ja des Verrats. Wir halten nicht aus, daß der andere unbestimmbar, ein Rätsel ist.
– Indem wir uns ein Bildnis von ihm machen, sind wir lieblos. Nur die Liebe erträgt es, daß ihr Gegenstand nicht festlegbar, ohne Bestimmung ist und sie selbst darum vielleicht sinn-los.
– Mit dem Bildnis legen wir den anderen nicht nur für uns fest, sondern auch für sich. Er wird zu dem, was das Bildnis vorschreibt: *selffulfilling prophecy.*
– Das Bildnis trägt die Züge unserer Angst oder unserer Wünsche. »Ganze Völker, die Angst haben vor ihren schlechten Eigenschaften, wollen sich damit helfen, daß sie diese beispielsweise in den Juden projizieren: damit sie ihrem Angst-Ich einmal leibhaftig begegnen, damit sie es quälen und töten können auf eine Manier, die ihnen selber nicht weh tut, aber dafür auch nicht hilft« (II, 217 f.): der Sündenbock.
– Eine besondere Form von »Sich-ein-Bildnis-machen« ist die Erwartung, ja Behauptung, etwas Geschehenes müsse einen Sinn haben, weil es geschehen ist. »Jeder Verlauf, der dadurch, daß er stattfindet, andere Verläufe ausschließt, unterstellt sich selbst einen Sinn, der ihm nicht zukommt.« (V, 581) Wir ertragen auch hier nicht, daß etwas offen, zufällig, ungereimt bleibt. Und statt Rache zu nehmen für das, was nicht zum Zuge gekommen ist, legen wir es auf das Geschehene fest: Ideologisierung.
– Die Menschen neigen dazu, sich »nicht zur Gegenwart [zu] verhalten, sondern zur Erinnerung«. (B V, 492) So sagt die Mutter am Grab des gefallenen Hauptmanns zu ihrem kleinen Sohn: »Alles das Stolze, alles das Ehrenvolle, was dein Vater erstrebt hat – du, sein Sohn, wirst es weiterführen.« Während die Toten protestieren: »Es ist ein Irrtum gewesen.« Und: »Er

soll Schafe scheren, er soll mein Erbe nicht sein.« Und: »Sie nehmen die Worte aus unserem Leben, sie machen ein Vermächtnis daraus, wie sie es nennen, und lassen uns nicht reifer werden, als sie selber sind.« (NSSW II, 134 f.)

- Wo es nicht gelingt, der schlimmen Vergangenheit einen Sinn zu unterstellen, verdrängen wir sie. »Von ihnen [den Verbrechen des Krieges] nichts mehr wissen zu wollen, wird unsere eigene Schmach [mit diesem Wort zitiert Frisch Karl Kraus]: indem wir zwar ertragen, daß es diese Dinge weiterhin gibt, aber nicht, daß es sie gab.« (II, 279) Wahrheitsarbeit ist mit Trauerarbeit verwandt.
- Neben dem Bedürfnis nach einem Sündenbock ist das Ressentiment, der Neid auf den Stärkeren oder Freieren, auf den, der anders ist und doch glücklich, das schlimmste Gift in unseren Beziehungen; Haß als Gesinnung, Feindschaft als Gefühl sind seltener, schwieriger, von kurzer Dauer.
- Die politischen Konstrukte – Nationalstaaten, Militärbündnisse, Gesellschaftssysteme – brauchen solidarische Mitglieder; das einfachste Mittel zur Herstellung von Solidarität und zur Abstellung von Kritik – ein Mittel, das auch dann funktioniert, wenn das Gebilde schwach, korrupt, im Unrecht ist – ist das Feindbild.
- Dem Feind im Feindbild bekommt Ressentiment besser als Haß; Haß ist auf Nähe, Erfahrung, Kontakt angewiesen wie Liebe; Ressentiment lebt von der Ferne seines Objektes.
- Ressentiment nährt sich aus Minderwertigkeitsgefühlen – der »andorranischen Angst, Provinz zu sein, wenn man einen Andorraner ernst nähme«. (T I, 12) Und selbst »ein Andorraner, der Geist hat und daher weiß, wie sehr klein sein Land ist, hat . . . eine lebenslängliche Angst, daß er die Maßstäbe verliere«. (T I, 12)

(Für gewalttätiges Verhalten braucht man eine Reizung oder Angst und möglichst wenig Einsicht in die Folgen; zur Beschwichtigung nur Angst; zu friedlichem Handeln dagegen klare, also ehrliche Erkenntnis; ihr stehen im Wege:)

- mangelndes Selbstvertrauen: »Ein Ausländer unter sieben Einheimischen, und wer ist besorgt, daß die andere Lebensart ihn anstecken könnte: die sieben Einheimischen« (V, 383);

- Arroganz – der Macht wie der Ohnmacht –, die nicht zuhört, »die keine Antwort mehr zuläßt«, die selbst noch die Niederlage, die Schuld, das Leid als Auszeichnung erlebt (T I, 145), verwandt mit dem
- Selbstmitleid, das wieder eine Art von höherem Sinn oder tieferer Bedeutung für sich beansprucht. »Daß es auch Elend gibt ohne sittlichen Ertrag, Elend, das sich auch in Geist und Seele nicht lohnt, darin besteht wohl das eigentliche Elend, das hoffnungslos ist, tierisch und nichts als dies, und jede Verbeugung davor schiene mir schamlos, eine Weihung der Bomben, eine literarische Ehrfurcht, die immer noch auf die Vergötzung des Krieges hinausläuft, also auf das Gegenteil unserer Aufgabe, daß wir das Elend bekämpfen . . .« (T I, 145 f.);
- die Neutralität aus naiver Überzeugung: weil nicht zu streiten besser sei als zu streiten, habe der Nichtstreitende auch das bessere Urteil.

  Freilich mit der nachdenklichen Neutralität ist man nicht besser dran: Man weiß, daß man nicht urteilen kann, weil man »es« – den Grund des Streits – nicht am eigenen Leibe erfahren hat, und muß doch urteilen, weil man sonst seinem eigenen Leben ohne Maßstab ausgeliefert wäre. Diese Gespaltenheit macht den wahren Neutralen für die anderen so unverständlich, isoliert ihn, zerstört seine Chance: »Der Kämpfende kann die Szene nur sehen, solange er selbst dabei ist; der Zuschauer sieht sie immerfort . . . [und ohne] Versuchung zur Rache. Vielleicht liegt darin das eigentliche Geschenk, das den Verschonten zugefallen ist, und ihre eigentliche Aufgabe: sie hätten die selten gewordene Freiheit, gerecht zu bleiben.« (T I, 150)

Mit dieser Sammlung habe ich mir bei meiner Aufgabe geholfen, das Verhältnis von Wahrheit und Friede zu verdeutlichen. Aber ich habe Max Frisch einen schlechten Dienst getan. Er hat ja nicht Aphorismen zur Lebensweisheit geschrieben, sondern in einer heiklen oder aufschlußreichen Lage etwas auf diese hin oder von dieser her gedacht. Es sind oft sogar Gedanken, die nicht er, sondern eine seiner Figuren in ihrer fingierten Lage denken muß. Und nun habe ich verallgemeinert, und wer Frischs »philosophy of life« in Kurzform haben will, liest in Zukunft bei Hentig nach.

Aber es gibt eben auch bei Frisch Grunderfahrungen und

Grundüberzeugungen. Und wer sich anmaßt, von Frischs *Methode* der Wahrheitsarbeit zu reden, ohne deren *Gegenstand* zu nennen, der hätte Frisch noch mehr verfälscht.

Ich denke, mit einem gehörigen »caveant audientes« oder »caveat lector« ist mein Vorgehen nicht nur zulässig, sondern auch nützlich: Die Frischschen Wahrheiten enthalten ihr eigenes Antitoxin; sie verallgemeinern zwar, aber nur in dem Maß, das nötig ist, um der begrifflichen Verallgemeinerung zu begegnen, die wir aus Lebensschwäche begehen. Dieser Schwäche kommt eine große und gefährliche Philosophie zur Hilfe: der Idealismus. Idea = eidos = das Bild. Idealismus = Bildniswahrheit = es ist nichts erkennbar ohne einen Begriff. Diese Philosophie gibt die Zeit, das Individuum, das sich in der Zeit individuierende Leben für unwichtig aus.

Max Frisch wehrt diese Philosophie »unphilosophisch« ab – durch die Fülle glaubwürdiger Erscheinungen und Erfahrungen, die sich der Verallgemeinerung widersetzen. Aber von *dieser* Tatsache hat er sehr wohl einen Begriff, der in seiner kürzesten und allgemeinsten Form heißt: Du sollst dir kein Bildnis machen. – Und dies sagt er nicht, weil er das Erkennen und Leben mit Bildern, Vorbildern, Abbildern für eine schwache, unmenschliche Möglichkeit hält, sondern weil er weiß, wie menschlich und überwältigend stark sie ist.

## 3. Anlässe, politische Problembereiche, auf die Max Frisch mit seiner Methode des – hier endlich wäre das Wort einmal richtig angewendet – Hinter-Fragens reagiert

Ich wähle aus dem »Tagebuch« II (1966-1971) aus und zähle auf: der Krieg in Vietnam; Gewalt und Gegengewalt; Gewalt gegen Sachen und gegen Personen; Waffenhandel; Gerichtsurteile hierzu; Kapitalismus/Erhaltung von Arbeitsplätzen/Urkundenfälschungen durch Konzernherren, die zugleich hohe Offiziere in der Armee sind; Politik durch Mord (Martin Luther King) und die Pressereaktionen darauf; Reisen im Ostblock; Studentendemonstrationen in Zürich; Bürgerwehren/Mehrheiten/Ruhe und Ordnung/das souveräne Volk; Suez-Krieg; Militärputsch in

Griechenland; Studentenbewegung; Flugzeugentführung; Palästinensische Befreiungsorganisation; Sicherheit der Stadt New York: Alcoholics Anonymous; Women's Liberation; Schwarze in USA; Einmarsch der Amerikaner in Kambodscha; Euthanasie . . .

Es sind die täglichen Themen der friedlosen Welt, aber nicht in den eingefahrenen Fronten, sondern freigeschüttelt, quer gedacht, gegen den Strich formuliert. Auch von Problemen kann man sich ein Bildnis machen. Diese Themen nehmen weit über die Hälfte des »Tagebuchs« ein.

## 4. Sätze, die dabei vorkommen – weder Ergebnisse noch Mittel des Verfahrens, eher ein Schwarm von Stechfliegen, die uns nicht ruhen lassen

Vielleicht sollte bei jedem Satz mitgefragt werden: Wie hält man das aus, wenn Leute sagen . . . oder wenn wahr ist, daß . . .?

»Um diese Aussichten zu ertragen, habe ich mich umzusehen nach einem Sinn für das, was geschehen ist.« (Kürmann, B V, 564)

»Hast du schon einmal einen Irrtum eingesehen und damit weitergelebt?« (Kürmann, B V, 557)

»Insofern hat sich durch Ihr einwandfreies Verhalten nichts verändert, aber Sie fühlen sich wohler [als das letzte Mal]. Sie brauchen sich diesmal nicht zu schämen.« (Registrator, B V, 552)

»Ich habe mich an meine Schuld gewöhnt.« (Kürmann, B V, 516)

»Sie können [Ihre Intelligenz] schonen: indem Sie sich auf Skepsis beschränken.« (Registrator, B V, 503)

»Kaum sehen Sie eine junge Frau in diesem Zimmer, eine Unbekannte, denken Sie an eine Geschichte, die Sie schon erfahren haben . . . Sie meinen, die Zukunft zu erkennen durch Ihre Erfahrung.« (Registrator, B V, 503)

»Viele sind feig, aber ich weiß es, wenn ich feig bin.« (Andri, A IV, 533)

»Wo es am Mut fehlt, da fehlt es nie an Gründen.« (Karl, NSSW II, 103)

»Darum allein, daß wir als ihre Opfer starben, darum sind wir noch keine guten Menschen gewesen.« (Der Pope, NSSW II, 123)

»Ihr Tod, Herr Oberlehrer, eine ausgemachte Nebensache: man bemerkt ihn überhaupt nicht auf dem Bilde der Wirklichkeit.« (Herbert, NSSW II, 129)

»Wir [!] müßten versuchen, ob ich [!] Sie begreifen kann; das bedeutet vorerst, ob ich hören kann, was Sie sagen möchten. Im weiteren müßte ich prüfen, wie weit Ihre andere Deutung, die aus Ihren anderen Erlebnissen hervorgeht, auch für mich gilt . . .« (Max Frisch an einen jungen Deutschen, T I, 144)

»Wir wollten nicht lügen. Als wir sahen, daß wir die Angst nur verschwiegen, haßten wir einander.« (Die Senora, A V, 522)

»Ja, du mit dem Übermaß deiner Unschuld . . .!« (Der Vater zu Andri, A V, 534)

»Es bleibt der Verdacht, daß ich, Gast aus dem kapitalistischen Westen, dem Sozialismus wohl keine Hochhäuser zutraue.« (T II, 155)

»Die Lüge beginnt mit dem Verschweigen. Natürlich kann ich als Ausländer sagen, was ich will; langsam [jedoch] gibt man es auf.« (T II, 152)

»Ich verstehe immer mehr, daß Henry A. Kissinger, so oft es nur geht, seine Hände in die Hosentasche steckt; seine Verantwortung steht in keinem Verhältnis mehr zur Person, die einen Anzug trägt wie wir. Je mörderischer der Irrtum sein kann, um so weniger kann einer dafür.« (T II, 306)

»Ich überlege, warum ich einem Mann [Kissinger], der unter Morddrohung steht, ungern widerspreche: als schütze es ihn, wenn ich schweige, was immer er sagt.« (T II, 298)

Ich gestehe, daß ich buchstäblich Hunderte solcher Sätze auf Tausenden von Seiten angestrichen habe: erschrocken über mich, daß ich darauf nicht gekommen wäre, daß ich zu konventionell wahrnehme, mich selbst nicht beobachte, wenn ich anderes beobachte, die Abgründigkeit der Oberfläche nicht erkannt habe.

## 5. Ein Beispiel für Wahrheitsarbeit

Machen wir uns noch einmal klar, worum es bei diesem Beispiel gehen soll: Ein Mensch, der zufällig ein Buch von Max Frisch liest oder ein Stück von ihm sieht, wird mit einer Lage konfrontiert, in der die Gewalt das Recht, der Krieg die Lösung von Problemen, die Heuchelei den freien Gebrauch der Vernunft ersetzt haben; er soll erkennen oder, da er es meist schon wissen wird, sich vergewissern, daß die Willkür auf die Unterdrückung von Wahrheit angewiesen ist, daß also Wahrheit eine gefürchtete und, wenn angewendet, wirksame Waffe ist, die man z. B. für den Frieden einsetzen kann; er wird dazu gebracht – und hier unterscheidet sich Frischs Buch oder das Stück von einem herkömmlichen Lehrbuch oder Lehrstück –, sich auf eine geistige, emotionale und moralische Mühe einzulassen; er gerät in Not mit sich selbst, wenn er der Wahrheit zu Hilfe kommen soll.

Das Stück, an dem ich zeigen will, wie das funktioniert, ist »Die Chinesische Mauer. Eine Farce«. Als Farce erlaubt es sich Übertreibungen, Vereinfachungen, Verzerrungen und macht dadurch sein Prinzip sichtbar.

Die Chinesische Mauer – ein Werk des Kaisers Hwang Ti – ist »ein Schutzwall gegen die barbarischen Völker der Steppe« und ein »immer wiederholter Versuch, die Zeit aufzuhalten« (ChM II, 141). Auf der Bühne befinden sich die schon zitierten »Figuren, die unser Hirn bevölkern«, und außer den Chinesen eine Möglichkeit unserer selbst in Gestalt des Heutigen. Wir selbst sitzen ja im Parkett.

Ich erzähle hier nicht die Fabel des Stückes, sondern das Schicksal der Wahrheit in ihm. Ich tue das in 12 Schritten.

1. Im Laufe der Menschheitsgeschichte verändert sich »die« Wahrheit: Jede der Figuren ist von der ihren besessen, und wenn sie sich träfen, wie hier in dem Stück Napoleon und Columbus, Pilatus und Don Juan, die Inconnue de la Seine und Brutus, Philipp II. von Spanien und Emile Zola, dann relativierten sich ihre Wahrheiten gegenseitig. Es bleibt keine Wahrheit übrig, sondern die Not, die herrschende Vision, das eine unbewältigte, alle anderen auf sich versammelnde Faktum einer Zeit – in der unseren: die Wasserstoffbombe, die Tatsache, daß »die Sintflut herstellbar« (ChM II, 149) geworden ist.

2. Und darum ist Alleinherrschaft ein unzeitgemäßes, untragbares Abenteuer. »Wer heutzutage auf dem Thron sitzt, hat die Menschheit in der Hand. . . . Eine einzige Laune von ihm, . . . ein Nervenzusammenbruch, eine Neurose, eine Stichflamme seines

Größenwahns, eine Ungeduld wegen schlechter Verdauung: Und alles ist hin.« (ChM II, 149) Und darum die dringende Bitte des Heutigen an Napoleon: »Sie dürfen nicht wiederkehren, Exzellenz, auch keine hundert Tage.« Die Wahrheiten oder idées fixes der anderen Figuren sind, weil sie ebenso absolut sind, genauso gefährlich wie die der Welteroberer und Monokraten.

3. Der Machthaber, Kaiser Hwang Ti wie alle anderen, erträgt nicht die Wahrheit seiner Macht: daß sie Willkür ist. Seine Herrschaft soll sein: eine »Ordnung, die wir nennen die Wahre Ordnung und die Glückliche Ordnung und die Endgültige Ordnung.« (ChM II, 167) Er hat alle Feinde besiegt – »bloß die Wahrheit noch nicht« (ChM II, 144): Es gibt da die unfaßbare »Stimme des Volkes«, und sie »verbreitet Sprüche«. Sie heißt sehr chinesisch oder sehr psychologisch, je nachdem, wie man ihren Namen betont: Min Ko.

4. Eine alte Frau kommt mit ihrem Sohn nach Nanking, in die Hauptstadt. Sie wollen »den Himmelssohn sehen, der immer im Recht ist. Sie sagen, es ist nicht wahr. . . . Sie sagen es im ganzen Land. . . . Das ist mein Sohn. Mein Sohn ist stumm. Er hat es nicht von mir. Vielleicht ist es sein Glück, daß er stumm ist.« (ChM II, 143)

5. Der Stumme wird verhaftet, verdächtigt, die Stimme des Volkes zu sein. Er hat dem Kaiser nicht zugejubelt, als dieser durch die Straßen fuhr. Er hat sich hinterher zwar auch nicht umgedreht wie alle anderen, die ihre »Sprüche des Spottes munkeln«, aber »wenn einer den Braven spielt so öffentlich . . ., das muß ein schöner Schurke sein.« (ChM II, 172)

»Vielleicht ist er stumm?« »Stumm . . . Der Einfall ist gut. Wir suchen Min Ko, die Stimme des Volkes, und nun, so will er uns glauben lassen, nun haben wir einen Stummen verhaftet. Heißt das nicht, daß er uns abermals verhöhnt? Einer muß es doch sein! Soll ich denn niemals meinen Frieden haben?« (ChM II, 173)

6. Der Prozeß wird angeordnet. Hwang Ti zu den Zuschauern: »Ich weiß genau, was ihr denkt, ihr da unten. Ihr denkt, noch heute abend werde ich von diesem Thron gestürzt, denn das Spiel

muß doch ein Ende haben und einen Sinn, und wenn ich gestürzt bin, könnt ihr getrost nach Hause fahren, ein Bier trinken und einen Salzstengel essen. Das könnte euch so passen. Ihr mit eurer Dramaturgie! Ich lächle: Geht hinaus und kauft eure Zeitung, ihr da unten, und auf der vordersten Seite steht mein Name. Denn ich lasse mich nicht stürzen; ich halte mich nicht an Dramaturgie.« (ChM II, 175)

7. Die Hoffnung auf Auswanderung in unbekannte, unbetroffene Teile der Welt gibt es nicht mehr. Columbus, den man für das Entdecken von Kontinenten für zuständig hält, dem es aber allein »um die Wahrheit«, um den Beweis seiner Theorie über den Seeweg nach Indien ging, tröstet mit dem Satz, den ich gern wiederhole: »Auch Euch, mein junger Freund, verbleiben noch die Kontinente der eigenen Seele, das Abenteuer der Wahrhaftigkeit. Nie sah ich andere Räume der Hoffnung.« (ChM II, 184)

8. Mit dieser Mahnung gehen wir in den Schauprozeß gegen die Stimme des Volkes. Der Stumme wird gefragt, ob er Min Ko sei, der die Sprüche erfunden und über das ganze Reich verbreitet habe von Mund zu Mund. »Wenn du schweigst, mein Sohn, so bedeutet das, du willst nicht erkannt sein. Wenn du nicht erkannt sein willst, so heißt das: du bist der Mann, den wir suchen.« Der Heutige: »Du bist es nicht, ich weiß es. Warum redest du nicht? Sie haben Angst vor deinem Schweigen. Siehst du das denn nicht? Sie meinen, du denkst die Wahrheit, bloß weil du schweigst.«

»Die Folter wird ihn sprechen lehren!«

»Und was, Majestät, soll er sprechen?«

»Die Wahrheit!«

»Wozu?«

»Meint man, ich kenne die Wahrheit nicht?«

»Um so besser, Majestät, dann braucht's keine Folter . . . (sagt der Heutige, und zum Stummen:) »Du siehst, mein Sohn, wieviel einfacher es wäre, wenn du heucheln könntest. Dein Schweigen bringt alles durcheinander. Am Ende zwingst du sie noch, die Wahrheit selbst zu sagen.« Kurz drauf brüllt der Kaiser sie dem Stummen ins Gesicht: »Verräter, du elender, verstockter, meinst du, wir wissen nicht, was du denkst hinter deiner dreckigen Stirn . . . Die Große Mauer . . . nichts als Geschäft! Millionen verrecken dabei.« Und nach einer langen Liste von Offenbarungen auch noch dies: »Ich soll ein Feigling sein . . . sagst du, ich wage nicht zu hören, was meine Getreuen in Wahrheit denken, daß sie mich hassen, sagst du.«

»Papa! Hör auf! Das ist doch Wahnsinn. Wozu das? Ein jeder weiß, du hast die Macht . . . Du änderst doch nichts an der Wahrheit . . . Hör auf mit dieser *Farce*.« (ChM II, 189-194)

Ein Mandarin sagt: »Endlich!«

Aber es geht weiter: zur Folterung.

9. Mee Lan, die Tochter des Kaisers, die sich mit dem Heutigen unterhalten und ein anderes Bewußtsein erlangt hat, Mee Lan und dieser Heutige machen sich gegenseitig Vorwürfe, daß sie nichts verhindert haben. Dabei haben sie aus relativ sicherer Position – Mee Lan als Tochter des Kaisers, der Heutige, indem er gleichsam außerhalb des Horizonts steht und redet – mehr gesagt, als je einer von uns einem solchen Tyrannen zu sagen wagen würde. Wir haben es in unserem Parkettsitz vernommen. Was könnten wir sagen, was würden wir tun? Tyrannenmord à la Brutus (auch er bevölkert – Jamben sprechend – unser Hirn) nützt nichts, wenn weder die Menge noch die Wirtschaftsbosse zu ihm stehen. Die Menge braucht die Großen wie Brot, mitsamt dem Unrecht:

»Wer Unrecht leidet (fragt die eigne Brust)
Dünkt selber sich, bloß weil er leidet, schon
Gerecht, kann fordern, was er selbst nicht leistet.«
(ChM II, 212)

Und den Bossen ist es gleich, wer sie vor der Lohnerhöhung bewahrt. Ganz abgesehen davon: »die Polizei ist Herr der Lage.« (ChM II, 202)

Das J'ACCUSE von Zola ist längst zu einer Stilform geworden. Menschenleben sind damit nicht mehr zu retten.

Mee Lan zum Heutigen: »Ihr mit eurem Wissen! Und was kommt dabei heraus? Ihr mit euren großen Formeln! Die Achsel zucken, wenn ein Mensch geschunden wird und die nächste Zigarette anzünden.«

Der Heutige: »Du hast recht, Mee Lan: . . . das ist alles, was unsereiner zu Zeiten vermag. Du findest einen Mann, der nicht in der Lage ist, die Welt zu verändern –«

Mee Lan: »Du bist kein Mann!«

Der Heutige: »Sonst hätte ich mich umbringen lassen, meinst du, auf der Stelle. Das ist es, was du erwartet hast. Es hätte die Welt nicht geändert.« (ChM II, 199) Und: »Vielleicht bin ich feige. Sonst würde ich sehen, was ich zu tun habe.«

Was tue ICH?

Frisch läßt mich/ihn »Biografie« speilen: ICH, der Heutige, beschließe, eine andere Entscheidung zu treffen: die Wahrheit zu sagen, die ich weiß. »Das Volk, meine Herrschaften, hat keine Stimme: wenn wir sie ihm nicht leihen, irgendeiner von uns!« (ChM II, 205) Als Min Ko spricht er über die Menschheit im Zeitalter der Wasserstoffbombe (aber auch, so ergänze ich, von Contergan oder TCDD oder der Zerstörung des Ozongürtels und allem, was von »eurer Art, Geschichte zu machen«, kommen kann.) »Eine Gesellschaft, die Krieg als unvermeidlich erachtet, können wir uns nicht mehr leisten.« Für diese Rede bekommt er einen Staatspreis: für die »ergreifende Weise«, in der er es verstand, »den Tyrannen jenseits der Chinesischen Mauer die vollkommene Wahrheit zu sagen.« (ChM II, 20)

11. Der Aufstand des Volkes findet siegreich statt, aber es ist der Aufstand des Prinzen und Generals. Der geschundene Stumme wird vom Volk bejubelt, von der Mutter beweint. Der Heutige beschwört die Mutter: »Es wird nie wieder geschehen. Wenn du vor allen, die uns hören, die Wahrheit sagst: – Dein Sohn ist stumm, nicht wahr? Er ist nicht Min Ko, er ist nicht der Mann, der die Sprüche gemacht hat.«

Die Mutter: »Habe ich dir Unrecht getan, Wang? Ich habe immer gemeint, du bist dumm. – Mein Sohn ist nicht dumm! . . . Warum soll er keine Sprüche machen? Warum soll er kein wichtiger Mann sein? Ja, er ist's. Ja! Ja!« Die Menge brüllt vor Begeisterung und trägt den Gefolterten auf ihren Schultern davon (ChM II, 211).

Und die ganze Farce kann von neuem beginnen.

12. Max Frisch in einem Brief an die Darstellerin einer Nebenrolle: »Dabei [ist] die Geschichte so einfach, nichts anderes als die Erfahrung, die jedermann macht: daß wir ein Wunschleben haben, das uns begleitet, und ein Angstleben, und daß eben dieses

Leben, das wir nur ersehnen und erfürchten, aber nicht äußerlich leben, unser täglicher Gegenspieler ist.« (II, 217)

Diese Erfahrung bewußtmachen hieße, daß wir es auch mit den äußeren Gegenspielern aufnehmen können, daß wir Wunsch und Angst durch Realität ersetzen können. Dieses Bewußtsein muß erlistet werden – indem wir uns mit jemandem identifizieren, dessen Ohnmacht wir nicht aushalten und dessen Zweideutigkeit wir durchschauen. Das macht, daß wir handeln, uns selbst überschreiten wollen.

Meine Generation ist immer in der Gefahr, die Bewältigung der Tyrannis, die sie versäumt hat, nachzuholen und nicht zu sehen, daß der Frieden inzwischen auch anders bedroht ist. Wer dies erkennt, wird den Figuren, die sein Hirn bevölkern, wenn nicht den Abschied geben, so ihnen doch ihren richtigen Platz anweisen. Er wird hinnehmen, daß der Friede durch eine jeweils andere Wahrheit gerettet werden muß.

Von der Person, die den Preis bekommt, habe ich nicht gesprochen. Ich bin nicht sicher, ob ich sie gut genug kenne. Ich weiß, wie Max Frisch wohnt, ich bin mit ihm gewandert, ich habe erlebt, wie er sich in einer neuen Begegnung verhält, er hat mir ein wenig über Ingeborg Bachmann erzählt, ich kenne seine Frau. Aber in alledem ist nichts anders als in seinem »Tagebuch«: ein Teil Politik, ein Teil Umgang mit Menschen – und dahinter ein Abgrund von Wahrheitsarbeit an der eigenen Person. Wenn der Vorwurf stimmt, er sei in seinem Werk zu persönlich, dann *muß* ich nicht bange sein, wenn ich mich so ausschließlich ans Werk gehalten habe. Stimmt, was ich meine (und er selber auch), daß seine Sache vornehmlich die Selbsterfahrung und Selbstprüfung ist, die er für andere als eine Art Modell bereitstellt, dann *darf* ich nicht bange sein.

Es wird Ungeduldige geben, die sagen, dies sei und bleibe Literatur. In der Tat, hier wird kein Polenvertrag geschlossen und keine Steuererhöhung zur Unterstützung der Dritten Welt erhoben. Max Frisch kann nur dir und mir zeigen, was *wir* tun können, damit *wir* zu mehr bereit sind. Andere haben anderes beizutragen. Weil Frieden eine so umfassende, nicht teilbare Sache ist, verführt er zu Totaltheorien. Das wäre nicht so schlimm, folgte ihnen nicht eine Politik des ›Alles oder Nichts‹. Und die – anderes haben wir nicht erlebt – endet mit Nichts.

Was ich versucht habe, war dies: Ich wollte Ihnen zeigen, was es heißen kann, durch Dichtung, die etwas Nicht-Praktisches ist, helfen, einen Gedanken zu verwirklichen. Ich habe den Verdacht geäußert, daß die der Dichtung in solchen Zusammenhängen meist zugewiesene Rolle, Gegenwelten zu entwerfen, die Phantasie anzuregen, Mut zur Utopie zu machen, ein – vielleicht unbewußter – Versuch ist, sie auf die glanzvollere, aber wirkungslosere Aufgabe abzudrängen. Dichtung als Diagnostik, als Anleitung zur Selbsterkenntnis, als Mittel zur Auflösung der Mythologie des Alltags, als Sprache, in der ich die Figuren, die mein Hirn bevölkern, zur Rede stelle, als Spiel, mit dem ich meinen inneren Gegenspieler überspielen kann, Dichtung als ein Verfahren (oder auch Prozeß) gegen die gefälligen und hartnäckigen Scheingewißheiten, die uns zu Anbiederung oder Vergewaltigung verführen – diese Dichtung ist seltener und des Ruhmes an dieser Stelle würdiger.

Utopien brauchen wir. Aber wir werden sie verstoßen, verwünschen, verleumden, wenn wir merken, daß wir ihnen nicht näher kommen.

Das ist doch die »Tendenzwende«: nicht eine Ursache für die Preisgabe von Hoffnung, Fortschritt, von Reform, sondern selbst eine Folge davon, daß diese so schnell und einfach nicht vor sich gegangen ist, wie geplant.

Max Frisch hat keine Utopien geschrieben. Er hat vielmehr den schwierigen Weg dorthin beschritten, hat die Hindernisse gezeigt und wie man sie überwindet. Er lehrt die Kleinarbeit, die Praxis: das Lesen der Wegekarte und ihres Maßstabs, das Frühaufbrechen und Zur-rechten-Zeit-Rasten; bergauf langsam gehen und bergab nicht rasen, und wenn man sich verlaufen hat, nicht anderen die Schuld geben – das nützt nichts.

Mag sein, daß er das gar nicht gewollt hat. Und verständlich, wenn er nicht will, daß die Utopie uns einfach vergeht. Ja, wenn er hier steht und die Utopie hochhält, dann will vor allem ich als Pädagoge dankbar dafür sein. Meine Aufgabe an dieser Stelle freilich war es nicht, Max Frisch recht zu geben, sondern ihn zu loben: dafür, daß er *uns* – nämlich dir und mir – hilft, den Frieden, der einstweilen nur eine Hoffnung ist, zu verwirklichen.

# Sechste Übung: im Hinnehmen von Niederlagen, im Erkennen der eigenen Schuld, im Trauern um Verlorenes

## Asche – aber kein Phönix

*Ein Rückblick am 8. Mai 1985*

s'ist leider Krieg – und ich begehre, nicht schuld daran zu sein! *Matthias Claudius*

Und gib, daß es uns niemals fehlt an dem, / wonach ihr Herz sich sehnt – / ein Stückchen Brot / und viel Erbarmen.
*Anonymus (Zweiter Weltkrieg)*

Wir Überlebenden haben nicht den Tod gesucht. Wir sind nicht, als unsere jüdischen Freunde abgeführt wurden, auf die Straße gegangen, haben nicht geschrien, bis man auch uns vernichtete. Wir haben es vorgezogen, am Leben zu bleiben mit dem schwachen, wenn auch richtigen Grund, unser Tod hätte doch nichts mehr helfen können. Daß wir leben, ist unsere Schuld. *Karl Jaspers (1945)*

Et ipse dolor testimonium est boni adempti et boni relicti. *Augustinus*

7. Mai 1985. 19.15 Uhr. In dieser Stunde habe ich nicht vor, irgend etwas zu feiern. Was immer »feiern« heißen kann: vergnügt sein, ehren und preisen, etwas mit würdigem oder prunkvollem Zeremoniell (eben mit »Feierlichkeiten«) begehen oder einfach, wie es die Etymologie (feriae) nahelegt, die Arbeit ruhen lassen – dies zu tun ist nicht meine Absicht. Wer von mir ein Bekenntnis erwartet – angesichts derer, die den 8. Mai, den morgen zum vierzigsten Mal wiederkehrenden Tag der Kapitulation der deutschen Wehrmacht, als den Vollzug einer »nationalen Katastrophe« sehen, der gegenüber Trauer geziemt und nicht Freude oder gar Dankbarkeit – wer, sage ich, ein Bekenntnis erwartet, daß dieser Tag »Befreiung« heiße, endgültiges Ende des größten Unheils und der größten Schande, die die Deutschen befallen haben, der wird dies an geeigneter Stelle meines Vortrags hören. Aber ein Ende feiere ich nicht, weder heute in Worten, noch morgen im Gebaren. Es hieße der Logik des Grafen Bobby folgen, der mit dem Kopf gegen die Wand schlägt und auf die Frage von Baron Mucky, warum er das mache, antwortet: weil es so wohltue, damit aufzuhören.

Ich feiere außerdem ungern allein. Und ob jemand mit mir feiert, entscheidet sich an der Gemeinsamkeit unserer Gründe. Die gilt es zu prüfen.

In der folgenden Stunde will ich erinnern, nachdenken und folgern, d. h. auch: für Folgen sorgen. Aber bevor ich – mich und Sie – erinnere, hierüber nachdenke und daraus folgere, muß ich Eingrenzungen vornehmen. Wir sind verführt, aus Anlaß jedes Gedenktags: der Machtergreifung, des Reichstagsbrandes, der sogenannten Reichskristallnacht, des Kriegsausbruchs, des Falls von Stalingrad, der Hinrichtung der Geschwister Scholl, des Attentats vom 20. Juli die Entstehung, die Wirklichkeit und Wirkung des Nationalsozialismus insgesamt durchzuarbeiten. Das mag seine Berechtigung haben, läßt sich doch kaum ein Phänomen vom anderen isolieren. Es ist aber auch das umgekehrte Verfahren sinnvoll: Man nimmt die Eingrenzung so ausdrücklich vor, daß allen bewußt ist, was man nicht mitbedacht hat. Und so will ich es halten.

– Ich werde mich in meiner Erinnerung auf das beschränken, was am 8. Mai oder unmittelbar auf ihn hin oder unmittelbar von ihm aus geschehen ist, und nicht von allem und allem reden, was mir dazu einfällt.

- Ich werde unter meinen Erlebnissen solche auswählen, die sich bestimmten Themen zuordnen lassen; äußere Erlebnisse sollen sich »inneren Erlebnissen« ankristallisieren.
- Unter diesen wiederum werde ich Ihnen vornehmlich solche vortragen, die schwer verständlich, schwer hinnehmbar sind. Ja, ich hoffe, daß die Jüngeren über manchem den Kopf schütteln, weil ihnen die Denk- und Empfindungsweise damaliger Deutscher inzwischen gründlich abhanden gekommen ist. Nichts bekommt dem Verstehen so schlecht wie die voreilige Verständigung.
- Ich werde als Zeuge zu Ihnen reden, und das heißt, nicht als Historiker; als einer, der etwas erfahren hat, nicht als einer, der etwas weiß; als einer, der damals 19 Jahre alt war und heute fast 60 ist (die, die den Krieg ausgefochten hatten, waren damals 30, 40, 50 und sind heute 70, 80, 90 Jahre alt); als einer, der sieben Jahre alt war, als Hitler zur Macht kam (die, die ihn gewählt haben, sind heute 75 und darüber); als einer, der diese Zeit mit hellem Bewußtsein und mit voller Verantwortung erlebt hat; als einer, der darum seitdem im Schatten der NS-Zeit lebt, in dem Bewußtsein, daß ihm damals die entscheidenden Prüfungen erspart geblieben sind, im quälenden Zweifel also, ob er der Held sein kann, den diese verlangen; und das heißt schließlich, als einer, der weiß, daß dies nie wiederkehren darf, weil wir ihm wohl wieder nicht gewachsen wären.

Wenn die Älteren den Jüngeren erzählen, welche Not sie bestanden haben, stellt sich berechtigtes Mißtrauen ein. Sie wollen entweder ihr Versagen bekleiden oder sich wichtig tun. Lassen Sie mich darum vorweg sagen: Ich bin überzeugt, daß die Proben, die Sie, die Jüngeren, heute und in Zukunft zu bestehen haben, schwerer sind als unsere – weil sie schlechter erkennbar, indirekter, abstrakter sind. Hitler und Himmler waren an ihrem gemeinen Gesicht erkennbar, Goebbels an seinem Geschrei, die Blockwarte an ihrer verkniffenen Bosheit. Und auch dies: »Ihr habt es nicht leichter als wir; laßt Euch das nicht einreden. Den letzten Krieg konnte man ja noch überleben.« Das schreibt Heinrich Böll an seine Söhne. Ich führe den Gedanken so fort: Den nächsten Krieg kann man nicht mehr überleben, also muß man ihn vermeiden. Und das wird nicht nur mehr Tapferkeit und mehr Klugheit fordern, es wird Sie Schmähung, Einsamkeit, Selbstzweifel, Entbehrung, ja, auch die Hinnahme von Unfreiheit und Unrecht kosten.

Weil ich nicht sicher sein kann, ob ich mit meinen Erlebnissen in der mir gesetzten Zeit fertig werde, möchte ich mein Urteil vorwegnehmen. Das erlaubt mir dann, die ohnedies nie abschließbaren Erzählungen einfach abzubrechen, wenn es Zeit ist.

1. Der 8. Mai war für mich vor allem das Ende von Wahnsinn, auch des einzelnen, auch des eigenen, und nicht nur des Systems; ein Ende von Schrecken, Schinderei, Schießen und Schießenmüssen, in unserer Soldatensprache: das Ende der großen Scheiße – der Gefahr für Leib und Leben; das Ende von bewußtem oder halbbewußtem (nie ganz unbewußtem) Schuldigwerden und damit von Schande; das Ende von Schwindel und Selbstbetrug: sich auf den geleisteten Eid oder auf einen Befehl oder auf ein kollektives Los herauszureden; das Ende nicht zuletzt eines universalen Mißtrauens (zwar waren die Menschen nicht über Nacht besser geworden, aber es hatte keine Folgen mehr, wenn man sich offenbarte: man konnte die Berechtigung des Mißtrauens prüfen).

2. Der 8. Mai war ein glimpfliches Ende, so unglaublich glimpflich, daß ich an den schlimmen Folgen nicht ernsthaft zu leiden vermochte und noch heute nicht zu leiden vermag. Wer sich über Grobheiten, Übergriffe und Willkür der Eroberer/Besatzer wunderte – was hatte der eigentlich erwartet? Doch nicht etwa »Gerechtigkeit« nach all dem, was Deutsche getan hatten? (Und wenn diese Deutschen Gerechtigkeit – also Verzicht auf Strafe oder Rache – erwarteten, wie sehr ehrt das die Gegner!)

»Jede schlechte Behandlung, die uns gelegentlich widerfuhr, wurde auf einem großen Schuldkonto abgebucht, jede korrekte, ja, jede freundliche Behandlung war ein Rauchzeichen: Hier sind Menschen, hier kann man weiterleben.« (Hentig, S. 38)

3. Es war ein Chaos – ein seliges Chaos nach soviel erstickender Ordnung. Und indem es dies war, half es uns umlernen von Gehorsam auf Selbstverantwortung, wie es keine noch so geschickte Erziehung vermocht hätte.

4. Es war auch wieder *kein* Ende: ein vorübergehender Tag auf Kalendern, die wir nicht hatten; wir trugen jahrelang unsere Uniformen weiter, nur umgefärbt (welch ein Symbol!); die Nachbarn waren die gleichen und das Verhältnis zu ihnen gleich fremd, gleich feindlich, gleich freundlich, gleich neidisch; die braunen Peiniger waren auch noch da, nun aber eingemeindet in das geschlagene deutsche Volk; die Besitzenden/Eingesessenen besaßen und die Nichtbesitzenden/Flüchtlinge besaßen nicht:

»Der Bauer saß abends in seinem Lehnstuhl, rauchte eine Lucky Strike, dachte über das Leben nach und philosophierte: Das Korn wird gesät, das Korn wird gemäht. Wir haben wieder einen Polizisten im Dorf. Er trägt zwar die Ami-Uniform, aber er lebt in einem Zelt und ist bescheiden. Was hat sich also schon verändert!?« (Ziem, S. 128)

Die Ordnungen, die Werthierarchien, die Privilegien überlebten nicht trotz der allgemeinen Zerstörung, sondern gleichsam an ihrer Statt: wenn schon alle fast nichts mehr hatten, war es doch schon etwas, Graf X. oder Dr. Y. oder Konsul Z. zu heißen. Die inneren Bastionen des Nazismus waren nicht erkennbar. Als wir in den örtlichen Kinos Filmaufnahmen über die KZ's vorgeführt bekamen (gegen eine Bescheinigung, die man bei der Ausgabe der Lebensmittelkarten vorzeigen mußte), habe ich mich einsamer gefühlt als unter den NS-Volksgenossen: da vermutete man Gleichgesinnte hinter diesem und jenem Blick; jetzt war man umgeben von Masken, von Trotz und gespielter Gleichgültigkeit. Kein Ende auch von Angst und Abscheu vor »den Russen«, einer vitalen Angst, die sich im Laufe der Jahre in einen gepflegten theoretischen Anti-Kommunismus verwandeln sollte.

5. Es war noch kein Anfang – nicht einmal der Anfang eines Anfangs. Im Osten ging der Krieg noch weiter. Die ihn beendende Atombombe war noch nicht abgeworfen. Wir ahnten nichts von der neuen weltgeschichtlichen Epoche, die damit begann.

Wir ahnten so vieles nicht, was den Alltag der zweiten Hälfte des 20. Jahrhunderts erfüllt, unsere Gedanken und unser Gewissen beschäftigt, unser Bewußtsein bestimmt – zum Beispiel die Einteilung der Völker und Regionen in eine Erste, Zweite und Dritte Welt, die gründliche Amerikanisierung der Ersten und großer

Teile der Zweiten, die Fortsetzung und Krise der Moderne, das Ausgreifen in das Weltall, das Fortschreiten von Technik und Wissenschaft weit über die kühnsten Vorstellungen der damaligen Utopisten hinaus . . .

Und doch – zurückblickend – sehe ich, daß der Anspruch auf ein würdiges Leben aus den Trümmern erwachsen ist, ja, seine Kraft aus der Erinnerung daran bezieht. Die Deutschen, die am eigenen Leibe Vertreibung und Wiederaufnahme, die totale Gewalt und die Chancen der Ohnmacht, die Sippenhaft, den *automatic arrest* und die Nürnberger Prozesse erfahren hatten, konnten sich eine Republik schaffen, in der Verfolgte aus anderen Ländern Asyl suchen, konnten die Todesstrafe abschaffen, die Wehrdienstverweigerung und das Recht auf Widerstand (in Hessen) zu Verfassungsgütern erheben, konnten zwischen kollektiver Haftung und kollektiver Schuld unterscheiden.

Die Erlebnisse, Begebenheiten, Stimmungen, die ich jetzt wiedergebe, sind Anlaß zu Fragen, zur Selbstprüfung, zu einer Anstrengung des Nachempfindens und Erklärens. Sie dienen gleichzeitig der Wahrnehmung von Unterschieden und von Grenzen des Verstehens.

Die sieben »inneren Erlebnisse«, denen ich die äußeren zuordne, heißen Frieden, Befreiung, Amerika, Demokratie, die eigene Tradition, Deutschland, Schuld.

## Frieden

Am 8. 5. 1945 war nicht Frieden. Völkerrechtlich gibt es ihn heute noch nicht. Und doch war Frieden das Haupterlebnis, der eigentliche Inhalt dieses Tages oder der Tage, die ihm entsprachen: als die fremde Macht im Osten oder Westen die Autorität des Hitler-Reichs über die einzelnen ablöste. Das war: Ende des Schießens, Ende des Kämpfenmüssens, Ende der Angst um das eigene Leben und – oft heftiger – um das Leben eines geliebten anderen.

Das Bewußtsein derer, die an diesem Tag 5 oder 7 oder 10 Jahre und darüber waren, ist hiervon geprägt. Dieses Erlebnis »Friede« ist anders als das, wofür die Jüngeren heute in ihren politischen Versammlungen und Demonstrationen, in den Parteien und außerparlamentarischen Organisationen streiten: eine bedeutende, nein, lebensnotwendige politische Idee, eine neue Lebensordnung, ein Anspruch auf Vernunft – beispielsweise, wenn es um Libanon, Iran/Irak, Afghanistan, Nicaragua geht. Wir sind mit gegenwärtigen und künftigen Kriegen über die Mattscheibe »vertraut«; der vergangene Krieg wird uns durch ausgiebige Filmserien »nahegebracht«; Kinder haben heute mehr Krieg »gesehen« als manche Veteranen von einst. Ich traue der Einbildungskraft des Menschen viel zu, aber meine Erinnerung straft meine eigenen Fernseherlebnisse Lügen: Wo sind die banalen physischen Grundtatsachen geblieben – die unentrinnbare Kälte an der winterlichen Ostfront, der ständige verzweifelte Kampf gegen die Überwältigung durch Schlaf, die vereiterte Haut, das nasse Brot, das ewige Schleppen von schwerem, eckigem, sperrigem Gerät ... Und vollends die, nennen wir sie, psychischen Tatbestände: die meist völlige Unklarheit über das, was geschieht, das Bewußtsein, daß das Material entscheidet und nicht der Mensch, bei gleichzeitiger unerträglicher Verantwortung. (Als Fahnenjunker-Unteroffizier mit 18 Jahren, ein Milchgesicht ohnegleichen, hatte ich 45jährige Männer in den Kampf zu führen und einen 16jährigen Freiwilligen. Ich nahm ihn zu mir, gleichsam in die Obhut meiner Lebensgewißheit. Beim ersten »Sprung auf, marsch, marsch!« fiel er in das gemeinsame Deckungsloch zurück: Kopfschuß mitten durch die Stirn.) Der Krieg war ein vorwiegend psycho-physisches Geschehen – *das* bestimmte unsere Wahrnehmung des Friedens. Wie andere Vorstellungen muß das ästhetisierte, von intellektueller Analyse und moralischem Kommentar begleitete Fernseh-Ereignis »Krieg« vom ersehnten Frieden hervorbringen!

Dies alles hatte nun ein End' – für die, die nicht in russische Gefangenschaft gerieten. Ein End' hatte vor allem die Befürchtung, in letzter Minute zu einer sinnlosen Kampftat oder zum Wegwerfen des eigenen Lebens gezwungen zu werden. Jeder konnte jeden dazu zwingen. Was immer man tat, konnte von einem anderen als »Verrat« hingestellt werden. In Deutschland wurde »durchgehalten« und »durchgegriffen« bis zur letzten Minute.

Das Frühjahr hatte ich in einer Offiziersschule in Wischau/Mähren verbracht. Am 20. 4., Hitlers Geburtstag, sollten wir, 600 bis 700 Fahnenjunker, zu Leutnants befördert werden. Mehrere

Dutzend tschechischer Schneider und Schuhmacher paßten uns unsere neuen Uniformen und Stiefel an. Wir gaben diesen von unseren knappen Rationen Brot und Wurst, damit sie die Taschen höher setzten, die Röcke kürzer, die Mäntel länger machten. Nächtelang bastelten wir an dem Kniff in unserer Mütze. Allein um der uns nun zustehenden Pistole willen hätten wir wohl eine Heldenschlacht gekämpft. Wir müssen geisteskrank gewesen sein, nachdem wir drei Monate ohne Feind und Kampf gelebt hatten – allein mit unseren aberwitzigen Sandkastenspielen: aus »wehrpsychologischen« Gründen übten wir nur Angriff, obwohl das Heer an allen Fronten seit Jahren zurück ging. Da man in der mährischen Ebene schon den Kampfesdonner wummern hörte, waren wir überzeugt, man werde uns dort als leuchtendes Vorbild für andere Truppen in den Kampf werfen und opfern. Statt dessen wurde die Beförderung um acht Tage auf Ostern vorgezogen. In der folgenden Nacht Verladung in einen Güterzug – als »Führerreserve des Oberkommandos des Heeres«. Es ging nach Berlin.

»Aber das OKH war von dort nach Süddeutschland ausgewichen. Da die Gleise im Stadtkern Berlins zerstört waren, wurden wir in der Nähe des Schlesischen Bahnhofs auf Lastwagen verladen und zu einer anderen offenen Verladestelle im Westen der Stadt gebracht. In der Frankfurter Allee baumelte an jedem zweiten Laternenmast ein desertierter deutscher Soldat – zur Abschreckung. Es ging über Thüringen ins Bayerische, im Güterzugtempo mit vielen Halten. Einige Kameraden sprangen im Dunkeln ab, wenn wir in der Nähe ihres Heimatortes waren.« (Hentig, S. 36)

Man verbarg jetzt nicht mehr, wonach einem der Sinn stand, aber der Bann war nicht gebrochen – der Bann des militärischen Prinzips. Wann geht »Entfernung von der Truppe« in »Überlaufen zum Feind« über? Das hat viele von uns nächtelang auf unseren Strohlagern im rüttelnden Güterzug beschäftigt. Desertieren war mir nicht in den Sinn gekommen, solange ich in einer kämpfenden Front stand und andere rechts und links von mir darauf zählten, daß ich meine Position halte, meinen Auftrag erfülle. Als es keine Front mehr gab, als niemand mehr mit mir rechnete, war das Überlaufen wertlos, kein Akt der Befreiung, kein Signal für andere (wie bei Alfred Andersch in »Kirschen der Freiheit«) – und hätte auch den Krieg nicht um eine Stunde verkürzt. An der Front und unter den allerengsten Kameraden auf der Kriegsschule sprach man nach dem 20. Juli darüber. »Hochverrat ja, Landesverrat nein«, das war die Formel, auf die ich mich mit mir selbst einigte. Ein Mitglied der Verschwörung des 20. Juli wäre ich damals noch gerne gewesen. Ob ich es hätte sein können, werde ich nie wissen.

So weit, so gut. Aber ich hatte auch anderes – Kindisches – im Sinn. Als wir schließlich in Augsburg ausgeladen und nach einiger Umrüstung auf die umliegenden Kommandanturen verteilt werden sollten, hatte ich nicht nur meinen inzwischen lästig gewordenen langen Leutnantsmantel gegen eine praktische Gebirgsjägerwindjacke eingetauscht, ich hatte auch eine Panzerfaust aufgenommen. Von allen Auszeichnungen begehrten wir – neben dem für Infanteristen unerreichbar scheinenden Ritterkreuz – die Nahkampfspange (da mußte man das Weiße im Auge des Gegners gesehen haben!) und das Panzervernichtungsabzeichen am meisten. Die Amerikaner waren mit einer Fülle von Panzern eingerückt, warum sollte ich nicht die »Chance« haben, einen zu »knacken«! Ich versuche mich zu erinnern, ob ich damals irgendeinen Gedanken an die Besatzung des erhofften Panzeropfers verwendet habe. Ich fürchte: nein. – Dies ist einer der inneren Zustände, von denen ich hoffe, daß sie heute kein Mensch mehr versteht.

Zusammen mit einem anderen Leutnant, Hubert Kremser, hatte ich einen Marschbefehl nach Ingolstadt. Es muß am 27. 4. gewesen sein, als wir uns in der Nacht beim Kommandanten meldeten. Vor nichts fürchtete sich dieser mehr als vor zwei unbekannten Jung-Kriegern, die ihn möglicherweise mit vorgehaltener Pistole zum Kampf »bis zur letzten Patrone« zwingen würden. Er stellte uns einen neuen Marschbefehl aus zu einem Dorf, das am anderen Morgen vor unseren Augen in Schutt und Asche gebombt wurde. Wir blieben in Schrobenhausen im Keller eines Bauern, vergruben dort unsere Pistolen und warteten ab. Das Mißtrauen, das die deutsche Volksgemeinschaft zusammengehalten hatte, kollabierte. Weiße Laken hingen aus allen Fenstern des einen Hauses und aus keinem des anderen. Uns aber befiel eine geradezu panische Lust am Überleben. Als wir uns zwei Tage darauf nach *curfew* auf die Straße begaben, um uns gefangennehmen zu lassen, hat mir – anders als Heinrich Böll – das Hochhalten der Hände nicht die geringsten Skrupel bereitet.

Für jeden kam der Friede anders. Hören Sie ein paar andere Zeugen:

*»Feindlüge«*

»Noch immer kommen deutsche Soldaten in Rudeln, in Trupps und paarweise von den Pässen herunter. Als wir den Zillergrund hinaufstiegen, sahen wir im Schnee, links und rechts vom Weg, sonderbare Gebirgsblumen leuchten, in bunt und gold und silber: Epauletten, Kokarden, Tressen und Ordensspangen – Alpenflora 1945. Der Sender Flensburg gab bekannt, Jodl habe die Kapitulationsurkunde unterzeichnet und morgen träte sie in Kraft. Der Sender Böhmen nannte in Schörners Auftrag diese Meldung eine Feindlüge.« (Erich Kästner, in: Glaser, S. 24)

*»Bis zuletzt . . .«*

»8. 5. 45. Artillerie der Atlantik-Festungen bekämpfte feindliche Batterien und Truppenbewegungen. Schwächere Aufklärungsvorstöße des Gegners wurden abgewiesen. In Norwegen verlief der Tag ruhig. In Kroatien haben unsere Truppen die Linie Coprivnica Slunj nach Westen überschritten.

Während die Sowjets im Südabschnitt der Ostfront weiterhin verhalten, sind amerikanische Verbände aus dem Raum Linz im Vorgehen nach Osten.

In Mähren nehmen die heftigen Abwehrkämpfe südöstlich Brünn und im Großraum Olmütz ihren Fortgang. Die Städte Olmütz und Sternberg gingen verloren. Amerikanische Abteilungen erreichten Bernau. Auf der Frischen Nehrung hat sich die Lage trotz anhaltender starker Angriffe des Feindes nicht verändert.

In Kurland beschränkten sich die Sowjets auch gestern auf örtliche Vorstöße.

9. 5. 45. In Ostpreußen haben deutsche Divisionen noch gestern die Weichselmündung und den Westteil der Frischen Nehrung bis zuletzt tapfer verteidigt . . . Dem Oberbefehlshaber, General der Panzertruppe von Saucken, wurden als Anerkennung für die vorbildliche Haltung seiner Soldaten die Brillanten zum Eichenlaub mit Schwertern zum Ritterkreuz des Eisernen Kreuzes verliehen.

Als vorgeschobenes Bollwerk fesselten unsere Armeen in Kurland unter dem bewährten Oberbefehl des Generaloberst Hilpert monatelang überlegene sowjetische Schützen- und Panzerverbände und erwarben sich in sechs großen Schlachten unvergänglichen Ruhm. Wir haben jede vorzeitige Übergabe abgelehnt. In voller Ordnung wurden mit den nach Westen noch ausfliegenden Flugzeugen nur Versehrte und Väter zahlreicher Kinder abtransportiert. Die Stäbe und Offiziere blieben bei ihren Truppen. Um Mitternacht wurden von deutscher Seite den unterzeichneten Bedingungen entsprechend der Kampf und jede Bewegung eingestellt . . .

Fern der Heimat haben die Verteidiger der Atlantik-Stützpunkte, unsere Truppen in Norwegen und die Besatzungen der Ägäischen Inseln in Gehorsam und Disziplin die Waffenehre des deutschen Soldaten gewahrt.

Seit Mitternacht schweigen nun an allen Fronten die Waffen. Auf Befehl des Großadmirals hat die Wehrmacht den aussichtslos gewordenen Kampf eingestellt. Damit ist das fast sechsjährige heldenhafte Ringen zu Ende. Es hat uns große Siege, aber auch schwere Niederlagen gebracht. Die deutsche Wehrmacht ist am Ende einer gewaltigen Übermacht ehrenvoll unterlegen . . .

Die Wehrmacht gedenkt in dieser schweren Stunde ihrer vor dem Feind gebliebenen Kameraden.

Die Toten verpflichten zu bedingungsloser Treue, zu Gehorsam und Disziplin gegenüber dem aus zahlreichen Wunden blutenden Vaterland.« (Bericht des Oberkommandos der Wehrmacht)

*»Sieg?«*

»Ich habe mir die Nachtschicht gewählt, meine jungen Reporter zu den Siegesfeiern in den Straßen New Yorks gehen lassen und bin mit meinem Schreibheft allein in dem Abhörraum des Newsroom. Es ist gut, heute allein zu sein. Das also liegt hinter uns . . . Zwölf Jahre, die die Verbrechen von tausend Jahren angehäuft haben . . . Von irgendwo her wird Beethovens Fünfte gesendet. Die Hymne des Sieges? Es gibt keinen Sieg, es gibt am Ende dieses Krieges nur Besiegte.« (Alfred Kantorowicz, in: Glaser, S. 25)

*»Angestoßen auf das freundliche Schicksal«*

»(Danach) . . . verlassen wir endgültig den Keller und beschließen, unsere gnädige Bewahrung mit einem gemeinschaftlichen Kaffee zu feiern. Rosts Ofen wird angesteckt und Wasser darauf zum Kochen gebracht. Das beste Geschirr aus dem Schrank wird aufgesetzt. Jeder schleppt etwas herbei. Rosts stiften Honigkuchen, Vogts Eierkuchen und Kaffee und Evers Weinbrand. Zu acht Mann hoch sitzen wir um unseren Eßtisch. Es wird angestoßen auf das freundliche Schicksal, welches uns vergönnt, jetzt heil und gesund in dem noch erhaltenen Haus zu sitzen.« (Hannah Vogt, in: Göttingen 1945, S. 61)

*»In einer Art Taubheit«*

»Seit Wochen von Gerüchten lebend – denn Zeitungen gab es nicht mehr, und welchem Rundfunksender sollte man glauben? – befanden wir uns in einer Art Taubheit der Außenwelt gegenüber, auf alles Ungeheuerliche gefaßt, aber auch wieder kaum erleichtert, wenn es nicht eintrat. Heute erscheint es mir unbegreiflich, daß die tägliche Nahrungssuche alle Anteilnahme an den Ereignissen verschlang. Aber es war so. Nachdem ich die Amerikaner gesehen hatte, widmete ich mich, als sei nichts geschehen, aufs neue dem Kohl auf meinem Acker, ärgerlich über die Raupen, die sich an ihm gütlich taten. Am 9. Mai, 0.01 Uhr, war der Krieg beendet.« (Vilma Sturm, S. 181)

*»Cherchez la femme«*

»Aus unserem Dorf kamen Bauern angelaufen. ›Die Franzosen sind im Dorf‹, berichteten sie. ›Sie schlagen die Türen ein und gehen in alle Häuser. Die Feldscheuer vom Hof brennt. Es sind fremde Kerle, dunkelbraun, und man versteht kein einziges Wort. ›Sie suchet die Weiber‹, sagten sie. Es sei ganz egal, wie alt. Sie nähmen alle her . . . Als ich von der brennenden Feldscheuer hörte und niemand Anstalten machte, sie zu löschen, dachte ich, daß sie alle feige wären. Sie ließen es im Hof einfach brennen und hatten nur Angst. Ich schlich mich hinaus und rannte den Gleisen entlang quer über die Felder zum Dorf hin. Es war stockdunkel . . . Aber im Baumstück von Hermann Schneider, dort, wo es an die Straße grenzte, kam ich nicht weiter. Dort zogen im Dunkeln Truppen mit Wagen . . . Vom Dorf her hörte ich Schreie von Frauen und das Schlagen von Gewehrkolben an Türen . . . Das Löschen vergaß ich. Ich lag im Dunkeln unter den Bäumen, und dann kroch ich zurück . . . Im Bunker hatte man mich bereits vermißt. ›Wo warst du?‹ fragte meine Mutter aufgebracht. Und als ich sagte, ich sei bis zur Straße gekommen, da holte sie aus und gab mir eine schallende Ohrfeige. ›Die hast du wirklich verdient‹, meinte mein Vater dazu. Dann wurde Joseph geholt, der den Polen immer die Haare schnitt. Meine langen lockigen Haare wurden so kurz wie Streichhölzer geschnitten.« (Wendelgard von Staden, S. 113 f.)

*»Geh wieder an deine Arbeit«*

»Dann hörten wir fremde Stimmen und Rufe. Ein Mann in Khaki-Uniform und mit einer olivfarbenen Maschinenpistole im Arm betrat den Hof. Bogdan verließ die Schweineküche; vergaß, die Tür hinter sich zu schließen, eilte auf den Soldaten zu. Sie umarmten sich und redeten miteinander, schüttelten sich lange die Hände.

Komm vom Fenster weg, rief meine Mutter. Inge preßte sich an ihre Mutter und weinte. Der Bauer hatte dem Geschehen auf seinem Hof den Rücken zugekehrt. Er wollte nichts damit zu tun haben. Ob er nun umgelegt werde oder nicht, sagte er, er ließe sich überraschen.

Der Amerikaner ging vom Hof. Bogdan kam zurück. Ein Pole, sagte er. Viele Polen hier in Ami-Armee.

Das kann ja heiter werden!, sagte der Bauer. Was hat er sonst noch gesagt? Bogdan erwiderte nach einer Pause: Geh wieder an deine Arbeit, hat er gesagt.

Wir warteten noch eine Viertelstunde. Dann wagten wir uns zur Straße . . . Sie war leer. Die Amerikaner waren weitergezogen. War das alles? fragten wir uns. Sind wir jetzt erobert? Sieht so ein Kriegsschluß aus?

Das dicke Ende kommt noch, sagte meine Mutter, so ungeschoren lassen die uns nicht davon. Der Bauer sagte: Es muß trotzdem gehäckselt werden. Er kann die Pferde nicht verhungern lassen. Los, Bogdan, an die Arbeit.« (Ziem, S. 121)

*»Oh, Gott, unsere Hilfe . . .«*

»Am 8. und 9. Mai feierten wir den ›Tag des Sieges in Europa‹, das heißt feiern und lärmen und sich auf den Straßen tummeln und tanzen, das taten die Jungen, die Studenten in Oxford und die Volksmenge in Londons Trafalgar Square, wo ein großes Feuerwerk aufstieg. In Oxford war St. Mary's Cathedral den ganzen

Tag überfüllt ... Alle Oxforder Kirchen hielten Dankgottesdienste ab, und die Studenten nahmen in ihren College-Kapellen teil.

In London war der Andrang zu allen Kirchen so außergewöhnlich stark, daß den ganzen Tag über in St. Paul's Cathedral und in Westminster Abbey Gottesdienste stattfanden. Zu jeder Stunde strömten die Menschen, die vor den Kirchenportalen ohne Ungeduld in langen Reihen gewartet hatten, hinein. Die Mitglieder des House of Lords kamen zur Abbey, des House of Commons zur St. Margaret's Church. Die Stimmen der 600 Männer, die England regierten, sollen beinahe das Dach gesprengt haben, als sie das Lied: ›O Gott, unsere Hilfe in vergangenen Zeiten, unsere Hoffnung in künftigen Jahren‹ sangen. In der Kathedrale von Canterbury standen 5000 Menschen Schulter an Schulter. In Exeter sollen die Dankgottesdienste bis Mitternacht fortgedauert haben. Die Kathedrale wurde beleuchtet, und viele Menschen mußten draußen, auf dem Grase sitzend, mitsingen und mitbeten. Die großen Fabriken Nordenglands entließen ihre Arbeiter, um sie in die Kirchen gehen zu lassen.« (Sabine Leibholz-Bonhoeffer, S. 212 f.)

*»Heißhunger«*

»Kirchhorst, 6. Mai 1945. Die Straßen sind weiterhin von den Insassen der Konzentrationslager erfüllt ... Am Morgen kamen sechs Juden auf den Hof, die man aus Belsen befreit hatte. Der jüngste war elf Jahre alt. Mit dem Erstaunen, dem Heißhunger eines Kindes, das nie dergleichen gesehen hat, schaute er sich Bilderbücher an.« (Ernst Jürgen, in: Glaser, S. 23)

Das Ende des Krieges war nicht für alle Frieden. Vergewaltigung, Plünderung, Vertreibung, Verschleppung, Gefangenschaft fingen für viele erst an. Darüber müssen die davon Betroffenen berichten. Ich fürchte, für sie hat das Wort »Frieden« nie den Klang bekommen wie für uns, für die es vom ersten Augenblick an mit »Befreiung« vermischt war. Die Erleichterung über das Ende des Nazispuks überlagerte die Erleichterung über das Aufhören der Luftangriffe, der Schießerei, der unmittelbaren Lebensangst.

Wie bescheiden sind die Elemente dieses »inneren Erlebnisses«, das ich Frieden nenne – und wie unendlich mächtiger als jeder deduzierte Begriff.

Auch hier wird dem, der sich an die größte Befreiung seines Lebens, eben an den 8. Mai 1945, erinnert, unheimlich bewußt, mit wie wenig Freiheit anfängt, Freiheit zu sein. Die Freiheit richtet sich nach der überwundenen Unfreiheit.

Für viele begann sie damals mit dem Transport in ein Gefangenenlager. So auch bei mir.

Schon die Gefangennahme vollzog sich unter freier Berufung auf meine Rechte. Als die amerikanischen Soldaten mich – nein, nicht nach Waffen, sondern – nach Uhren (watches!) abtasteten, wehrte ich mich mit Haager Landkriegsordnung, Genfer Konvention und meinem besten Englisch. Das löste zwar nur die höhnische Gegenrechnung aus: What about Dachau, Bergen-Belsen, Auschwitz!? – von denen ich doch wenigstens Dachau kannte. Die Namen für Unmenschlichkeit und Unrecht löschten auf der Stelle jedes Ansinnen auf Gerechtigkeit und Menschlichkeit aus, nicht aber das Anrecht. Eine Minute später kam ein amerikanischer Leutnant vorbei, entschuldigte sich für seine Soldaten, verwandelte die Durchsuchung in das, was sie sein sollte, verkürzte mein Taschenmesser auf die vorgeschriebene Länge einer doppelten Fingerbreite, lud uns in seinen Jeep und brachte uns zur Sammelstelle.

Befreiung verlangt immer auch Einsicht in die mögliche Freiheit und tritt da nicht ein, wo man die unmögliche will. Es *wirkte* wie Freiheit, daß wir keinen Marschbefehl hatten, keinen unsinnigen Auftrag in der Tasche trugen, unbesorgt mit aufgeknöpftem Kragen umhergehen konnten. (Am 23. November 1944 hatte ich als Urlauber die Zerbombung des Elternhauses miterlebt und verließ das Berliner Inferno ohne Koppel und Seitengewehr: die waren in der Wohnung verbrannt. Nie bin ich so oft so mutwillig und gründlich gedemütigt worden wie auf der 14stündigen Rückreise nach Ostpreußen durch Feldgendarmen und Vorgesetzte, weil ich da »halbnackt« herumlief!) Das Gefangenenlager – es beherbergte eine Viertelmillion Soldaten, in Gevierte (stockades) von je tausend Mann eingeteilt – war: lehmiger Acker, ständige Appelle, Enge, Streit, Gerüchte, Hunger. (Wir bekamen Essen vom gleichen Kaloriengehalt wie die Bevölkerung, aber eben in harter amerikanische Proviant-Währung, also wenig.) – Diese

Beschränkungen und Mängel hoben nur *die* Freiheit hervor, die uns entscheidend gefehlt hatte: die Freiheit der Rede, die Freiheit des Gesprächs, des Widerstreits, des Alleingangs. Ich verfiel in einen Rausch des Diskutierens, Lernens und Lesens – und ich, weiß Gott, nicht allein! Nie wieder habe ich mich in meinem Leben geistig so ausgelebt, nein, ausgetobt wie in den Lager-Universitäten von Böhl-Iggelheim und Heilbronn. Für anderes hatten wir nicht zu sorgen, konnten wir nicht sorgen. Und wir hatten Zeit, Zeit ohne irgendein absehbares Ende. Ich habe dort nicht nur mein späteres Studium, das der Alten Sprachen, aufgenommen, ich habe sokratisch gelebt. Freiheit, so sagten die Alten und so lebten wir hier, ist Unabhängigkeit von Bedürfnissen, hohe Ansprüche im Geist, geringe im materiellen, *plain living, high thinking*.

Da waren nicht alle gleich gut dran. Der Frontsoldat, feldmarschmäßig ausgerüstet, konnte sich auf dem lehmigen Acker gleichwohl noch ein Zelt bauen. Der Zahlmeister saß ängstlich und einsam auf seinen Zigarrenkisten, die er auch so nicht ganz vor dem Regen schützen konnte, und vor allem geheimhalten mußte. Er sah gar nicht »frei« aus! Frei auch nicht die, die bis zum Bauch in den Mülltonnen hingen, um Speisereste und Kaffeesatz zu finden; frei auch nicht die, die rauchen mußten und erst das Laub von den paar Birnbäumen, dann deren Rinde und schließlich abgekratzte Stücke Holz in ihre Pfeifen stopften; frei gewiß auch nicht die, die ihr Ritterkreuz über den Zaun warfen, um von den Wachsoldaten einen Zigarettenstummel dafür zurückzubekommen. Zur Freiheit gehörte für mich auch dies: Neid, Mißtrauen, Haß zu überwinden. Ich teilte – bei wem werde ich heute dafür Verständnis finden? – meine Zeltplane mit einem von Goebbels' intelligentesten Journalisten, Hans Schwarz van Berk, der sich früher öffentlich mit meinem Vater gestritten hatte und sich mir hinter seinem falschen Namen offenbarte; ich teilte Sonderrationen, die ich für gelegentliches Dolmetschen bekam, mit denen, die mir am hilflosesten und bedürftigsten aussahen.

Woher all die Freiheit der Seele? Das tägliche Bewußtsein »Wir sind noch einmal davongekommen« nicht nur physisch, sondern ich zu meinem Teil auch geistig und moralisch; der unerhörte Reichtum an Ideen und Kenntnissen, den man hier auf »offenem Markt« gratis angeboten bekam; das Bewußtsein von deren Kostbarkeit (mit einem sorgfältig gespitzten Bleistift schrieb ich ein leeres Oktavheft mit Rilkes »Stundenbuch« voll, das ich mir auf der Bücherbörse gegen zwei amerikanische Romane auf Zeit eingetauscht hatte, überzeugt, Bücher werde es für uns in den nächsten zehn Jahren nicht geben); die Freude an dem unglaublich schönen Sommer, den der liebe Gott uns in diesem sonst so finsteren Jahr geschenkt hatte – das waren Zugaben ursprünglicher Freiheit zur geschenkten Befreiung. Wer von den jungen Menschen, die das Wort heute bei uns gebrauchen, hätte diesen köstlichen Geschmack dabei?

Im September wurden wir aufgerufen, freiwillig am Wiederaufbau französischer Städte mitzuarbeiten. Ich meldete mich mit etwa 20 anderen – unter den Buhrufen des übrigen Lagers – zu dieser mir sinnvoll und alles andere als ehrenrührig erscheinenden Aufgabe und wurde nach einem langen Tag unverständlich umständlicher Befragung vor den Toren des Lagers nach Hause entlassen: das Ganze war nur ein Test.

Befreit wurde am 8. Mai nur, wer sich nach Freiheit gesehnt hatte, und diese Sehnsucht war nicht geographisch verteilt; Befreiung war also auch dort, wo die Sowjet-Armee den Nazismus beseitigte. Befreiung wurde es auch für den, der das Richtige ersehnt hatte, der unter der falschen, menschenfeindlichen Idee und an den in ihr böse gewordenen Menschen litt, nicht nur unter dem äußeren Zwang und also den Folgen. Die gingen ja auch jetzt weiter. Befreiung schließlich – wie Frieden – war sehr verschieden: die einen wurden aus KZ's befreit und andere nur von sich selbst, von ihrer elenden Mitläufer-Rolle, aus der sie ohne äußere Hilfe nicht herauskamen; die Kriegsgefangenen aus Frankreich, England, Holland und Belgien erwartete eine andere Freiheit als die Gefangenen und Verschleppten aus Sowjet-Rußland und Polen. Im letzten Teil des Fernsehfilms »Die Deutschen im Zweiten Weltkrieg« berichtet einer von Befreiten aus dem KZ Mauthausen, die in ihrer glücklichsten Stunde tot umfielen. In den zwei Monaten danach starben noch über 2000 der dort Befreiten!

Befreiung läßt sich nicht summieren und kollektivieren. Es hat keinen Zweck, denen, die sich nicht befreit fühlen, zu sagen »Ihr seid befreit«, weil es der statistischen Mehrheit entspricht. Gleichwohl sage ich den Satz: Deutschland ist nie in seiner Geschichte so wahrhaft, so spürbar, so notwendig befreit worden wie am 8. Mai 1945.

## Amerika

In den letzten Jahren konnte man in Deutschland immer wieder hören: Diese oder jene Politik – meist ging es um Bündnisprobleme, Aufrüstung, Mittelamerika oder einfach auch nur den Regierungsstil des gegenwärtigen amerikanischen Präsidenten – schüre Anti-Amerikanismus. Unter »Anti-Amerikanismus« verstehe ich, wie unter »Anti-Semitismus«, ein Ressentiment, eine unaufgeklärte, sich an sich selbst nährende Feindseligkeit, ein kollektives Vorurteil zur Vereinfachung und Verstärkung der eigenen politischen Wirkung. Ich habe mich stets dagegen gewehrt, daß man Kritik an der Politik der amerikanischen Regierung mit diesem herabsetzenden Wort belegt. Aber im Gespräch mit jungen Leuten spüre auch ich spontanes Mißtrauen, wenn ich Gutes über Amerika sage; ja, die ältere, eben meine Generation muß auf der Hut sein, daß ihr positives Vorurteil gegenüber Amerika nicht das negative Vorurteil der jüngeren Menschen hervorbringt. Gerade weil die heutige Jugend in so hohem Maße von Amerika und dessen *way of life* geprägt ist, wird sie die Faszination – und Dankbarkeit –, die wir 1945 und danach gegenüber den Amerikanern empfunden haben, nur schwer verstehen. Ich beschreibe hier nicht die Amerikaner, ich beschreibe unsere Faszination: durch ihren Reichtum, ihre Großzügigkeit, ihre Kindlichkeit, ihre Lässigkeit (informality), ihre Spontaneität, die sie nicht nur menschenfreundliche, sondern auch rohe Taten begehen ließ und diese zugleich wieder erträglich machte. Es fiel buchstäblich viel für uns ab: Lebensmittel, Bücher (in Millionen von Feldpostausgaben, die sie herumliegen ließen), wirksame Hilfe einzelner. Es war spürbar, daß sie uns Deutsche (anders als die Japaner) nicht haßten, daß ihnen Rache fern lag, daß Härten, die sie uns antaten, zu ihrem missionarischen Programm gehörten. Ja, die Amerikaner mußten sich gegen ihre eigene Gutartigkeit schützen: mit Non-fraternization-Gesetzen, mit Off-limits-Schildern, mit systematischer Verbrennung der Lebensmittelreste aus ihren Kantinen. Sie liebten auch das Land, das sie erobert hatten, den Vorgarten Gottes Bayern; sie wollten genießen; »a beer for you and for me«, sagte einer, solle der Bauer machen, bei dem wir in der Hopfenernte arbeiteten. Sie begannen ihre ebenso eindrucksvolle wie ungeschickte *re-education* nach dem Muster ihrer *township-*

Demokratie: Die Gemeinden mußten Bürgermeister wählen (also Rechte und Pflichten wahrnehmen, die sie entweder nie kennengelernt oder gründlich vergessen hatten); sie richteten alsbald Amerika-Häuser ein; sie beglückten uns vor allem durch amerikanische Filme, die in einem heute unvorstellbaren Gegensatz zu dem standen, was wir zu sehen gewohnt waren: »Destry rides again« gegen »Kolberg«; Helden, die »Helden« sind, weil sie sich von der Gemeinschaft losreißen, gegenüber Helden, die »Helden« sind, weil sie sich der Gemeinschaft opfern; ein Leben, in dem Freiheit ein Risiko und Risiko einen Lustgewinn bedeutet, gegenüber einem Leben, in dem Unterordnung gefordert und Freiheit eine Kantsche moralische Pflicht ist.

Wenn ich heute bei jungen Menschen ein Bedürfnis wahrnehme, Amerika zu verdächtigen und alle Amerikaner mit ihm, wenn sie mich wegen meiner freundlichen Gefühle gegenüber Amerika aus jenen ersten Nachkriegsjahren als Beweis heranziehen, daß ich einer raffinierten Strategie des amerikanischen Kultur-Imperialismus erlegen sei, dann sehe ich darin auch eine Folge des ererbten und plump weiter genährten Anti-Bolschewismus. Die Russen fürchtete man: erstens, weil man wußte, was man ihnen angetan hatte – einen Ausrottungskrieg; zweitens, weil man sie als primitiv verachtete – als ein eher Asien als Europa zuzuzählendes und obendrein unzivilisiertes Volk. Nach Jahren und insbesondere in einer folgenden Generation, die keine Anschauung von dem einen und keinen Abstand mehr zum anderen hat, kehren sich die Fronten dann leicht um. Am 8. Mai 1945 schrieb Wolfgang Paul in sein Tagebuch:

»Klarer Himmel, herrliche Sonne . . . Der Stab tritt an. Der Hauptfeldwebel richtet, wie immer, aus. Meldung vom Chef des Stabes. Der sagt nur: ›Bedingungslose Kapitulation. Das einzige, was ich für euch noch tun kann, ist, euch baldigst in den Böhmerwald zu schicken. Dort ist der Amerikaner. Es ist aus. Stillgestanden. Weggetreten.‹« (Glaser, S. 25)

Bei Jochen Ziem ist nicht nur der Pole Bogdan über die Amerikaner glücklich, sondern auch die Bäuerin:

»Mit den Amis hat man einen richtig guten Fang gemacht; ein besserer Tausch, als die Amis gegen die Nazis auszuwechseln, konnte einem gar nicht passieren.«

Care-Pakete bekam ich nicht, aber als Student täglich einen

Schlag süßen Haferbrei. Was diesen vor allem würzte, war, daß er von amerikanischen Brethren und Mennoniten kam, die als überzeugte Pazifisten während des Krieges im Gefängnis gesessen hatten. Nun speisten sie den Feind. Amerika – was für ein Land!

1948 habe ich, von Bielefeld nach Lippstadt anhalternd, ein Stipendium an ein amerikanisches College »aufgelesen«. Dort hat sich meine Erfahrung mit und Kenntnis von Amerikanern weitere fünf Jahre lang vertieft. Ich habe dabei drei Dinge gelernt, von denen ich nicht sicher bin, ob ich sie irgendwo anders so hätte lernen können: Demokratie als Lebensform, Wissenschaft als Mittel der gesellschaftlichen Aufklärung und Friede als moralisches Problem der Politik.

## Demokratie

Weit davon entfernt, Demokratie als Lebensform zu kennen, wußten wir jungen Menschen 1945 auch so gut wie nichts von der Staatsform Demokratie. Wir Gymnasiasten hatten zwar die antike *polis* kennengelernt und dabei neben der Spartanischen Oligarchie auch die Solonisch-Kleisthenische Demokratie; im Geschichtsunterricht waren uns Rousseau und die Französische Revolution, das englische Parlament und die amerikanische Unabhängigkeit vorgeführt worden; aber von einer gegenwärtigen demokratischen Republik hatte man uns nur ein groteskes Zerrbild gegeben – von der Weimarer »Systemzeit«, in der Politik als Regelung des Gemeinwohls nicht habe gedeihen können.

In einem Gedankenspiel mit dem Thema »Welches sind die idealen Voraussetzungen für die Gründung einer Demokratie?« könnte einem intelligenten Menschen möglicherweise nichts Besseres einfallen, als die zu nennen, die der 8. Mai 1945 uns Deutschen bot: eine institutionelle *tabula rasa*, die totale Niederlage des Obrigkeitsstaates und des Führerprinzips und die Rivalität von Mächten und Ideologien, die je ihre Form von Demokratie für die bessere halten. In der Wirklichkeit wich dies anderen Tatsachen: Regieren, auch Selbstverwaltung, hieß in den ersten Jahren Verteilen von Mangel, und das gerade erfüllten Interessengruppen, Rede- und Abstimmungsmehrheiten, nach Parteiverdienst eingesetzte Funktionäre nicht besser als die alten Aufsichtsbürokratien und sachkundige Lebenszeitbeamte. In einer zweiten Phase wurde die Demokratie zum Schutzschild eines radikalen Wirtschaftsliberalismus, der zwar allen zugute kam, aber auch große Chancenungleichheit schuf; Demokratie hieß fortan Reichtum, und dieser diente dazu, andere Systeme ins Unrecht zu setzen.

1985 feiere ich darum auch nicht jene Zeiten und Umstände, sondern die in langen, in 40 Jahren getane unscheinbare politische Arbeit mitsamt den Rückschlägen, den Krisen und Wenden, die die Demokratie vor allem dadurch gefestigt haben, daß sie sie zur Gewohnheit, zum Alltag werden ließen. Wir loben die »alten Demokratien« nicht zuletzt, weil sie nicht »jung«, nicht hitzig und erregbar, sondern gelassen sind: sich auch von ihren Profumos und Watergates nicht aus dem Tritt bringen lassen.

## Die eigene Tradition

Ich kann die Erinnerung an das Erwachen meiner Liebe zu Amerika, zur Demokratie und zu der durch beide für mich geleisteten Befreiung hier nicht verabschieden, ohne einen Blick auf den Preußen und, sofern sich das nicht ausschließt, das Bürgerkind zu tun, die in mir das Jahr 1945 überlebt haben. Ein Preuße ißt auf, was auf dem Teller liegt. Das tut kein Amerikaner! – Mit Preußentum meine ich Ordnungsliebe, Gemeinsinn, Selbstbeherrschung oder auch Disziplin, den Verzicht auf Extravaganz, auf grelle Farben, auf äußeren Aufwand. Ob ich diese Forderungen selbst erfülle, ist hier nicht wichtig; wichtig ist, daß ich sie mir stelle.

Preußentum, das ist vor allem Tapferkeit; sie steckt in allen anderen preußischen Tugenden drin. Sie in erster Linie hatte mein Vater mir vorgelebt. Tapferkeit ist nicht Abwesenheit von Angst, sondern deren Überwindung: die schwere und gefahrenreiche Sache tun, auch wenn man weiß, daß sie einen pragmatischen Sinn nicht mehr hat, sondern nur noch einen ideellen. So hatte mein Vater uns zu Beginn des Krieges sein Urteil über diesen zugemutet: daß uns nichts Schlimmeres passieren könne, als daß wir ihn gewinnen. Das ist eine ganz und gar unamerikanische Denkweise.

An der Front fand diese unpragmatische Auffassung pragmatische Bestätigung. Die erste Erfahrung der Soldaten da draußen ist: wieviel Eisen herumfliegt und niemanden trifft. Die Angst vor dem Feinde war bald relativiert. Die Angst vor dem eigenen Versagen, vor Bezeugungen der Feigheit, vor Blamage, vor dem Verlust der Achtung der anderen nahm zu. Anhaltend um mein Leben habe ich nur im Luftschutzkeller in Berlin, tief in der Heimat, gebangt. (Auch an den Gedanken, verwundet zu werden, gewöhnte man sich. Es blieb die Hoffnung, man werde nicht am Kopf oder an den Genitalien verletzt, nicht schmerzhaft und nicht verstümmelnd.) Das Soldatensein machte für den, der darüber nachdachte, bewußt, wieviel mehr Tapferkeit zum Bürgersein gehört! Jedenfalls ist die Soldatenmoral einfacher:

Wer fällt, der bleibet liegen,
Wer steht, der kann noch siegen,
Wer übrigbleibt, hat recht,
Und wer entflieht, ist schlecht.

Im April 1945 hatte ich auf der Offiziersschule in Wischau eine, ich glaube, »Appell« genannte kurze Feier am Sonntagvormittag auszurichten. Das widerfuhr mir als dem nicht redescheuen Intellektuellen wiederholt. Ich wählte Themen, an denen ich selbst zu beißen hatte, und die zugleich ein politisches und moralisches Risiko bargen, zum Beispiel »Liberalismus oder Führerprinzip«. (Für beide hatte ich nichts übrig!) Diesmal wählte ich »Die Ehre des Offiziers« und stellte eine Reihe von Dilemmata vor, in die der Offizier gerät – den Konflikt zwischen einem von ihm in freier Verfügung gegebenen Wort und einem von ihm in Unfreiheit erhaltenen Befehl, oder den Konflikt zwischen dem ihm gebotenen Anstand und der von ihm geforderten notwendigen, aber unmenschlichen Kriegstat. Alles lief darauf hinaus, daß die Form allein nichts rettet, daß man also darauf gefaßt sein muß, an diesem Konflikt zu zerbrechen. Wer das vorher weiß, findet vielleicht einen freiwilligen Ausweg. Dazu erzählte ich das – ich weiß nicht von wem stammende – »Königsduell«:

Der noch junge Friedrich II. von Preußen geht wie allmorgendlich auf das Exerzierfeld vor dem königlichen Schloß und mustert die militärischen Übungen. Einem jungen Leutnant, der seinen Zug rechts schwenken läßt, gerät dieser in Unordnung; er wiederholt unter den Augen des ungeduldigen Königs das Befohlene; die

Bewegung gelingt wieder nicht. Der Leutnant macht dem König Meldung. Der König im Zorn gibt ihm eine Ohrfeige. Darauf tritt der Leutnant fünf Schritt zurück und sagt: »Euer Majestät haben meine Ehre verletzt. Zu ihrer Wiederherstellung fordere ich Euer Majestät zum Duell. Mir als dem Beleidigten steht es zu, die Bedingungen zu nennen: Pistolen und auf zehn Schritt. Mir als dem Beleidigten steht der erste Schuß zu.« Er zieht seine Pistole, richtet sie kurz auf den König und schießt dann senkrecht in die Luft. »Ich habe Euer Majestät leider verfehlt. Da Euer Majestät keine Waffe haben, bitte ich, für Euer Majestät schießen zu dürfen.« Er richtet seine Pistole auf sich selbst und erschießt sich.

Dies ist ein No-Spiel, altes japanisches Theater, werden Sie sagen. Aber wer ein so furchtbares Handwerk wie das des Soldaten ausübt, kommt nicht mit der Moral von Straßenbahnschaffnern, nicht mit dem Gestus von Tanzmeistern aus. Als ich im Jahr 1945 in Göttingen mein Studium begann, fand ich, mühsam genug, ein Zimmer in der Schillerstraße 28. Im Nebenzimmer wohnte Axel Freiherr von dem Bussche, jener Offizier, der für ein anderes Duell bestimmt war: sich zusammen mit dem eidbrüchig gewordenen Führer durch eine Bombe in die Luft zu jagen. Für beide Attentate braucht man etwas anderes, als uns die besten unter unseren Siegern lehren konnten. Jeder gebe ihm den Namen, den er für richtig hält. Ich nenne es Preußentum.

## Deutschland

Erst als ich den voraufgehenden Absatz geschrieben hatte, kam mir die Notwendigkeit in den Sinn, auch über Deutschland zu reden und das, was der 8. Mai dafür bedeutet.

Deutschland war aus einer geschichtlichen Ordnungsidee zu einem bloßen Gebiet geworden – scheinbar über Nacht. Wir haben damals keine Gedanken darauf verschwendet. Das Wort »Untergang Deutschlands« überschattete die Realität, die »Teilung Deutschlands« hieß. Diese war vollzogen, bevor sie uns bewußt wurde. Grenzgang war eine neue Lebensform geworden: Ausnutzung und Überwindung der Teilung – das war fast dasselbe.

Aus der Vierteilung wurde eine Zweiteilung. An sie haben wir uns gewöhnt, ich denke: früher, als die rhetorischen Befunde erkennen lassen. Die durch unser Grundgesetz gebotene »Wiedervereinigung« ist, dies behaupte ich, allen, die das Wort gebrauchen oder nicht gebrauchen, unvorstellbar. Wenn ein Jungschlesier in seiner Verbandszeitschrift sich ausdenkt, wie westdeutsche, gar NATO-Einheiten bis zur Oder-Neiße-Linie vordringen und diese überschreiten, um die Grenzen von 1937 wieder einzunehmen, dann hat er vermutlich einen Wunsch preisgegeben, *möglicherweise* aber auch nur die Unfähigkeit, etwas *anderes* zu denken. Und diese Verlegenheit teilen wir mit ihm.

Und so ist es nicht abwegig, wenn Jobst Siedler sagt, die Geschichte werde sich der Ereignisse von 1945 nicht erinnern, weil eine der europäischen Nationen ihre staatliche Ordnung verloren habe, sondern weil Rußland nun nicht mehr hinter Dnjepr und Düna beginne, sondern hinter der Elbe. Jobst Siedlers Bewertung Rußlands als der »asiatischen Gegenmacht« muß man nicht teilen, wenn man die Tragweite dieser Veränderung bestätigt.

Wenn das so ist, hat Alfred Dregger die 40 Jahre, seit er Schlesien »bis zur letzten Patrone« verteidigt hat, schlecht genutzt. Nicht, was er damals tat, sondern daß er es heute als geschichtliche Notwendigkeit deutet, ist eine pathetische Plattheit und der öffentlichen Erregung nicht wert. Auseinandersetzung dagegen fordert seine Weigerung, den Sieg der Alliierten zu feiern, weil er auch ein Sieg der Sowjetmacht ist. Entweder man stellt sich auf den Standpunkt, daß der Sieger seine Siege allein feiern solle (das hat einige Vernunft), oder man erkennt an, daß der Sieg über *Hitler* dem Besiegten Gutes gebracht hat – dann auch mit den Sowjets. Ja, diesen ist der größere Teil des Sieges zu verdanken, wie sie denn auch den größeren Teil der Verluste getragen haben. Im übrigen kann ich nicht verstehen, warum man dem deutschen Vertreter in Ost-Berlin verbietet, worum man den amerikanischen Präsidenten ausdrücklich bittet: Versöhnung der Völker zu bezeigen – ganz gleich, was ihre Regierungen vorher Böses getan haben.

## Schuld

Hier müßte die Verführung des Nationalsozialismus für junge Menschen geschildert werden. Diese blieben, da man ihnen verwehrt hatte, zur rechten Zeit Kind zu sein, noch lange ins Mannesalter hinein in ihrer Pubertät stecken. Sie folgten jedem, der sie für eine hohe, meist unverstandene Aufgabe zu brauchen behauptete und sie der trost- und bewährungslosen Banalität ihres Schülerdaseins entriß. Alles, was ich gegen dieses Hitler-Junge-Quex-Syndrom aufgebracht habe, verdanke ich meinem Vater, meinem humanistischen Gymnasium und seinen Lehrern, einigen älteren Freunden und Freundinnen.

1945 waren diese Verführung, aber auch die Bewährungschancen vorbei. Es begann das Nachdenken: »Hättest du . . .«

Zwei Jahre zuvor war ich in der Grundausbildung mit meiner Ausbildungskompanie in Slobodka in der Nähe von Bialystok zugleich als Besatzungsarmee eingesetzt:

»Alle vier Wochen brummten wir mit den Panzern in das sogenannte ›Todesgebiet‹ – große Zonen, die man dazu erklärt hatte, weil man sie nicht besetzen konnte; wer darin angetroffen wurde, den behandelte man als Partisan. In Wahrheit ging es darum, die Schnapsvorräte des Kasinos aufzufüllen, und die junge, ihrer Waffen noch unkundige Ausbildungsmannschaft wurde zum Komplizen gemacht, indem man ihr das Marodieren erlaubte: Wir durften aus den von den Polen fluchtartig geräumten Gehöften Hühner und Schweine mitnehmen und was immer man in der Speisekammer fand. Danach wurden die Häuser in Brand geschossen, und man fuhr wieder heim. Ich ließ mich als Sicherungsschütze einteilen und entzog mich auf diese Weise, angeekelt, dem barbarischen Treiben.« (Hentig, S. 34)

War das genug, um mein Gewissen zu beruhigen, meine Seele zu retten? Ich werde den Zweifel nicht los. Warum habe ich nicht ausgesprochen, was ich dachte? Es ging doch gar nicht um »Widerstand« in irgendeinem politischen Sinn, sondern nur um die Wahrung des Anstands, den unser Soldatenstand sich selbst schuldete! Aber was auch immer mir ein solcher Wortaufstand bei den Offizieren eingetragen hätte, ich hätte mich vollends von meinen arglos-fröhlichen Kameraden isoliert, auf die ich zum Leben und Überleben angewiesen war. Auch zum Widerstand braucht man ein Publikum. Hier hatte ich keins. Und das gedachte Publikum – mein Vater, meine Schwester, mein Lehrer Lindenborn, mein Pastor Eichstädt – wollten ja vor allem, daß ich lebend heimkehre.

Anderthalb Jahre später in Wischau: Die gesamte Offiziersschule ist zum Generalappell befohlen. Wir stehen in vollem Wichs im Geviert. Wir sollen der Degradierung und Demütigung eines Kameraden beiwohnen, der beim Gewehrreinigen erklärt hatte, er halte sich an seinen Eid zu Hitler nicht mehr gebunden.

»Der NS-Politruk hält eine zwanzigminütige Ansprache, in der er schildert, wie man auf der Ordensburg mit ›solchen Leuten‹ umgegangen sei; da habe man nicht erst den Vorgesetzten Meldung gemacht; man habe den Mann fest in eine Decke gerollt, ihn nachts auf das Übungsfeld gebracht und ›mit Panzern untergewühlt‹. Ich verharrte wie alle anderen im ›Stillgestanden‹, froh, daß jeder dem Vordermann in den Nacken starrte und keiner meine Tränen sah – Tränen der Wut und Ohnmacht. Auf den Gedanken, aus dem Glied zu treten und mich zu jenem Kameraden und Gesinnungsgenossen zu stellen, bin ich nicht gekommen.« (Hentig, S. 33)

Wir haben auch später auf unseren Stuben nicht über ihn, sondern in der Hoffnung, daß der Denunziant dabei sei, über Denunzianten gesprochen; das ging noch an. Alles Weitere hieß riskieren, in eine Straf- oder, wie sie genannt wurden, eine Bewährungskompanie versetzt zu werden – Bewährung durch nicht einmal Helden-Tod!

Den 8. Mai 1945 lebend erreichen, das konnte also sowohl Überlebenslust wie ein Gefühl von Überlebensschuld auslösen. Ich werde nicht der einzige sein, den beides zugleich befiel. In der vierten Sendung »Die Deutschen im Zweiten Weltkrieg« berichtete ein Mann in meinem Alter davon, wie er als 19jähriger bei einem heftigen Artillerie- oder Bombenangriff Schutz in einem zerborstenen Sanitätsbunker sucht: einer von Geschrei und Gestank erfüllten Höhle. Ein junger Kamerad, dem die Eingeweide aus dem aufgerissenen Bauch quellen, fleht ihn an, ihn zu erschießen. Unser Mann treibt einen Sanitäter auf, der aber auch nicht helfen kann. So bleibt er und tröstet den Verzweifelten mit hilflosen Worten. Da schreit der Sanitäter plötzlich in den Bunker zurück: Es fliegt eine letzte Maschine. Komm, Kamerad, du kannst noch mit. – So ist unser Mann gerettet um den Preis eines bis heute quälenden Schuldbewußtseins.

Und doch ist »Schuld« besser als »Schicksal«: Man kann etwas tun – bereuen, wiedergutmachen, den Fehler ein andermal vermeiden. Nichts war dieser heilsamen Möglichkeit nach 1945 so im Wege wie die Entnazifizierung: sie verlangte Rechtfertigung statt Einsicht, sie verführte zu überheblicher Anklage statt zu Demut.

Hierzu ein letztes: Der Hungernde denkt an Essen, der Kämpfende an Rettung, die er nur im Sieg oder in der Flucht sehen kann, der Gedemütigte denkt an Freiheit. Dies ist der große moralische Vorteil, den alle Völker, deren Länder von den Deutschen besetzt waren, uns gegenüber hatten. Der Vorteil kommt ihnen noch heute zugute, obwohl sie nicht mehr zu Helden geschaffen sind als wir.

Im Gefangenenlager Böhl-Iggelheim habe ich lange mit meinem Freund Hannes Willisch, mit dem ich zusammen Rekrut war und zusammen in Gefangenschaft geriet, hierüber gesprochen. Waren auch wir schuldig? Hannes verneinte mit Entschiedenheit. Ich vermochte das nicht. Die Schwierigkeit war, daß das Gute wie das Falsche immer in etwas bestand, was man nicht getan hatte: man hatte nicht aufgeschrien, als der Kamerad degradiert und abgeführt wurde. Man hatte aber auch die armen Kerle, die auf ihrem Posten eingeschlafen waren, nicht angezeigt, wie es gefordert war. Sie wären wegen Wachvergehens vor dem Feind erschossen worden.

Heute begehre ich keine Antwort auf diese schwierige Frage. Aber wohl all denen, die sie sich 1945 nicht erspart haben. Auch moralisch waren wir allenfalls »davongekommen«. In Augsburg traten Offiziere der Waffen-SS und der Elitedivision Hermann Göring an uns heran – werbend, verführend, drohend. Viele sind ihnen arglos gefolgt. Wie wir heute an Bitburg erfahren, wird ihnen dieser späte, beiläufige Fehler so oder so ein verderbliches Schicksal geworden sein.

## Nach dem erinnernden Nachdenken – was macht man damit?

Präsident Reagan endete seine Ansprache in Bergen-Belsen mit dem Satz: It shall never happen again – never again! Wir hier sind nicht an einem Ort der Trauer, wir sind an einem Ort der Reflexion. Ich mäkle nicht an der Rede des Präsidenten, wenn ich von mir hier mehr verlange. – Ich will sagen, welche Verpflichtung mir meine Erinnerung auferlegt, und natürlich *sage* ich dies in der Hoffnung, daß andere Ähnliches tun:

Die Erinnerung an den Ausgang des Zweiten Weltkriegs verpflichtet mich vor allem zu Aufklärung: keine Schleier über den Ereignissen und ihren Folgen dulden und erst recht keine über sie breiten – weder Schleier der Trübsal noch Schleier der Rechtfertigung noch Schleier der Empörung. Ich kann den Gang nach Bitburg für so wichtig nicht halten, wie ihn die Tugendwächter auf beiden Seiten hinstellen.

Die Erinnerung an 1945 gibt mir ein gehöriges Selbstmißtrauen ein. Einmal ist es uns leicht gemacht worden, mit uns selbst redlich zu sein, und da schon war es so schwer. Wieviel schwerer heute in unserem Gefüge von Rücksichten, Eitelkeiten, Notwendigkeiten!

1945 gemahnt mich daran, daß ich Bundesgenossen brauche. Man schafft nichts allein. Volksgemeinschaften taugen nur für den Krieg, Gewerkschaften für ihren Interessenkampf, Parteien für die Durchsetzung einer Ideologie. Für die Wahrung meiner Identität brauche ich andere Gemeinschaften, und als Pädagoge werde ich mir Mühe geben, meine Schüler im Herstellen oder Finden solcher Gemeinschaften zu üben.

1945 lehrt mich, daß wir uns um eine verständliche und lebendige Form von Geschichte kümmern müssen: daß unsere Erfahrung zählt. Wir müssen die Ursachen herausfinden, aber nicht, um dadurch die Verantwortung von uns auf die Verhältnisse abzuschieben, sondern um zu erkennen, wie wir zu unserem geringen Teil auf die Verhältnisse Einfluß nehmen können. Dabei müssen wir auf falsche Vergleiche verzichten, die uns falsche Hoffnungen machen: 1918 war gründlich anders als 1945 und erst recht Hitlers Krieg in Rußland gründlich verschieden von Amerikas Krieg in Vietnam.

Falsche Hoffnungen erwachsen aus falschen, übereilten Erklärungen. Kaum war das Hitler-Reich zusammengebrochen, wußten alle schon warum und erst recht, wie es hatte entstehen können und wie es hätte vermieden werden müssen. Ein Beispiel: Die Einigkeit der Arbeiterklasse – und sie allein – hätte Hitler verhindern können. Das ist nicht falsch, aber es erklärt auch nichts. Die Uneinigkeit der Arbeiterklasse war selbst eine Folge einer überlebten Theorie, die besagte, daß Arbeitnehmer zu sein die Menschen elementarer verbinde als andere Tatbestände. In dieser

Erklärung wird überdies das öffentliche Interesse, die politische Vernunft des Gemeinwesens mit den Interessen der Arbeiterklasse identifiziert. Der mögliche Wahrheitsgehalt dieser Unterstellung mußte notwendig abnehmen in dem Maß, in dem die Arbeiterklasse aus einer relativ großen Mehrheit zu einer relativ großen Minderheit wurde. Die deutschen Arbeiter eines falschen Bewußtseins zu zeihen, sooft sie Parteien wählen, die nicht nur ihre Klasseninteressen verfolgen, zeugt nicht von Verständnis und Offenheit für diese Klasse. 1945 hat die SPD diese falsche Rolle aufgegeben und konnte nicht zuletzt dadurch den Kommunisten den Rang ablaufen.

Die Erinnerung an die Tiefe unseres Falls warnt mich vor Pathos, verleidet mir die großen Gesten – das Händehalten über den Gräbern von Verdun, die Beschwörungsformeln – ob »Never again« oder »von deutschem Boden soll nie wieder Krieg ausgehen« oder »unverbrüchliche deutsch-xx-ische Freundschaft« –, die Heilsverkündigungen der *true believers*: für oder gegen Versöhnung, für oder gegen Vaterland, für oder gegen 8. Mai-Feiern im Jahre 1985.

Statt dessen gemahnt mich die Vergegenwärtigung unseres damaligen Elends und die Wahrnehmung unseres heutigen schier unvorstellbaren Reichtums zu äußerster Großmut, zu Hilfsbereitschaft und Verständnis überall dort, wo ein Volk in Not ist, weil seine Führung sich verrannt hat. Es muß möglich sein, Menschen zu helfen, nicht nur obwohl, sondern geradezu weil sie schlimme Machthaber haben.

Schließlich: Die Niederlage der deutschen Wehrmacht, die Kapitulation, war am 8. Mai längst besiegelt und darum in dem Augenblick uninteressant. Der 8. Mai als Ende des Nazi-Regimes war, um mit »1066 and all that« zu sprechen, a good thing (HvH: because it was a necessary thing). Daß ein so mörderischer Krieg notwendig war, um dies zu bewirken, zwingt uns Deutsche, aber nicht uns allein, zu etwas sehr Mühsamem, das man mit und unter den heutigen jungen Menschen vielleicht besser kann als in der Generation der Betroffenen: zu rückhaltloser Ehrlichkeit.

»Asche – aber kein Phönix« – so habe ich meinen Vortrag genannt. Was habe ich dazu gesagt? Asche ist einerseits Ausdruck der Zerstörung: Schutt und Asche waren geblieben. Asche ist andererseits das, was man sich aufs Haupt streut, um sich zu demütigen – Zeichen der Reue. Beides ist nötig, wenn das Böse (nicht nur das Falsche) überwunden werden soll. Und beides, auch die Umkehrbereitschaft, gab es 1945 in gleichem und reichem Maß. Man hatte wohl – das ist die Weisheit der Ereignisse – den Aberwitz bis zu diesem totalen und willenlosen Zusammenbruch auskosten müssen, damit, nein, so daß die Ernüchterung möglich wurde. Daß aber aus ihr der sprichwörtliche Phönix aufstehe, ist eine phantastische, irreale, unheilvolle Erwartung. Als nach weiteren drei Jahren die Währungsreform kam und mit ihr das Wirtschaftswunder anlief, als die Gründung der Bundesrepublik im westlichen Deutschland folgte und diese wenig später wiederbewaffnet in die NATO aufgenommen wurde, war man geneigt, darin eben jenes Fabeltier zu sehen, das sich die Asche aus den glänzenden Schwingen schüttelt und davonfliegt. Welcher Vogel auch immer sich da erhoben hat, ein Phönix ist er nicht, und von der Asche kommt er nicht los. Wann wäre ein geeigneterer Augenblick, daran zu denken, als jetzt aus Anlaß des 8. Mai?

# Siebente Übung: im Beachten unserer Fehlbarkeit

## Das schwierige Verhältnis von Erkenntnis und Menschlichkeit wird schwieriger

*Eine Dankrede für den Lessing-Preis, 1986*

Ich weiß, daß ich nichts weiß. *Sokrates*

Das nicht geprüfte Leben ist nicht lebenswert. *Sokrates*

Tugend ist nicht lehrbar. *Sokrates*

Wenn ich das Gute weiß, tue ich es auch. *Sokrates*

Denn nicht das Gute, das ich will, das tue ich; sondern das Böse, das ich nicht will, das tue ich. *Paulus*

Wenn Gott in seiner Rechten alle Wahrheit und in seiner Linken den einzigen immer regen Trieb nach Wahrheit, obschon mit dem Zusatz, mich immer und ewig zu irren, verschlossen hielte, und spräche zu mir: wähle! Ich fiele ihm mit Demut in seine Linke, und sagte: Vater gib! die reine Wahrheit ist ja doch nur für dich allein! *Lessing*

Ich habe den Kopf voller philosophischer Gedanken und bin doch ein Schwein.
*Platonow* (*in Tschechows »Wilder Honig«*)

Du hast einen klaren Kopf? Dann bist du nur noch nicht voll informiert.
*Klo-Spruch in der Universität Bielefeld*

Warum prüfen, wenn wir doch wissen . . .
*Adolf Birkhofer,*
*Reaktorsicherheitskommission*

## Denkfiguren

Ein Titel – auch wenn er nicht die Form einer Frage hat – fragt. Der Vortrag gibt die Antwort. Ist der Titel gut gewählt, ahnt der Hörer, worum es geht, aber er weiß es noch nicht. Auch der Autor beginnt mit einer Ahnung. Er kann nicht gewiß sein, daß daraus Gewißheit wird.

Meine Ahnungen hatte ich, als ich mich an die Niederschrift dieses Textes machte, in der Form von Sätzen und Gegensätzen, die ich meinem Vortrag als Motti vorangestellt habe. In den mir vertrauten Dialog, den diese Sätze miteinander führen, mischen sich ungeduldig störend eigene Erfahrungen und Urteile ein:

- Wir, die Menschen oder die Menschheit, haben noch nie soviel gewußt wie heute, aber dies bringt uns der Menschlichkeit nicht näher.
- Wir sind uns über den Fortgang der Dinge uneinig und in Gefahr, die Welt darüber zu vernichten, nicht, weil wir nicht wissen, was zu tun sei, sondern weil jeder zu genau weiß, daß sein Weg der richtige ist.
- Die sich gegenüberstehenden Machtgebilde und die von ihnen vertretenen Welt- und Wertvorstellungen verhindern die Einsicht, daß die Menschen am Ende so sehr Verschiedenes oder gar Unvereinbares gar nicht wollen.
- Die Entscheidungsprobleme werden mit jedem wissenschaftlichen und technischen Fortschritt schwieriger.
- Der Wohlstand, den der eine Teil der Welt mit Hilfe seines Wissens erlangt hat, befriedigt die Menschen nicht. Das Wissen vom Elend der anderen stört ihn.
- Kinder auf eine Welt vorzubereiten, die man selbst nicht bewältigt und darum nicht verantworten mag, ist nicht möglich.

In diesen Urteilen kommen – in verschiedener Gestalt – unser *geistiges* und unser *moralisches* Vermögen vor, *hie* erkennen, wissen, Wissenschaft, *da* richtig handeln, Vereinbares wollen, bewältigen, verantworten. Ich habe dies zu dem ungeläufigen Wortpaar »Erkenntnis und Humanität« zusammengezogen, statt zu einem geläufigeren wie »Wissen und Macht« oder »Fortschritt und Menschlichkeit« oder einfach »Erkennen und Handeln«. Ich habe es getan, weil es mir heute, in dieser Rede, darum geht, das just so bezeichnete Verhältnis zu untersuchen, meine Befürchtungen darüber mitzuteilen, wie sich die Bemühung um Erkenntnis und die Bemühung um Humanität verfehlen, und die an dieser Stelle kränkelnden Hoffnungen der Aufklärung an einen Ort zu verschieben, an dem sie gedeihen können.

Dazu wäre einige Aufräumarbeit zu leisten – zunächst begrifflich. Diese sei Ihnen erspart. Was ich vorhabe, läßt sich auch so verstehen – wenn ich aus dem Wortpaar eine Reihe von Fragen mache:

- Welchen Wert hat ein Wissen, das uns zwar sagt, *wie* wir etwas zu machen haben, nicht aber, *was* und *was nicht*?
- Wie, andererseits, wären wir dran, wenn uns das Wissen auch das sagte, wenn es also *das* richtige Wissen von *dem* richtigen Handeln gäbe?
- Kann das in unserer Welt industriell organisierte, seit langem von keinem Menschen mehr überschaubare Wissen noch der Wegbereiter unseres privaten Handelns, das Korrektiv der Politik, der Lehrer und Erzieher des Menschengeschlechts sein? Ja:
- Ist das Wissen je dieser Lehrer gewesen?
- In welchem Maß hängt die von uns zu verwirklichende Humanität von dem Begriff des Erkennens ab, mit dem wir sie bestimmen, nämlich einem sokratischen oder einem sophistischen?

Und schließlich:

- Was wollen oder sollen wir unter Humanität verstehen – etwas, was die Menschheit hervorbringt, eine zu prüfende, in ihrem Bewußtsein und Umgang wirkende Idee *oder* einen wechselnden empirischen Befund *oder* eine Konfiguration weitgehend beständiger anthropologischer Daten?

Eine Bestätigung für meine Ankündigung, daß das Verhältnis von Erkenntnis und Humanität schwierig sei, habe ich mir schon durch die Motti gesichert, freilich vor allem dadurch, daß ich in ihnen verschiedene Grunderfahrungen kunstvoll einander gegenübergestellt habe. Auch der sich scheinbar widersprechende Sokrates hat stets behauptet, etwas Schlüssiges, Einheitliches, ja Einfaches zu sagen, und die Schwierigkeit dem unklaren Denken der Menschen angelastet. Er berief sich dabei auf eine allen gemeinsame Alltagserfahrung, die ihm in aller Regel recht gab.

Wie sich Erkenntnis und Menschlichkeit, Wissen und Richtighandeln-können verhalten, will ich an drei Figuren prüfen: 1. an unserem täglichen Verhalten, 2. an der Theorie unserer Wissenschaften und 3. an der Lehre des Sokrates.

1. Das Alltagsverhalten

Die uns gewohnte – vielleicht nur eingebildete, aber natürlich scheinende – Figur ist: Wir wissen, was wir tun wollen oder müssen, und tun es, so gut es geht, nach diesem Wissen. Am 26. 6. 1986 muß ich in Hamburg eine Dankrede für den mir dort zu verleihenden Lessing-Preis halten. Mein Handeln in diesem Augenblick hier ist durch das Wissen bestimmt, das ich mir vorher davon gemacht oder verschafft habe – von den ungefähren Erwartungen meines Publikums, von meinen eigenen Absichten und Möglichkeiten, von Lessing und der Aufklärung, von der verfügbaren Vorbereitungszeit, von der Verschlungenheit meines Denkens und Schreibens. Freilich schon bei diesem für meine Zwecke günstigen Fall ist deutlich, daß unser Handlungswissen nur zu einem kleinen Teil »Wissen« in einem strengen Sinn ist: Vieles ist Denken, Erwägung, Vorstellung, Gefühl, gespeicherte Erfahrung und manches andere mehr.

Geläufig ist uns auch die umgekehrte Figur: Wir haben etwas zu tun begonnen – ein Beet anzulegen, einen Brief zu schreiben, eine Laborschule zu betreiben – und wissen zwar nicht weiter, machen aber weiter! Wir handeln, als ob wir wüßten; wir erhalten unversehens einen förderlichen Rat; wir erkennen dies oder das, indem wir »weiterwurschteln«; wir haben Glück. Und wenn man uns etwas Zeit läßt, holen wir das Handeln mit dem Wissen wieder ein.

Manchmal haben wir auch das Falsche »gewußt«. Dann haben wir geirrt. Aber gerade, wenn wir dies sagen, bestätigen wir die Rang- und Reihenfolge, daß erst richtiges Wissen da sein muß, damit dann – an ihm gemessen – richtige Tat sein kann. In der Rede des Diodotos an die Athener (und gegen Kleon, der diese gescholten hat, weil sie einen gestern gefaßten Beschluß heute überdenken wollen) heißt es:

»Wer behauptet, daß Erörterungen nicht die besten Lehrer der Taten seien, der ist entweder unverständig oder er führt etwas im Schilde.« (Thukydides III, 42)

Daß wir einem solchen »moderaten Rationalismus« folgen, ist uns meistens nicht bewußt; wir erkennen es, wenn wir unser Leben mit dem Leben von Menschen in anderen Kulturen vergleichen. Eine Kollegin, die seit Jahren in Afrika arbeitet, schreibt von ihrem Umzug in einen anderen Teil von der Stadt Mbandaka in Zaire:

»Übrigens ging am Abend nach dem Umzug ein großer Regen nieder. Das hat meinen Freunden gezeigt, daß die Ahnen mir wohlgesonnen sind: der Regen hat alles Böse um das neue Haus herum weggewaschen und auch in Bolenge [dem eben verlassenen Wohnsitz] meine Spuren gelöscht, in dem Sinn, daß dort keine bösen Gedanken gegen mich zurückgeblieben sind.«

Das wirklich Wichtige kann man nur hinterher wissen, ja, es gehört wesentlich zum Leben dort, daß man abwartet, als was sich ein Ereignis erweist. Die Briefe meiner Kollegin sind buchstäblich voll von solchen Begebenheiten. Ich spüre, daß sie verwundert ist, aber auch, daß sie mir sagen will: So kann man auch leben! Freilich, mit unserer planenden, vor-denkenden, prometheischen Lebensweise ist dies schlecht zu vereinigen.

Wer bei uns handelt ohne eine Vorstellung von dem, was dabei herauskommen soll, den schelten wir einen »Aktivisten«. Die Leute, die uns vor 15 oder 20 Jahren sagten: Erst verändern, danach werden wir wissen, was zu tun ist, hatten eine von zwei Theorien. Entweder: Alles andere ist besser als die Fortsetzung des gegenwärtigen Zustands; es kann nicht schaden, wenn wir schnell – obschon blind – handeln. Oder: Nur im neuen Zustand können die Menschen das richtige Bewußtsein haben und in ihm das richtige Wissen fassen. Aber auch diese Theorien sind eine Form von »Wissen«. Die Grundfigur bleibt in ihnen unangetastet.

Schließlich gibt es im Alltagshandeln *trial and error*, ein Vorgehen, das eigentlich *trial and knowledge* heißen müßte oder doch *trial, error, and knowledge*. Dieses ist freilich nichts als eine oft unvermeidliche Vorstufe und nicht die Umkehrung der Erst-wissen-dann-handeln-Figur.

2. Die Wissenschaft

Die moderne Wissenschaft ist nicht, wie man oft behauptet, die Methodisierung des Alltags-Verfahrens. Dieser Eindruck entsteht dadurch, daß sie sich im 16. Jahrhundert entschlossen – unter Aufbietung von Mut und Scharfsinn – vom dogmatisierten Aristotelismus losriß und ähnliche Anstrengungen »nach unten« nicht zu machen hatte. Man bekannte sich zur Beobachtung *ohne Vorwissen*. Francis Bacon nannte solches Vorwissen, unter Berufung auf Platons Höhlengleichnis, *idola*, Täuschungen, durch die unser persönlicher Charakter, unsere Gattung, unsere Kultur, unsere Sprache und schließlich der Verkehrswert einer Sache deren Verständnis aufdrücken. Brauchbares Wissen erhält nur, wer induktiv verfährt – die Begriffe und Gesetze den Erscheinungen abringt. Der strenge Kausalismus, der Empirismus, der Instrumentalismus unserer Wissenschaft nehmen hier ihren bewußten, kämpferischen Anfang. *Tantum possumus, quantum scimus* – »Wir können soviel, wie wir wissen«, und: *Scientia et ipsa potestas est* – »Die Wissenschaft selbst ist Macht.«[2] (Meditationes Sacrae, 11. Artikel, De haeresibus)

Im 19. Jahrhundert haben amerikanische Denker dieses Verfahren auf alle Erkenntnisbereiche, auch den Menschen, ausgeweitet und ihm eine radikale Theorie gegeben. Sie ersetzten den metaphysischen Wahrheitsbegriff durch einen pragmatischen. Wahr ist, was funktioniert; eine gedankliche Unterscheidung ist nur sinnvoll, wenn sie einen Unterschied in unserem Verhalten ausmacht; unsere Vorstellungen sind Vorschriften für das Handeln; sie müssen darum vornehmlich untereinander vereinbar sein.

»Ideen (die selbst Teile unserer Erfahrung sind) werden [nicht ›sind‹] wahr in genau dem Maß, in dem sie uns dazu verhelfen, mit anderen Teilen unserer Erfahrung ein befriedigendes Einvernehmen herzustellen.« (William James, S. 34)

Das ist gute sophistische Tradition:
- sie macht »den Menschen zum Maß aller Dinge«,
- sie verlangt dazu Regeln für die Herstellung von Intersubjektivität (dafür, wie man etwas in ihrem Sinn »wahr macht«),
- sie greift schon darum auf die empirischen Phänomene, und zwar auf deren fest-stellbare, meßbare Eigenschaften zurück,
- sie bestätigt sich in der Anwendung dieses Wissens und
- sie ist uneingeschränkt lehrbar.

Heute können wir hinzufügen: Diese Wissenschaft erfüllt sich im Computer, einem Rechner, in den alles Wißbare in der Form von kombinierbaren Daten eingeht, in dem es aufbewahrt und von dem es einem beliebigen Benutzer wieder herausgegeben wird – technisch, interesselos, unbeeinflußbar, ohne *idola*, in der von diesem gewünschten Verbindung. »Wissen« wird hier gleichsam durch den Apparat definiert: Es ist das, was man in diesen hineintun und aus ihm wieder herausholen kann, das, was sich über eine Sache sagen läßt – Information. Im Computer organisiert der Mensch die Welt für seine Zwecke. Andere Zwecke kann man sich ausdenken; sie können als Hypothesen formuliert und in die große protagoreische Meßkunst / Metrik (Protagoras 356 d) einbezogen werden; auch sie nur eine Information!

Die sophistische Tradition erneuert sich immer dann, wenn die Menschen sich aus einer Bindung befreien oder entlassen fühlen. Ich habe vorhin gefragt, ob das Wissen je »Lehrer oder Erzieher des Menschengeschlechts« gewesen sei. Die Antwort muß lauten: Ja, und mit Recht, als der Mensch sich als Teil der geordneten Natur, des Kosmos, verstand; oder als er an einen allmächtigen und sich offenbarenden Schöpfergott glaubte; oder als die Geschichte zu beweisen schien, daß er nur ein Exponent einer gewaltigen, die einzelnen überschreitenden Entwicklung ist, in der das menschliche Bewußtsein zu sich selbst kommt. In diesen Fällen gab es etwas Unbedingtes und Bleibendes zu wissen, das nicht zu befolgen nur Leid, Verwirrung, Verzögerung nach sich zieht, das sich zu eigen zu machen Gedeihen, Klarheit, Glück verheißt. – Aber man kann sich seine Lage nicht aussuchen. Als die amerikanischen Pragmatisten ihre Lehre formulierten, standen sie vor einer gigantischen Unordnung – vor einem unabsehbaren sozialen Experiment auf einem noch immer weit offenen Erdteil. Den Menschen und seine Wahrheit wenigstens auf das zu verpflichten, worüber man sich miteinander verständigen konnte, war nicht Hybris, sondern ein Gebot der Vernunft.

### 3. Sokrates

Hörte mir Sokrates zu und verstünde er mich, er würde wohl schmunzeln und sagen: Die Sophisten sind sich doch in den beinahe zweieinhalbtausend Jahren, seit ich mich mit ihnen stritt, wunderbar treu geblieben! Noch immer meinen sie, sie »wüßten«

die Sache, die sie lehren. Sie haben sie vielmehr beschrieben, zerlegt, vermessen und beobachtet, was geschieht, wenn . . . – und setzten dies alles mit ebensolchen Beschreibungen von anderen Sachen in Beziehung, wie es ihnen am klügsten erscheint: einfach, ökonomisch, auf ihre Verwendung hin. Sie können darum heute auch »in der Luft spazieren« und viele andere übernatürliche Dinge tun, ohne daß sie deshalb der Gottlosigkeit angeklagt werden. Das alles würde ich ihnen gönnen und mich nicht damit aufhalten, versäumten sie darüber nicht die Einübung in der Erkenntnis, die ihr heute viel nötiger habt als wir in unserer *polis* inmitten einer natürlichen Welt. Ja, ihr meint offenbar, so müsse Erkenntnis nicht nur über die Natur sein, sondern auch über den Menschen. Und so unterrichtet ihr diese Wissenschaft in euren Schulen und zeigt dadurch, wie wenig euch am wahren Wohlergehen der Menschen gelegen ist.

Es ist nicht nur wichtig, daß man seine Zwecke erreicht, man muß sie auch verstehen und prüfen. Wozu beispielsweise ist es gut, in zwei Stunden über den Atlantik zu fliegen? – Um kostbare Zeit für wichtigere Tätigkeiten zu sparen. – Das ist gut, aber was ist euch wichtig? – Und so müßtet ihr selber weiterfragen, dürftet keine Antwort einfach hinnehmen, bis ihr zu den letzten Gründen kommt: zu Glück und Genuß, Freiheit und Frieden, Macht und Menschlichkeit. Werdet ihr bei diesen dann auf die Anwendung eurer Art von Wissen verzichten? Wie könntet ihr! Gerade für sie habt ihr die alte Sophistik wiedererfunden: damit ihr euch nicht über solchen Fragen entzweit. Eure Wissenschaft sei ja keine Lehre von der Wahrheit, sondern von Bedeutungen, sagt ihr. Aber wie werdet ihr das machen? In meiner Sprache hätte ich gesagt: Wenn man das *ergon*, die Funktion oder Bestimmung einer Sache, erkannt hat, weiß man die Sache. Bei allem, was Menschen gemacht haben, ist dies nicht schwer. Aber bei anderem – den Sternen und der Reblaus, dem Gold und der Liebe – können wir dies gar nicht wissen. Sagt einer, ein Pferd sei dazu da, den Pflug zu ziehen, so wird uns alsbald ein anderer widersprechen: nein, um Siege beim Rennen zu erringen; ein dritter wird sagen: wozu ein Pferd da ist, das weiß Gott allein. Die beiden ersten Antworten sind sophistisch, protagoreisch; sie machen den »Menschen zum Maß aller Dinge« – auch derer, die nicht vom Menschen gemacht sind. Das griechische Wort für »Dinge« ist hier χρήματα von χρᾶσθαι »gebrauchen«. Die dritte Antwort ist, sagt Sokrates, die meine: »So wäre denn vielmehr Gott für uns das Maß aller Dinge.« (Nomoi 716 c 4) Anders gewendet: Wenn es eine Instanz gibt, die die Bestimmung aller natürlichen Dinge in dieser Welt zu erkennen vermag, dann hieße sie mit Recht Gott.

Und hier, sagt Sokrates, fängt euer größtes Problem erst an. Denn ihr habt inzwischen so gut wie alles in dieser Welt gemacht oder doch nach eurem Maß verändert und habt an keinem Gott und keiner Natur, ja, auch nicht an eurer Geschichte eine Schranke gefunden. Eure Flüsse sind Fahrrinnen oder Kloaken, eure Wälder sind Forste, euern Tag habt ihr zur Nacht, eure Nacht zum Tag gemacht; eure Nachbarn seht ihr nicht mehr, ihr sprecht mit ihnen über das Telephon; eure Vorstellungen stammen nicht aus eurer Erfahrung; eure Kinder erzieht ihr für eine andere, euch selbst unbekannte Welt; eure Arbeit laßt ihr von Maschinen verrichten, eure Gesundheit durch Apparate und Medikamente regulieren, eure Meinungen von großen Meinungsindustrien formen; eure Eltern sind Bezugspersonen; eure *polis* ein Rechts-, Währungs- und Besteuerungsverband von Menschen, die sich gegenseitig nicht kennen; die Erde ist aufgeteilt, ihre Ressourcen berechnet, die Menschen gezählt . . . Und alles dies geschieht mit Hilfe oder aufgrund jenes »Wissens«, das ich bewundere, das aber seine entscheidende Aufgabe verfehlt. Es ist euer Demiurg, der euch auch euer gemeinsames *ergon*, die Menschlichkeit, sollte sagen können – und eben das kann er nicht. Ja, er hat euch abgewöhnt, zu entbehren, was hier fehlt.

Die neuen Sophisten sagen, Wissen sei, was Handlung steuert. Eure Wissenschaft kann dies für den einzelnen Akt. Sie kann es nicht für die Summe der von ihr auf den Weg gebrachten Handlungen. Wo es nicht um die Entscheidungen einzelner Personen geht und auch nicht um die einzelner Staaten (Athens Eingriff auf Melos, Rußlands in Afghanistan, Amerikas in Nicaragua), sondern um gemeinsame Regelungen für die gemeinsame Welt, wird der Satz des Protagoras – »Der Mensch ist das Maß aller Dinge« – nicht nur unmenschlich, sondern unbrauchbar. Es ist ja alles schon nach dem Maß irgendwelcher Menschen gemacht – und ist nicht gut. Die Fülle des Einzelzweck-Wissens unter einen vernünftigen Gesamtzweck zu ordnen, habt ihr euch durch euren Begriff von Erkenntnis versagt: Ursachen und Folgen vermag sie euch anzugeben, Bestimmungen nicht. Hier wendet sich Sokrates ab, bevor ich ihn fragen kann, wie es mit dem Satz stehe, daß, wer das Gute weiß, es auch tut. *Den* Beweis hat er ja längst geführt: Wissen hat einer, wenn er diesem folgt.

Dies ist der andere Begriff von Erkenntnis, von dem ich eingangs sprach. So unmöglich wir etwas, was wir »mit eigenen Augen« sehen, leugnen können – wir könnten unsere Wahrnehmung vor anderen verheimlichen, aber nicht vor uns selbst –, so unmöglich können wir das »wahre Wissen« übergehen. Es hat Macht über uns (Protagoras 357 c: ἐπιστήμης μηδὲν εἶναι κρεῖττον ὡμολογοῦμεν). Von den wichtigsten Dingen jedoch haben wir ein solches wahres, »sehendes« Wissen nicht: von der Bestimmung der Dinge, die der Mensch nicht gemacht hat und zu denen er selber zählt. Wüßte ich, was ich (als Mensch) bin, wüßte ich auch, was ich (als Mensch) soll. Dieses Kriterium ist dem Handwerker Sokrates (er war Bildhauer wie sein Vater Sophroniskos) aus seinem Beruf geläufig. Mitnichten verwirft Sokrates ein Wissen, das »funktioniert«, für eine Sache taugt – die Anfertigung eines guten Sattels oder eines guten Topfes oder eines guten Tanzliedes. Wer dagegen behauptet, mit dem Wissen von solchen Künsten und Mitteln – von Agrarpreisen, Lernschritten, Prozeßtechniken – sei eine *polis* zu regieren oder die Jugend zu erziehen oder ein gerechtes Urteil zu fällen, und wer ein Wissen davon auch noch lehrt, sei es um Geld oder Ansehen oder Macht, der ist ein Scharlatan, ja, ein gefährlicher Betrüger. Sokrates weiß, daß er davon kein ordentliches Wissen hat wie der Handwerker von seinem Gegenstand. Aber er kann sich mit anderen im Gespräch der Irrtümer versichern, kann seine Begriffe klären, kann seine Vorsätze prüfen und stärken. Und das ist nicht wenig.

Ich blicke noch einmal zurück auf die drei Figuren, an denen wir uns das Verhältnis von Erkenntnis und richtigem Handeln zu erklären versucht haben:

1. In unserem Alltag erfahren wir Wissen als nützlich – aber wir irren ebensooft, wie wir das Richtige wissen. Wir verlassen uns in praktischen Dingen des Lebens nicht mehr als nötig darauf. An letzte Dinge »glaubt« man. Auch Werte nötigt man anderen nicht auf, wenn es irgend geht.

- Mehr Wissen ist gut.
- Irren ist menschlich.

2. In der Wissenschaft gilt, was sich beweisen läßt. Die wichtigste Eigenschaft des Wissens ist die Gewißheit. Mit Gewißheit weiß man, was man (wiederholt) machen und was ein anderer rekonstruieren kann. Zwecke, Werte, letzte Dinge sind nicht rekonstruierbar und sind darum von der Wissenschaft ausgenommen. Sie sind vorgegeben. Das »Wissen« gilt nicht ihnen, sondern den Mitteln im Verhältnis zu ihnen. Je mehr Zwecke, Werte, letzte Dinge der Mensch setzt, um so vollständiger kann die Welt wissenschaftlich bestimmt werden.
- Nur ein bestimmtes, Gewißheit schaffendes Wissen ist gut.
- Irrtum muß und kann methodisch ausgeschlossen werden.

3. Für Sokrates ist Irrtum das offenkundig gewordene Nichtwissen. Das nicht offenkundige müssen wir durch unermüdliche Prüfung aufdecken. In den wichtigsten moralischen, politischen, pädagogischen Fragen wäre ein Gewißheit verheißendes Funktions- oder Mittel-Wissen verderblich. Man muß den Zustand objektiver Wahrhaftigkeit (das ist etwas anderes als die nicht minder wichtige subjektive Ehrlichkeit) systematisch gegen die Macht des Wissens aufsuchen.
- Dem Wissen, das Gewißheit behauptet, muß man mißtrauen.
- Die Einsicht in den Irrtum ist eine Voraussetzung für die Korrektur falschen Denkens und Handelns und damit für die Menschlichkeit.

An dieser Stelle ist vielleicht zu erkennen, warum ich behaupte: das schwierige Verhältnis von Erkenntnis und Menschlichkeit müsse schwieriger werden – wenn unter Erkenntnis das Mittel-Wissen der alten und neuen Sophisten verstanden wird. Und das ist in der heutigen Gesellschaft der Fall, die darum mit Recht eine wissenschaftliche genannt wird. Es ist ihr nahezu unentrinnbares Gesetz, wissenschaftliche Erkenntnis für ihre Entscheidungen heranzuziehen und nicht philosophische oder gar sokratische.

Bevor ich weiterrede, muß ich deutlich machen: Diese Feststellung drückt keine, aber auch gar keine Wissenschaftsfeindlichkeit aus – ein Urteil, das meiner Kritik an dem eilig-eifrigen und frühen Einsatz von Computern in der Schule und meiner Warnung vor ungewollten späten Folgen zuteil geworden ist. Ich erweise mich vielmehr als der Kenner und Verteidiger der Wissenschaft, wenn ich darauf bestehe, daß sie Deutungen der Welt nicht zu geben hat, die Menschen nicht erziehen, das gesellschaftliche Handeln nicht anleiten kann und soll. Ihre Aufgabe erwächst aus ihrer Beschaffenheit: sie klärt Sachverhalte. Je strenger sie sich daran hält und je weniger sie Weltanschauungen aufbaut oder rechtfertigt, um so größer ist der philosophische und politische Nutzen, den man von ihr haben kann. Und den Wissenschaftler hindert nichts daran, nach Kräften Politik zu treiben, solange er seinem Publikum deutlich macht, was er *als Wissenschaftler* erkennt und was er *als Bürger* will.

Dieses uralte Problem würde ich hier nicht erwähnen, fiele den Wissenschaftlern in dieser Lage nicht jener Tatbestand in den Rücken, den ich schon zweimal angedeutet habe: daß ihre Erkenntnis nicht mehr im Wortsinn ein *ob-jectum* – ein Gegen-Stand – ist. Die Wirklichkeit, die die Wissenschaften untersuchen, ist von diesen schon präpariert. Es gibt kaum ein Feld, auf dem sie nicht ihre eigenen Spuren antreffen.

Wie sollen sie da den »Täter« ermitteln? Die Erfolge der Sozialisationstheorie speisen sich daraus, daß man die jungen Menschen schon durchgehend »sozialisiert«, also durch planmäßig arrangierte Umstände unbewußt beeinflußt hat – von der Werbung über das wissenschaftlich bestimmte Verhalten der Eltern und Lehrer, über die Schularten, Klassengrößen und Erziehungsstile bis zur vorenthaltenen Verantwortung oder zur Verwendung des Wortes Sozialisation. Kann es irgend jemanden wundern, wenn die Sozialisationsstudien Zustimmung der Jugendlichen zum Schulnotensystem oder zum Wettbewerb oder zu Karriere und Aufstieg und insgesamt deutlich positive Zukunftserwartungen der Jugend im Jahre 1985 feststellen[3], um daraus eine Bestätigung des herrschenden politischen Ethos abzuleiten? Die Wissenschaft hat es sehr schwer, die sokratische Kritik und Besinnung nicht durch Statistik- und Datentrend zu ersetzen. Das aber heißt, daß die Gesellschaft ihren Kurs nach einem magnetisierten Kompaß steuert.

Die Fülle des gesicherten Wissens verschüttet das Bewußtsein von der bleibenden Aufklärungsnot des Menschen. Die Hoffnung, man werde die Lücke zwischen Physik und Ethik, zwischen den Wunderleistungen des Großcomputers und dem Handeln der *polis* oder des einzelnen, zwischen Erkenntnis und Menschlichkeit ihrerseits mit Hilfe von mehr verfügbarem und richtigem Wissen schließen, ist offenbar blind. Die Vermehrung des Wissens selber erweitert die Lücke – es schließt sie nicht. Das Wissen will gesteuert sein – es steuert nicht.

In der fast gänzlich vom Menschen gemachten Welt, in der die Bedingungen, die Wirkungen und die Machart der Dinge für bekannt, gewollt und kontrollierbar gehalten werden (und nicht einfach hingenommen werden müssen wie die Gestalt, der Umfang und die Bewegung der Erde), drängen die Menschen auf die Anwendung der nächsten *wissenschaftlichen* Erkenntnis, noch bevor die *sokratische* sich auch nur über sie gebeugt hat. Die Abschätzung der Folgen (technology assessment) geben wir eben den Wissenschaften auf, die die betreffende Technik hervorgebracht haben. Eine Fortsetzung des Starnberger Max-Planck-Instituts von Carl Friedrich von Weizsäcker über die Emeritierung des Gründers hinaus hat die Bundesrepublik dagegen nicht geschafft.

Die Pointe hiervon ist: Der Nachweis allein der ursächlichen Zusammenhänge wird immer komplizierter, je mehr Maßnahmen des Menschen sich akkumulieren; die Analyse der Wirkungen wird notwendig schwieriger, wo alles über die Absicht und Denkform des Menschen miteinander zusammenhängt; die Entscheidungen über die weiteren Maßnahmen kann man noch treffen, aber nicht mehr verantworten.

Bei der Planung der Bielefelder Schulprojekte entdeckten wir die Macht des Gottes AHMAZ – *A*lles-*h*ängt-*m*it-*a*llem-*z*usammen. Führt man X ein, muß man auch Y einführen, um Z abschaffen zu können, weshalb man X eigentlich wieder braucht.

Will WIENERWALD das amerikanische T-bone-Steak in Europa einführen, muß, sagen wir, ROSENTHAL einen Eßteller produzieren, der einen 3 cm größeren Durchmesser hat, woraufhin, sagen wir, MIELE seine Geschirrspülmaschinen neu konzipieren muß, was wiederum die Werkzeugmaschinenfabrik A am Leben erhält; dies wiederum verhindert, daß die Bank B auffliegt, worüber die Regierung C in Bedrängnis geraten wäre. Man sieht, wie das T-bone-Steak die staatsrettenden Absprachen befördert, und fragt sich, wie oft eine solche Erfindung gemacht wird, *damit* solche Prozesse in Gang kommen. Wie selten es so »positiv« abläuft, frage man lieber nicht.

Durch die Fülle der in sich rationalen Einzelvorgänge wird die Welt insgesamt immer irrationaler, denn die Ratio dieser Prozesse liegt in der Beschränkung des Interesses und der vollen Ausnutzung des Spielraums. Der Menschlichkeit des ganzen kann das nur durch Zufall dienen.

Der Anteil der Handlungen, die nicht durch das Wissen vom schon eingesetzten Wissen bestimmt sind, wird notwendig geringer, so daß die Erwartung, wir gelangten mit solchem Wissen ins offene Feld freier Entscheidung, falsch ist. Der »Antrag auf Zulassung der Listenauslegung nach dem Gesetz über das Verfahren bei Volksbegehren und Volksentscheid« – hier zwecks Überführung der in Nordrhein-Westfalen gelegenen Kernkraftwerke in Landeseigentum, wodurch der Regierung die Möglichkeit zur sofortigen Einstellung dieser Art von Energienutzung eröffnet werden soll – ist wegen der juristischen, fiskalischen, energiewirtschaftlichen Abhängigkeiten derart kompliziert, daß ihn wohl nur Nichtleser guten Gewissens unterschreiben können. Ich habe es auch so gewagt.

Sokrates aber lächelt und sagt: Dies ist's, was ich immer gesagt habe – je mehr ihr wißt, um so mehr müßt ihr denken; je sicherer ihr eure Welt macht, sei es durch Gesetze, sei es durch Technik, um so größer wird das Risiko der Irrtümer[4]; je mehr ihr das Wissen (statt es zum Gespräch der *polis* zu machen) zu einer käuflichen, durch Spezialeinrichtungen verteilbaren, nach Einflußstufe und -anspruch kontingentierbaren Ware macht, um so mehr Dummköpfe werden euch damit zu regieren suchen.

In Platons »Politeia« hat Sokrates einst das Gegenbild weit mehr zu unserer als zu seiner Gesellschaft entworfen – zur TA-, TÜV- und Meßwerte-Gesellschaft: einen Staat ohne Gesetze. In ihm sollte niemand hinter diesen, die ja das Rechte vorschreiben, Schutz vor dem Anspruch finden, über das Gemeinwohl nachzudenken.

2200 Jahre später – die Technik ist erfunden, die großen Geister der Zeit schreiben an der Enzyklopädie, die Französische Revolution steht vor der Tür – nimmt Lessing den Gedanken des Sokrates wieder auf:

»Will es denn Eine Klasse von Leuten nie lernen, daß es schlechterdings nicht wahr ist, daß jemals ein Mensch wissentlich und vorsätzlich sich selbst verblendet habe? Es ist nicht wahr, sag' ich; aus keinem geringeren Grunde, als weil es nicht möglich ist ...

Nicht die Wahrheit, in deren Besitz irgendein Mensch ist, oder zu sein vermeinet, sondern die aufrichtige Mühe, die er angewandt hat, hinter die Wahrheit zu kommen, macht den Wert des Menschen. Denn nicht durch den Besitz, sondern durch die Nachforschung der Wahrheit erweitern sich seine Kräfte, worin allein seine immer wachsende Vollkommenheit stehet. Der Besitz macht ruhig, träge, stolz –« (Lessing, Bd. VIII, S. 32 f.)

Lessing stemmt sich in veränderter Zeit mit dem gleichen Argument, aus der gleichen Menschenkenntnis und der gleichen aufklärerischen Gesinnung der Flucht des Menschen aus dem Denken in das Wissen entgegen.

Lessing hat einen mehrteiligen Dialog »Ernst und Falk« (so heißen die beiden Unterredner) geschrieben, der von den Freimaurern handelt – wie sie *zu denken* sind, unabhängig von der Wirklichkeit. In diesem Gespräch geht es um das Verhältnis von Moral und Politik oder, wie Vernunft zu organisieren sei. (Man sollte es in den Schulen wieder lesen!) Weil Staaten notwendig unvollkommen sind, muß es notwendig Leute geben, »die es freiwillig über sich genommen haben, den unvermeidlichen Übeln des Staates entgegenzuarbeiten« (Bd. VIII, S. 467). So die Antwort eines Aufklärers unter dem Absolutismus, dem sich die Freimaurerei als einzige bürgerliche Institution zu entziehen versuchte. Die Antwort in einer Demokratie muß anders lauten. Die politische Moral des Gemeinwesens, seine Humanität ist nicht Sache von Privatleuten. Ist sie das nicht, muß es öffentliche Verständigungs- und Überzeugungsprozesse geben, denen wiederum gemeinsames und gesichertes Wissen zugrunde liegt. Aus Privatleuten sind – in dieser Hinsicht – Staatsbürger geworden. Ebenso wäre das Verhältnis von Erkenntnis und Menschlichkeit *zu denken*, unabhängig von der Wirklichkeit.

## Anwendung

Welche praktische Bewandtnis haben diese Unterscheidungen von alltäglichem, wissenschaftlichem und philosophischem Erkenntnisgebrauch? Die Ereignisse machen auch die philosophischsten Menschen ungeduldig; draußen tobt ein Fast-Bürgerkrieg, und hier drinnen bläst einer den Schaumstoff eines philosophischen Mittelseminars in die ja auch diese feierliche Versammlung durchschneidende Kluft. Wenn das Haus brennt, geht man nicht in seine Studierstube und liest Bücher über die Zündler-Natur des Menschen oder die Unmoral des St. Florians-Prinzips oder die Brandverhütung im Altertum.

Die Fälle oder Unfälle, die ich im Sinn hatte, als ich mein Thema wählte, waren vielfältig und veranschaulichten doch das eine: wie das Angewiesensein auf richtiges Wissen die Aufgabe der Aufklärung erschwert – der Aufklärung, die sich nicht mit der Freiheit des Denkens begnügt, sondern Verhältnisse schaffen will, in denen die Freiheit des Denkens gedeiht und gedeihlich wirkt.

Die Fälle sollten sein:

- Schule und Humanität: die Unfähigkeit unserer Bildungseinrichtungen, Erkenntnis in den Dienst von Menschlichkeit zu stellen; sie verwandeln vielmehr hartnäckig Menschlichkeit in Wissen – und dies, weil wir das Leben selbst dem Gesetz der sophistischen Wahrheit unterworfen haben.
  Es sollten Ratschläge folgen, wie den Schulen zu helfen sei, pädagogisch zu werden – am Beispiel der Vorbereitung der Lehrer auf kluge Beobachtung der Schüler und der Situation statt auf Austrag und Einhaltung eines bestimmten Wissens.
- Demokratie und Humanität: die Unterhöhlung der Politik – der beweglichen Regelung gemeinsamer Angelegenheiten – durch Expertenwissen.
  Es sollten Ratschläge folgen, wie man der Politik dazu verhilft, politisch zu werden – am Beispiel der Demonstrationen und des Demonstrationsrechts.
- Technik und Humanität: die unbedachte oder allzu schlau bedachte Einführung umfassender neuer technischer Systeme ohne voraufgehende Erörterung nicht nur der Risiken und Kosten, sondern auch ihrer Wünschbarkeit für ein menschliches Leben auf dieser Erde – heute, morgen, übermorgen, hier und überall.
  Es sollten Ratschläge folgen, wie man den Sinn für diese weiter-

reichende Verantwortung wecken und zur Wirksamkeit bringen kann.

Inzwischen ist Tschernobyl eingetreten. Über dieses Ereignis spricht jeder, der irgendeine Öffentlichkeit erreicht. Nicht immer tut das der Überzeugung gut, die er vertritt. Auch das Philosophieren kann übereilt geschehen. Aber an dem Ereignis Tschernobyl und seinen Folgen offenbaren sich die drei Schwächen, von denen ich reden will, gleichzeitig und so klar, daß ich – aus schierer Ökonomie – beschlossen habe, es zum Testfall meiner Überlegungen zu machen. Es geht also nicht um alles und alles, was einem politischen Menschen zu Tschernobyl einfallen kann oder muß, sondern um die mit der Kernkrafttechnik verbundene Denkweise – und *deren* Folgen.

Vier Aufklärungspflichten nach Tschernobyl

1. Die Durchsetzung des Irrtumsprinzips

Tschernobyl belehrt mich nicht so sehr, wie es mich erinnert: an die Gedanken, die sich die alten Griechen über *tyche* gemacht haben. *Tyche* ist weder unausweichliches Schicksal noch Zufall, weder verschuldetes Verhängnis noch bloße Wahrscheinlichkeit. Thukydides hätte nicht gezögert, mir zuzustimmen, wenn ich *tyche* als »Grenze der Planbarkeit« oder »Grenze der Rationalität« definiere, die man auch empirisch aufzeigen (und nicht nur ausdenken) kann. In mehreren Reden läßt er kluge Männer in verschiedenen Situationen dem Volk einen von zwei Wegen empfehlen: Weil es *tyche* gibt, steckt den Kopf nicht zu weit 'raus! Oder: Weil es *tyche* gibt, könnt ihr nie sicher sein – es sei denn, ihr begebt euch aller Sicherheit, seid gewärtig, daß *tyche* zuschlägt, und nehmt jeden Augenblick, in dem sie es nicht tut, als ein Geschenk. *Tyche* – bonne chance, malchance.

Angesichts der Möglichkeit radioaktiver Verseuchung hätten auch die kühnsten Athener oder Syrakusaner niemandem geraten, die Angst vor dem Risiko mit der Lust an der Chance auszutreiben. Diese Möglichkeit hat ausgespielt. Sicherheit aber – die Ausschaltung von *tyche* – gibt es nicht. Weder der Mensch noch seine Geschöpfe werden je gänzlich »irrtumsfrei« sein. Wir sind darum gehalten, nur solche Dinge zu tun, deren Folgen einholbar sind. Daraus scheint mir zu folgen, was ich zuerst in einer Rede von Björn Engholm vor dem Kieler Landtag gehört und später von Bernd Guggenberger in der Frankfurter Allgemeinen (»Das Menschenrecht auf Irrtum«, 14. 6. 86), gründlich abgehandelt gefunden habe. Ich zitiere Björn Engholm:

»*Wir brauchen eine Technik, die Irrtümer und menschliche Fehler zuläßt.* Das tut die Kernenergie nicht. Eine Technik, die nie versagen darf, weil die Folgen nicht hinnehmbar, nicht beherrschbar, nicht rücknehmbar sind, ist unmenschlich.« (FAZ, 30. 5. 86)

Alle Hinweise auf kluge technische Vorkehrungen, die man hierzulande getroffen habe, damit der GAU nicht passiere, können nach dieser Überlegung nur dazu dienen, die Nerven während der wohl notwendigen Übergangszeit zu bewahren, bis die Kernkraftwerke abgestellt und beseitigt sind. Wer auf Sicherheit baut, begibt sich in höchste Gefahr.

2. Die Zumutung der Wahrheit

Man hat nach Tschernobyl viel Verharmlosendes gesagt – um die Bevölkerung zu beruhigen. Ich will keinem Politiker guten Willen und das Bewußtsein wohlverstandener Verantwortung absprechen. Aber heute, viele Wochen danach, muß es möglich sein, gründlich zu prüfen, was die Verlautbarungen wirklich ausgerichtet oder angerichtet haben, ob halbwahre Beruhigung wirklich beruhigt, ob sie nicht alles nur schlimmer macht. Wie es möglich ist, daß eine ganze Nation sich das Hinsehen verwehrt, wird man uns noch erklären. Die Behauptung, daß die französische Regierung sich hier gegen die eigene Bevölkerung verschworen habe, klingt mir schwach und löst nur weitere Fragen aus: Wo denn die Opposition gewesen ist oder was die Presse für ihre Aufgabe hält. *Ich* bringe die französische Weigerung mit ihrer *rationalité* und der sophistischen Grundeinstellung der Franzosen zu Technik und Politik zusammen. Die Deutschen sind für sie unbeherrschte Romantiker – noch immer. Erregung, die von dort nach Frankreich herüberschwappt, muß man, meinen sie, nicht ernst nehmen. – Und eben diese Mentalität macht mir mehr Sorge als die deutschen Verschweiger und Beschwichtiger. Auch sie sind betroffen – *cum tacent, clamant.*

Und so beunruhigt mich auch, wie schnell sich in unserem Land der Aufbruch eines neuen Bewußtseins in Kontrollfragen, im Gerangel um Grenzwerte, im Pochen auf das derzeitige – ausreichende oder nicht ausreichende – Wissen verhedderte. Wieder bestreite ich die Richtigkeit der Aussagen nicht – ich stelle nur die Wirkung fest: die Reduktion der Politik auf den Besitz und die Herausgabe von Meßdaten. Auf die Feststellung, unsere Sicherheitsstandards seien unübertreffbar (errechnet), in der Welt beispielhaft, die Kernenergie könne bis dann und dann (errechnet) nicht entbehrt werden, es sei zudem unbekannt, wie man ein Kernkraftwerk verschrotte (so der Vorsitzende der Jungen Union, Böhr, FAZ 13. 5. 86); oder auf den Vergleich der Folgen eines Kernkraftunglücks mit den 300 000 Abtreibungen im Jahr – kann man nur falsch, nämlich mit Gegenrechnungen, antworten. Jedenfalls geschieht dies.

In einer von der Vereinigung Deutscher Elektrizitätswerke (VDEW) in den großen deutschen Tageszeitungen bekanntgemachten Stellungnahme der Deutschen Ärztekammer heißt es:

»Die in den Bundesländern und Kommunen unterschiedliche Festsetzung von Grenzwerten und die sich teilweise widersprechenden Empfehlungen nach dem Kernkraftwerksunglück haben zu einer erheblichen Beunruhigung der Bevölkerung geführt.«

Die Beachtung *festgelegter Richtwerte* müsse gewährleistet sein. Heil ist im Standard, in der wissenschaftlichen Gewißheit, im Expertenwissen; Unheil ist nicht in der Sache, sondern in der Weise, in der wir sie behandeln – das sagt mir dieses erstaunliche Dokument.

Eine Ärztekammer sollte gewiß nicht Panik machen. Aber nun fixiert sie die Fixierung der Bevölkerung noch einmal auf eine Chimäre – ein absolutes Sicherheitsmaß. Höchstwerte sind eine meist vernünftig begründete Vereinbarung, schaffen mehr oder weniger Spielraum, können durch einen noch Ängstlicheren und noch Eifrigeren immer überboten werden. Und den letzteren wird man steinigen: *er* verdirbt die »Sicherheit« der anderen; ja, man sieht: die Vereinheitlichung hat nichts mit dem Risiko, sondern nur mit seiner Verwaltbarkeit zu tun!

Als der zuständige nordrhein-westfälische Minister Jochimsen eine Untersuchung des ihm ordnungsgemäß gemeldeten Störfalls im Thorium-Hochtemperatur-Reaktor in Hamm-Uentrop anordnete, führte das zu einer Auseinandersetzung, ob dort die Grenzwerte überschritten oder nur »nahezu ausgeschöpft« worden seien. Kein Laie kann aufgrund der beiderseitigen Äußerungen ermessen, wie ernst der Fall war; liest man die Texte, bekommt man den Eindruck: er sollte es auch nicht wissen. Aber daß mit dem Gegenstand unserer Sorge etwas Unplanmäßiges geschah, das verstehen wir und sind darum dafür, daß die Regierung die Sache genauer untersucht. Es solle uns nicht stören, daß die klugen Köpfe der Frankfurter Allgemeinen dies entweder lächerlich oder verdächtig finden. Es sollte uns aber stören, daß die öffentlichen Erörterungen darüber, wie viele Kugeln unter den Tausenden schon deformiert seien und eine ähnliche Verstopfung verursachen können, oder ob je eine Gefahr für die Bevölkerung bestand, oder wer schuld sei, von der uns angehenden Sache ablenken. Die Folge derartiger Erörterungen ist: man beruhigt sich, wenn die Auflage gemacht und erfüllt worden ist, daß die Verriegelung der Ventile in der Beschickungsanlage »künftig beim bestimmungsgemäßen Betrieb nur noch mit Hilfe der Automatik eingeschleust werden (dürfen) und nicht mehr von Hand« (Kommissionsbericht, FAZ, 13. 6. 86). Diese Beruhigung ist kaum besser als die der Kernkraftbetreiber, man habe eine Milliarde zurückgelegt, um im Fall eines Unglücks Entschädigungen vorzunehmen.

Wenn Wahrheit hilft, dann muß man sie erkennen können. Statt daß uns die Ärztekammer wissen läßt: »Die Wahrscheinlichkeit«, daß sich Strahlenschäden vom Unglück in Tschernobyl erst in den kommenden Jahren zeigen, »wird aufgrund wissenschaftlicher Erkenntnisse und vorliegender Meßdaten als äußerst gering angesehen«, müßte es heißen:

»Die Möglichkeit, daß sich Strahlenschäden vom Unglück in Tschernobyl erst in den kommenden Jahren zeigen, kann nicht oder nicht ganz ausgeschlossen werden.«

Die eine Mitteilung beruhigt, die andere macht aufmerksam. Allein die Wahrheit und die Gewißheit, daß man die Wahrheit hört, werden uns helfen, den Spielraum der Vernunft zu nutzen, der uns noch bleibt.

### 3. Die Wiederherstellung von öffentlichem Vertrauen

André Glucksmann hat die Geheimhaltung, das Vertuschenmüssen, wenn man so will: das öffentliche Lügen als die politisch alarmierendste Offenbarung in der Folge des GAU in Tschernobyl bezeichnet (FAZ, 20. 6. 86). Geht es um Leben und Tod und das inmitten der scheinbar unveränderten Welt – bei uns war eben gerade nach ungewöhnlich langem Winter der Frühling mit Macht und Pracht ausgebrochen, und die Natur sah so frisch und unversehrt aus wie nie zuvor –, dann versteht man beide Seiten: die Regierenden, die die nötigen Schutzmaßnahmen anordnen müssen, aber keine Hysterie auslösen wollen, und die Bevölkerung, die nun allem mißtraut, die erfährt, wie sehr sie auf die Experten angewiesen ist, daß sie einen Geigerzähler nicht hat und daß, hätte sie einen, sie seine Meßwerte ohne Anweisung nicht anzuwenden wüßte. Der Bürger, eben noch aufgebracht gegen irgendeine abstrakte Verletzung seiner Mündigkeit – erfährt eine konkrete und totale Entmündigung, nicht durch seine Regierung, sondern durch etwas, was man weder riecht, noch sieht, noch fühlt; er erfährt, daß er die Kontrolle über sein Wohl an ein Gerät und die Bürokratie abgegeben hat, und *kann* fortan nicht mehr vertrauensvoll reagieren.

Ein bewährtes Mittel zur Überwindung von Mißtrauen ist, daß man ihm stattgibt: Du hast ein Recht auf dieses Mißtrauen! Man gebe also der Bevölkerung die Erkenntnismittel in die Hand – bald, überall und uneingeschränkt. Man nehme dies gleichzeitig zum Anlaß, sich von den großen Verwaltungseinheiten zu lösen, sorge für überschaubare Lebensgebilde – Stadtbezirke, Gemeinden, Schulen, Betriebe –, in denen die Menschen einander kennen, ermögliche den demokratischen Wahlen zu sein, was sie sein sollen: die Einsetzung der Person unseres Vertrauens zur Ordnung der gemeinsamen Angelegenheiten.

Dank der Medien sind unsere Regierungen uns nicht unvertraut, wenn wir sie wählen. Aber die Menschen unseres Vertrauens sind sie dadurch noch nicht. Unser Vertrauen zur Regierung ist weitgehend eine Folge des Vertrauens in die Institutionen des Staates: in die Gerichte, die Rechnungshöfe, die parlamentarische Kontrolle, das Dienstrecht und so fort. Wenn eine Regierung sich mitten in der Legislaturperiode mit einem sehr brisanten Problem konfrontiert sieht, wenn es dabei zu heftigen Demonstrationen kommt, muß sie heute mehr denn je auf die peinliche Wahrung der rechtsstaatlichen Prinzipien achten. Das Vertrauen der Bürger auf die Prinzipien darf sie nicht ihrem Vertrauen auf sogenannte

Erkenntnisse opfern. Vollends dürfen »Erkenntnisse« nicht die eigene Beobachtung ersetzen.

Die Vorfälle auf dem Heiligengeistfeld in Hamburg haben die Gemüter weit über diese Stadt hinaus erregt, weil sie die sich gerade ordnenden Fronten wieder verwirren. Friedlich demonstrierende Bürger, die noch nie mit besserem Grund diesen Weg der Politik beschritten haben, die Polizei, die diesen Weg schützt, und die Gerichte sollten auf der einen, vermummte Gewalttäter und vermummte Lobbys auf der anderen Seite stehen. Das ist die Empfindung der Mehrheit der Menschen.

Wie man die Steinwerfer isoliert, ist ein ernstes, aber mit gutem Willen und praktischer Klugheit lösbares Problem. Ungleich wichtiger und schwieriger aber ist ein anderes:

Aus den Beschreibungen, die ich von den Vorgängen gelesen habe, entnehme ich die Anfänge eines unversöhnlichen Bürgerkrieges – weil man den gegenseitigen Funktionen nicht mehr traut. Es gibt Bürger, die den Regierungen nicht glauben können, daß sie das Gemeinwohl vertreten, wenn sie Kernkraftwerke bauen, die Aufstellung von Atomwaffen auf unserem Boden erlauben, die Wohnungen verkabeln lassen, Großkliniken errichten, ihr Autobahnprogramm durchsetzen (und alle Maßnahmen unterlassen, die erlaubten, davon abzusehen), Bürger, die auf die sokratische Frage: Wozu das alles? immer nur die sophistische Antwort bekommen: Weil sonst unser System Schaden nimmt. Und es gibt Männer und Frauen im Dienst des Staates, die diesen Bürgern nicht glauben können, daß sie darum noch keine »Chaoten« sind, sondern aufgeklärte Leute, die diesen Staat und sein Versprechen auf Recht, Schutz des Lebens, Würde des einzelnen und Demokratie ernst nehmen.

Hier wäre eine Entsprechung zu Lessings »Freimäurerei« hilfreich. Die Kirchen *sind* es nicht. Die Parteien *können* es *nicht sein.* Und so stoßen die, die Verantwortung für das Funktionieren tragen, mit denen, die Verantwortung für die Menschlichkeit geltend machen, unvermittelt und unversöhnlich aufeinander. Solange anderes nicht erfunden ist, muß zur Wahrung eines Mindestmaßes an gegenseitiger Achtung der Staat seine Regeln nicht nur einhalten, er muß zusätzliche Anstrengungen machen, daß man ihm dies glaubt, damit aus der Vertrauenskrise nicht eine Staatskrise werde.

Der Hamburger Senat wird sowenig wie andere Länderregierungen mit der Verschärfung der rechtlichen Mittel weiterkommen – und die friedlichen Demonstranten werden auf die Dauer nicht davon absehen können, daß ihre Sache von Dritten verdorben wird. Wenn es darum geht, Ausschreitungen (mit dem damit stets verbundenen Schaden für Unbeteiligte – für Leib, Leben und Sache) zu verhindern, dann werden Regierung und Polizei dies letztlich nur *mit* den Demonstranten erreichen können – und mit den Rechtsgrundsätzen, nicht neben ihnen oder gelegentlich gegen sie. Die Bürger werden sich überlegen müssen, welch andere Mittel es gibt, gegen Kernkraftwerke zu protestieren, die nicht so leicht mißbraucht oder mißverstanden werden können. Es gibt sie!

Wenn freilich Regierungen auch noch V-Männer einsetzen (V-Männer heißt makabrerweise »Vertrauensmänner«), die nicht nur Steine schmeißen, sondern Gefängnisse anbohren und dadurch »nebenbei« den Eindruck erwecken, hier gingen Menschen, die vor nichts zurückschrecken, unserem Staat zu Leibe, dann darf man sich nicht wundern, wenn die Eskalation für gewollt und herbeigeführt gehalten wird: damit man endlich einen Vorwand für das Durchgreifen der Ordnungsmacht und der Gesetzgeber habe (DIE ZEIT, 13. 6. 86, Dossier).

4. Sich der Folgen, die Tschernobyl für das Lebensbewußtsein von Kindern hat, annehmen

Die schlimmsten Schäden hat Tschernobyl nicht in der Natur, im Frieden der *polis*, in den Gemütern der Erwachsenen angerichtet, sondern bei Kindern. Ihnen ist ihre Welt, die nahe, zugängliche, vertraute – der Garten, das Gras, der Sand, der Regen, die Pfützen, die Milch, das Fell ihres Tieres – von Stund' an »verboten«, und dies auf eine unerklärliche Weise anders als anderes: Vaters Werkzeug zu benutzen, Tiere zu quälen, den kleinen Bruder zu ärgern. Die gewohnten Dinge, die gleich aussehen und die niemand und nichts berührt hat, sollen nun durch und durch schlimm sein, unantastbar und doch ohne irgendwelche hier und jetzt spürbaren Folgen – man kann das Verbot der Eltern umgehen, und niemand wird dies in den nächsten Jahren herausfinden.

Dies verbinden die Kinder mit anderem, was die Erwachsenen ihnen sagen und klagen. Sie wachsen in eine Welt hinein, die verdorben, gefährlich, feindlich und nur durch ein Wunder zu retten ist.

In einer 5. Klasse der Bielefelder Laborschule ist im Winter und Frühjahr die Entstehung der Erde, der Pflanzen- und Tierwelt behandelt worden – die große, unendlich lange Vorzeit unserer Geschichte. Die Schüler haben den Ablauf der Weltzeit maßstabgerecht in der Form eines Pappstreifens an der Wand entlang befestigt und die darauf eingeteilten Äonen mit Fluten, Eiszeiten, Kontinentaldriften, Dinosauriern, Schachtelhalmen und den ersten Menschen gefüllt. Dann kam Tschernobyl, und ihnen war plötzlich klar, daß sie einen erdgeschichtlichen Augenblick erleben. Die Lehrerin ließ sie – es war in der Woche nach Tschernobyl – aufschreiben, *wie es mit unserem Planeten weitergehen werde.* »Tatsachen / Hoffnungen / Gedankenspielereien« hatte sie ermutigend an die Tafel unter das Thema geschrieben.

Hier, was zehn- bis dreizehnjährige Schüler sich dazu gedacht haben:

Wie kann die Entwicklung auf dem Planeten Erde weitergehen?

Es wird keinen Krieg mehr geben, die Luft wird wieder klar sein. Die Menschen werden nur noch Katalysator-Autos fahren. Computer wird es bald auch nicht mehr geben, weil die Menschen immer mehr arbeitslos werden. Die Bombenkriegsflugzeuge werden abgeschafft. Die Bäume werden grüner. Die Leute werden viel vernünftiger. Sie kapieren, daß das Ganze falsch war.

*(Junge, 11 Jahre)*

Die Bäume sterben ab, der Sauerstoff wird weniger. Die Greenpeace-Leute besetzen die AKWs. Sie wollen sie erst wieder freigeben, wenn jede Firma Luft- und Wasserfilter eingebaut hat. »Sonst stellen wir den Strom ab.«

Nach zwei Jahren hatten alle Länder Katalysatoren-Autos. Der Sauerstoff wurde wieder mehr. Das erste Problem war vorbei. Das zweite Problem war noch geblieben: das Atom. Rußland und die USA wollten Krieg machen. Aber der Arzt Dr. med. Wurst hatte eine Idee: Wenn man die Gehirnzelle A 37 $b_2$ wegoperiert, gibt es keine aggressiven Menschen mehr. Alle Menschen werden lieb und gemütlich.

Plötzlich sagte meine Mutter: »Du mußt aufstehen. Der Bus fährt gleich ab.« Leider war das alles nur ein Traum.

*(Junge, 11 Jahre)*

Ich habe Angst, daß meine Eltern mir nicht sagen würden, was in der Welt Schlimmes passiert, und daß sie mir ihre Angst nicht sagen, weil sie denken, daß ich das nicht verstehen würde. Angst habe ich davor, daß meine . . .

(Neuanfang:)

Ich habe Angst, daß mir meine Eltern mal nicht sagen würden, was in der Welt Schlimmes passiert und was sie für Angst haben.

Wünsche haben alle, auch ich: Ich wünsche mir, daß niemals ein Atomkrieg oder Krieg kommt. Eins aber wünsche ich mir eigentlich am allermeisten, nämlich daß die Radioaktivität weggeht, weil ich nicht barfuß laufen darf und weil wir keine Milchprodukte mehr essen und keine Milch trinken können. Auch weil mein Pflegepferd nicht auf die Weide kann.

Die Tatsachen, die ich kenne: daß die Kohle wie auch das Gold und die Metalle zu Ende gehen. Wenn das Benzin zu Ende geht, finde ich das gut. Dann kann ich auf einem Pferd oder Esel zur Schule reiten.

*(Mädchen, 10 Jahre)*

Ich wünsche mir, daß kein Krieg kommt und daß die Radioaktivität weggeht. Angst habe ich vor Krieg und vor Radioaktivität. Ich will, daß keine Autos mehr fahren und auch keine Mopeds und keine Hubschrauber in der Luft . . .

Ach, da kommen zwei Pferde. Sie traben zu mir. Der Krieg und die Radioaktivität kommen nicht – und ich bin sehr froh. Ende.

*(Mädchen, fast 12 Jahre)*

In meiner Phantasie denke ich mir dies: Man könnte auf fremden Planeten leben. Dazu müßte man Tiere und Pflanzen dahinbringen. Aber dort darf es keine Autos geben. Nur umweltfreundliche Raumschiffe und Ufos. Die sollen sehr gemütlich sein (mit einer Bar usw.). Eine Schule gibt es im Weltall auch. Dort lernt man genau das gleiche wie hier bei uns. Blumen wachsen dort viel besser als auf der Erde, da es keine Luftverschmutzung gibt. Und Ungeziefer gibt es da auch nicht. Es gibt leckere Früchte und Gemüse. Alles ist sehr gesund. Man braucht einen Bahnhof, damit man von Planet zu Planet fahren kann. Eine Fahrt von dem Mars zum Jupiter kostet ca. 450 Raumdollar. (Abbildungen des Raumdollars, eines Raumbusses und eines Raumtaxis)

*(Junge, 11 Jahre)*

Die Erde wird vernichtet. Das Leben ist nur noch mit Robotern möglich. Die Häuser, Straßen und Firmen bestehen aus Eisen, Blech und Kunststoff. Autos werden durch Raumschiffe und Eisenroller ersetzt. Das Leben ist ohne Helm unmöglich; er besteht aus einem Funkgerät, einer Gasluftmaske, einer Antenne und einem kleinen Bildschirm. Es ist nirgendwo etwas Grünes zu sehen. Alles ist grau, hart und kalt. Die Menschen ernähren sich von künstlichen Sachen. Erdöl, Gas, Steinkohle und die anderen Metalle gehen langsam zu Ende. Der Tageslauf besteht aus Heroin, Alkohol und Schlägereien. Bald gibt es keine Menschen mehr. So stelle ich mir die Zukunft vor.

*(Mädchen, 13 Jahre)*

Ich denke, daß es einmal so aussieht: Daß wir im All leben und andere Sterne bewohnen können. Ich fände es schön, wenn es keinen Krieg mehr gibt. Ich glaube, daß durch die vielen Atomversuche einige Tiere sich zu riesigen Monstern entwickeln. Dann gibt es auch keine Atomkraftwerke mehr, denn wir haben fliegende AKWs auf den Sternen, wo sie durch riesige Ketten festgehalten werden. Sie sind auch mit Stahl gepanzert (siehe Abbildung). Es gibt dann auch Raumflitzer und Raumautos (siehe Abbildung). Und Raumschiffe verschiedener Art (siehe Abbildung). Um unsere Städte haben wir Glaskuppeln gebaut, so daß man unter der Kuppel auch ohne Raumanzug leben kann.

*(Junge, 11 Jahre)*

Noch weiß kein Mensch, was aus Kindern wird, in denen es so aussieht. Unsere Welt haben sie in ihrer Phantasie schon verlassen. Menschlichkeit ist eine Erinnerung geworden.

## Auswege

Ich zähle kurz die Auswege auf, die uns geläufig sind, um auf ihrem Hintergrund den um so besser begründen zu können, den ich für den gangbaren halte, den von Sokrates und Lessing, den der Aufklärung also.

1. Der Menschheit bleibe keine Wahl als den Weg weiterzugehen, den sie eingeschlagen habe, und sie werde ihn bewältigen, wenn sie nüchtern, erfindungsreich und veränderungsmutig sei. Ohne Risiko sei die Welt nie gewesen. Nichts könne die Aussicht auf Bewältigung mehr stören als Angst vor der Zukunft.

2. Das bisherige Wissen von der Welt sei falsch, einseitig, zerstörerisch gewesen – und folglich auch alles, was mit seiner Hilfe auf diesem Planeten eingerichtet worden sei. Dem müssen Schranken gesetzt werden. Wir zerlegen die Schöpfung, wie wir einen Motor zerlegen, und setzen die Teile nach unseren Zwecken wieder zusammen. Das System dieser Zwecke herrscht so absolut, daß wir auch die einfachen, starken, sehr menschlichen Regungen, die wir für die Schöpfung haben, dagegen nicht ins Spiel bringen können. Das Verhältnis von Erkenntnis und Erkanntem haben wir an einem falschen Modell konstruiert: von Mensch und Gebrauchsmaterial. Wie könnte es sonst »strittig« sein, ob der Schutz des Tieres etwa vor dem Anspruch auf freie Forschung ein »von der Verfassung anerkanntes Rechtsgut« sei?! Die Verwendung von Tieren für die Erprobung von Waffen und Munition bleibt auch im neuen Tierschutzgesetz erlaubt. Versuche »mit schweren Belastungen der Tiere« gelten als ethisch vertretbar, wenn die angestrebten Ergebnisse »vermuten lassen, daß sie für wesentliche Bedürfnisse von Mensch oder Tier einschließlich wissenschaftlicher Probleme von hervorragender Bedeutung sind« (aus dem neuen Tierschutzgesetz, zitiert nach der Frankfurter Rundschau vom 17. 4. 86). Auch der Mensch wird wie eine Sache behandelt – z. B. bei der Einlieferung ins Krankenhaus »erst einmal durchdiagnostiziert« und dabei oft genug zu seinem Schaden, wie die Ärzte sagen, »überdiagnostiziert« und anschließend »übertherapiert« (FAZ, 4. 6. 86). In strategischen Kalkülen errechnen wir unseren Feind – das Feindpotential und wie wir mit ihm unter der

Annahme a bis n umgehen müssen, wenn wir die Ziele b bis n erreichen wollen –, aber wir kennen die Menschen der Feindgruppe nicht. Wir lassen uns vom Computer sagen, was die Natur sei, die zu schützen ist, weil nur er alle Daten, die zu einem Biotop gehören, zusammenhalten könne (Claus Lafrenz, in: FAZ, 24. 5. 86). Seit einiger Zeit nimmt man Veränderungen an den Genen von Pflanzen, Tieren und Menschen vor, ohne zu wissen, welche Folgen dies in den nächsten Generationen – draußen, außerhalb des Versuchs – haben werde.

Was aber, frage ich, kann das Maß der Beschränkung sein? Doch nur die Vernunft, die sich ihrerseits von gemeinsamer, also nachgewiesener Erkenntnis speist. Erschiene der Herr der Schöpfung im Feuerbusch noch einmal und gäbe uns seine Gesetze für die heutige Welt, dann möchte ich meine Vernunft wohl hintanstellen. Aber so habe ich nichts als meine fünf Sinne, meinen Verstand, die Korrektur durch meine Mitmenschen und die Natur, soweit sie noch erkennbar ist. Die Verwerfung der Wissenschaft würde uns nur Afterwissenschaft einbringen.

3. Wir brauchten nicht so sehr ein neues Wissen wie eine neue Moral. Hans Jonas, der diesen Standpunkt vertritt, begündet ihn mit der vom Menschen entwickelten wissenschaftlich technischen Macht: »Alles daran ist neuartig, dem Bisherigen unähnlich, der Art wie der Größenordnung nach.« (Jonas, S. 7) Vergangene Erfahrung könne uns hierzu nichts lehren.

Ich halte diese These für überspitzt und im einzelnen auch für schlecht belegt. So neu ist weder unsere Lage noch das Bewußtsein von ihr. Die Antike kannte sehr wohl den »Eingriff in die Natur« und hat ihn getadelt, nein, meinte zu erleben, daß die Natur sich für die Hybris des Menschen rächt: Ikarus stürzte ab, Artemis forderte das Opfer der Iphigenie als Sühne, Xerxes, der den Europa von Asien trennenden Hellespont peitschen ließ und mit einer Brücke von Schiffen überwand, verlor den Krieg. Die neuen Dimensionen der Verantwortung, die Jonas sieht, sind: die Verletzlichkeit der Natur, von und mit der auch wir Menschen leben; die Pflicht, auch die fernsten Folgen in Raum und Zeit zu berücksichtigen; die Anerkennung des »sittlichen Eigenrechts der Natur«, nicht zuletzt, weil der entfesselte Prometheus Unumkehrbares anrichtet – Arten ausrottet oder verändert, ganze Länder unbewohnbar macht, ganze Meere sterben läßt und unersetzbare Güter verbrennt oder verbraucht. Um diesen Dimensionen der Verantwortung zu genügen, stellt Jonas einen neuen Kategorischen Imperativ auf, der den von Kant ablösen soll: »Handle so, daß die Wirkungen deiner Handlung verträglich sind mit der Permanenz echten menschlichen Lebens auf Erden.« (S. 36)

Sehen wir davon ab, daß dieser Imperativ sprachlich nicht dicht hält; sehen wir auch davon ab, daß er zwar kategorisch, also unbedingt, aber kein objektives Vernunftgesetz ist – er ist auf eine Gesinnung gegründet und nicht auf zwingende Einsicht –, daß er also die Funktion, die der Kantsche Imperativ für die Ethik haben soll, verfehlt –, so ist er doch weder stringent noch umfassend, noch notwendig. Mit dem Kantschen Imperativ kommt man hinsichtlich der Natur ebensoweit, wenn man die Wirkung einbezieht, die rohes, ausbeuterisches, rücksichtsloses Verhalten ihr gegenüber auf den eigenen Charakter haben muß, – und hinsichtlich der Menschen kommt man ungleich weiter. Die Menschen werden vor allem enttäuscht sein, wenn der neue Kategorische Imperativ nicht besser greift als der alte. Und jede unnötige Enttäuschung ist eine Schwächung.

Wie dem Versuch von Hans Jonas, eine neue ökologische Ethik zu begründen, wird es auch anderen gehen[5]: Sie werden immer, um dem Anthropozentrismus zu entrinnen, auch die Position des Rationalismus wenigstens zum Teil verlassen müssen. Und das schwächt ihre Überzeugungskraft in einer nicht mehr religiösen Welt.

4. Es gibt schließlich Menschen, die den Untergang der Welt durch Menschenhand für unausweichlich halten und uns demgegenüber Gelassenheit empfehlen,
- moralische Gelassenheit, indem wir unser Apfelbäumchen pflanzen,
- intellektuelle Gelassenheit, indem wir uns klarmachen, wie oft die Welt schon völlig zerstört worden ist (das meint man heute zu wissen),
- ästhetische Gelassenheit, indem wir uns überzeugen, daß alles andere Gebaren lächerlich und unwürdig ist.

Mir fehlt entweder die hierzu gehörige philosophische Reife oder die nötige Dickfelligkeit.

5. Mir selber will nur ein Weg richtig scheinen: einzusehen, daß das Verhältnis von Erkenntnis und Menschlichkeit in der Tat schwieriger, aber nicht prinzipiell anders geworden ist und daß ich darum die Anstrengung erhöhen muß, mit der das Denken das Handeln anleitet, das Handeln dem Denken folgt. Wissen ersetzt Erkenntnis nicht – nicht die jedenfalls, die ich von den wichtigsten Dingen haben muß, um menschlich zu handeln: von Freiheit und Frieden, Gerechtigkeit und Glück, Selbstachtung und Nächstenliebe. Für sie brauche ich Lessings »immer regen Trieb nach Wahrheit«, den immer regen Zweifel des Sokrates und eine *polis*, die sich auch angesichts von Tschernobyl nicht auf richtiges Wissen verläßt. Für Menschen, denen nur vollständiges und eindeutiges und in allem für alle gleiches Wissen Sicherheit verspricht, wird die Vernunft zu einer menschenfeindlichen Aktivität. Zuversicht in die Menschlichkeit dieser Welt kann *ich* nur haben, wo ich Mensch und also fehlbar sein darf. Mit dieser Fehlbarkeit wiederum werde ich nur leben können, wo frei und ohne Schranken zu denken nicht nur erlaubt, sondern geboten ist.

# Achte Übung: im Einstehen für die Integrität des anderen

## Von den Grenzen des Rechts

*Ein Gnadengesuch für einen »Totalverweigerer«, 1986*

### *Chronik des Falles Christoph Bausenwein*

Am 12. 4. 1978 teilt Christoph Bausenwein der zuständigen Wehrersatz-Dienststelle seine Verweigerung des Kriegsdienstes mit der Waffe mit. Eine Woche später wird er gemustert, mit dem Ergebnis Tauglichkeitsgrad 2. Im März 1979 wird sein Antrag vor dem Prüfungsausschuß verhandelt und abgelehnt mit der Begründung: »Der Antragsteller läßt nicht sein Gewissen, sondern vorwiegend seinen Intellekt sprechen.« Bausenwein legt Widerspruch gegen die Ablehnung ein, dem die übergeordnete Prüfungskammer wiederum nicht stattgibt. Eine Petition an den Deutschen Bundestag und Anträge auf Zurückstellung bis zur Beendigung des Studiums führen zu weiteren Ablehnungen und weiteren Berufungsverhandlungen vor einem Verwaltungsgericht in Ansbach, das am 22. 5. 1980 Bausenwein als Kriegsdienstverweigerer anerkennt. Im Dezember 1980 wird er zum Zivildienst einberufen. Da er inzwischen schon 3 Semester studiert hat, beantragt er Zurückstellung. Dem Antrag wird im Januar 1981 stattgegeben. Im Mai 1981 tritt Bausenwein seinen Zivildienst als Pfleger in einem Heim für geistig Behinderte freiwillig an. Am 19. 4. 1982 teilt er dem Bundesamt für Zivildienst mit, daß er seinen Dienst vorzeitig beenden werde. Diesen bricht er auf den Tag genau nach einem Jahr ab. 3 Monate später wird er wegen »Dienstflucht« (§ 53 des Zivildienstgesetzes) angeklagt. Im Dezember 1982 verurteilt ihn das Amtsgericht Nürnberg zu 8 Monaten Freiheitsstrafe auf 3 Jahre Bewährung. Am 16. 12. 1983 wird Bausenwein erneut zum Zivildienst einberufen und legt erneut Widerspruch ein, der sich auf den Rechtsgrundsatz *ne bis in idem* beruft. Bausenwein wird im Juni 1983 erneut angeklagt; es wird ihm »das Privileg des Verbotes der Doppelbestrafung« abgesprochen. Im Februar 1984 verurteilt ihn das Amtsgericht Nürnberg zu 8 Monaten Freiheitsstrafe ohne Bewährung. Die Berufungen des Angeklagten und des Staatsanwalts werden beide verworfen: »Der Angeklagte hat sich in der Berufungshauptverhandlung als ein kühler, außerordentlich logisch denkender junger Mann erwiesen, dessen Argumente gegen den Zivildienst intellektuell durchaus interessant zu hören waren, für eine Gewissensnot in dem beschriebenen Sinne jedoch nichts hergaben.«

Dieses Urteil wird 1985 vom Bayerischen Obersten Landgericht aus formalen Gründen aufgehoben und an das Landgericht Nürnberg-Fürth zurückverwiesen. Im Juni 1985 erhält dieses sein Urteil vom Februar 1984 aufrecht: »Die Totalverweigerung ist für den Angeklagten nur Mittel zum Zweck, die von ihm gewählte Taktik im Kampf gegen die geltende Wehrverfassung.« Ein erneuter Revisionsantrag des Angeklagten wird vom Bayerischen Obersten Landgericht im November 1985 abgelehnt. Christoph Bausenwein muß zweimal 8 Monate (aus beiden Verfahren) Gefängnisstrafe absitzen.

Ein Gnadengesuch des Vorsitzenden des Bielefelder Gefangenenbeirats Martin Braune vom 23. 5. 1986 an den Bayerischen Staatsminister der Justiz wurde von diesem mit einem Schreiben vom 8. Juli 1986 abgelehnt. Man habe die »persönliche Gnadenwürdigkeit, insbesondere die Erwartung eines straffreien Lebens« geprüft, jedoch »keine hinreichend tragfähigen Gnadengründe« erkennen können. Herr Bausenwein sei »nicht wegen eines einmaligen Versagens« verurteilt worden, vielmehr habe er »die Bewährungschance, die ihm das Gericht zunächst gegeben hat, vorsätzlich vertan«.

In dieser Lage habe ich am 30.September 1986 ein zweites Gnadengesuch an den Bayerischen Staatsminister der Justiz, Dr. August Lang, gerichtet, dem sich mehrere Mitunterzeichner angeschlossen haben und das im folgenden abgedruckt ist.

Bielefeld, den 1. 9. 1986

An den
Bayerischen Staatsminister
der Justiz
Herrn Dr. August R. Lang
Justizpalast
Elisenstraße 1a

8000 München 3

*Betr.:* Gnadengesuch für den Studenten Christoph Bausenwein
z. Z. im Gustav-Radbruch-Haus der Justizvollzugsanstalt
Frankfurt am Main

Die Unterzeichner bitten erneut, den in der Justizvollzugsanstalt Frankfurt am Main wegen Dienstflucht einsitzenden Christoph Bausenwein, dessen Strafende auf den 17. 5. 1987 vorgemerkt ist, jetzt zu begnadigen.

Die Gründe für die Ablehnung eines anderweitigen Gnadengesuchs, das der Landeskirchenrat der Evangelisch-Lutherischen Kirche in Bayern, Oberkirchenrat Theodor Glaser, am 14. 3. 1986 bei Ihnen eingereicht hat, sind uns bekannt (Ihr Schreiben an diesen vom 8. 7. 1986).

Diesen erneuten Versuch, die Begnadigung von Christoph Bausenwein zu erwirken, unternehmen wir in Zuversicht, weil wir unsere Bitte anders begründen als Oberkirchenrat Theodor Glaser. Wir treten dabei zwar auch mit humanitären Gründen für einen jungen Überzeugungstäter ein, sind uns aber im Zweifel, ob Christoph Bausenwein an einer Begnadigung überhaupt gelegen sein kann. Geht es ihm, wenn er den Zivildienst verweigert, tatsächlich – wie die 6. Strafkammer bei dem Landgericht Nürnberg-Fürth unterstellt – um eine »Taktik . . . im Kampf gegen die Wehrverfassung« (Urteil der 6. Strafkammer vom 19. 6. 1985, S. 13), so spricht viel dafür, daß das »Martyrium« seiner Sache förderlich wäre, eine vorzeitige Entlassung dagegen auf andere potentielle Totalverweigerer verunsichernd wirken könnte. Aber auch sonst muß Herr Bausenwein befürchten, daß Gnadengesuche an sich schon die Ernsthaftigkeit seiner radikalen Überzeugung in Frage stellen. Auch Begnadigung kann ja als Mittel der Beschwichtigung und Teil des »Systems« angesehen werden.

Indem wir um die Begnadigung von Christoph Bausenwein bitten, treten wir vielmehr vornehmlich a) für das Ansehen und die innere Konsequenz unseres rechtsstaatlichen Gemeinwesens ein und b) für eine Gruppe von Personen, die sich in der Wahrung ihrer persönlichen Identität durch das Urteil der 4. Strafkammer bei dem Landgericht Nürnberg, durch dessen Bestätigung durch die 6. Strafkammer desselben Gerichts und durch Ihre Ablehnung des ersten Gnadengesuchs prinzipiell des rechtlichen Schutzes beraubt sehen. Sie müssen ihre Überzeugungen entweder als ein Gebot des Gewissens ausgeben oder sie ablegen, wenn sie nicht straffällig werden wollen. Dieser buchstäblich gnadenlose Umgang mit dem, was sie für ihre Lebenswahrheit halten, die weder mit dem historischen Gesetz übereinstimmt, noch sich auf außerhistorische, metaphysische Instanzen berufen kann, scheint uns unserem Rechtsstaat nicht bekömmlich.

*Zu a):*

Christoph Bausenwein ist inzwischen aus dem Zivildienst entlassen. Diese Entlassung hat zwar selbst strafenden Charakter, bedeutet aber nicht, daß der Anspruch auf den geschuldeten Dienst als erloschen zu gelten habe. Würde Herr Bausenwein erneut einberufen – wie schon nach der ersten Verurteilung –, er müßte dann, weil das erwartete »künftige Wohlverhalten« (Urteil der 4. Strafkammer, S. 5) voraussichtlich nicht eingetreten sein wird, abermals – und nunmehr wegen der offenkundigen Unverbesserlichkeit des Dienstflüchtigen mit erhöhter Strafe – verurteilt werden. Würde dies zur Norm, es gäbe fortan in unserer Republik drei Formen des Dienstes: 1. Wehrdienst, 2. (wenn dieser aus Gewissensgründen nicht geleistet wird) Zivildienst und 3. (wenn dieser aus Überzeugung nicht geleistet wird) das Strafgefängnis. In den USA ist es schon während des Zweiten Weltkrieges zu dieser Konfiguration gekommen, mit der Folge, daß die Mitglieder traditioneller pazifistischer Kirchen (beispielsweise der Quäker, der Church of the Brethren, der Mennoniten und anderer) im Vollzug und zur Bezeugung ihres Glaubens den dritten Weg wählen. Der Staat und die Rechtsprechung sind dadurch hinsichtlich der Absicht der Verfassung (bei uns des Grundgesetzes) ins Zwielicht geraten: Nicht der Schutz der Menschenwürde, des Gewissens, des »Gott-Mensch-Bezugs«, des »Persönlichkeitskerns«, der »personalen Substanz« (6. Strafkammer, S. 9), sondern die Durchsetzung des Wehrgesetzes und des damit verbundenen Ersatzdienst-Gesetzes erscheinen als das Hauptziel von Gesetz und Rechtsprechung – auch um den Preis der Schädigung einer Person. Die 6. Strafkammer hält dem Anspruch Christoph Bausenweins auf Anerkennung seiner Überzeugungstat als einer Gewissenstat (worüber man juristisch und philosophisch weiter wird streiten müssen) im wesentlichen die notwendige Abschreckungswirkung dieses Urteils entgegen (S. 17).

Wie soll eine Persönlichkeit vom Typus des Christoph Bausenwein in diesen und in weiteren Auseinandersetzungen mit Organen und Gesetzen des Staates dessen Autorität anerkennen, wenn in der gegebenen Lage nicht einmal Gnade gewährt werden kann, weil die »Tat«, um derentwillen er verurteilt worden ist, Gnadenwürdigkeit per se ausschließt. Totalverweigerung wird hier ja als Reuelosigkeit ausgelegt. Reue kann auch der gemeinste Meuchelmörder zeigen, so daß ihm Gnade gewährt werden kann. Der Totalverweigerer, der vier Monate seines Zivildienstes schuldig bleibt, hat dagegen von vornherein jede Gnade verwirkt; er gerät in eine Spirale der Strafverschärfung; die »Bewährung«, zu der der Strafvollzug ausgesetzt wird, kann er prinzipiell nicht nutzen, es sei denn, er verrät die eigene Person.

Wenn Christoph Bausenwein sich der Warnung gebeugt hätte und überhaupt aus dem bisherigen Verfahren die »Belehrung« zieht, künftig den Zivildienst zu leisten, er hätte seine Überzeugung deutlich einem Folgenkalkül unterworfen; sie könnte vollends nicht an die Stelle einer Gewissensentscheidung treten, die in seiner Persönlichkeit verankert ist.

Indem das staatliche Gemeinwesen Christoph Bausenwein begnadigt, hält es seine Prinzipien, seine Rechtsprechung und die Zwecke seiner gesetzlichen Einrichtungen aufrecht, gibt aber zu erkennen, daß ihm die Erhaltung und der Schutz einer Person, ihrer Würde und Selbstachtung wichtig ist, auch wenn nicht mit letzter Zweifelsfreiheit festgestellt werden kann, ob die Entscheidung des Christoph Bausenwein den Charakter einer Gewissensentscheidung hat. Die Begnadigung würde die Bewertung der Rechtsgüter in unserem Staat deutlich machen: Persönlichkeitsschutz geht in solchen letzten Fragen vor dem Abschreckungsvorteil, negativ ausgedrückt: Es ist bessser, daß ein Gesetz, und in diesem Fall auch die zugemessene Strafe, nicht voll ausgeschöpft wird, als daß eine Person in ihrem Kern gebrochen wird.

(Daß es sich bei Christoph Bausenweins Überzeugung nicht um etwas handelt, was aus seinem Persönlichkeitskern rührt, ist die Überzeugung des Gerichts. Darum kommt, was hier unter *Zu a)* gesagt worden ist, erst unter Berücksichtigung von *Zu b)* zur vollen Wirkung. Immerhin sei daran erinnert, daß seine *Wehr*dienstverweigerung als Gewissensentscheidung anerkannt worden ist.)

*Zu b):*

Es geht uns sodann um einen Teil unserer Bevölkerung, der sich keiner im Glauben gegebenen Instanz bewußt ist, die ihm sagt, was Gut und Böse sei – »im Glauben gegeben« und daher durch die rationale Argumentation des Staates (für Wehrdienst und Zivildienst und die Fülle seiner anderen das Individuum einschränkenden Maßnahmen) nicht erreichbar.

Das »Gewissen« ist eine vom Grundgesetzgeber angenommene Figur zum Schutze des so Bezeichneten. Die von der 4. und 6. Strafkammer an dem Landgericht Nürnberg zugrunde gelegte Definition der Gewissensentscheidung ist selber rationaler Art. Was Gewissen und Gewissensentscheidung für den gläubigen Menschen bedeutet, kann von säkularen Gesetzgebern und Richtern nur äußerlich beschrieben werden (6. Strafkammer, S. 9). Daß es das Gewissen gebe, kann nicht bewiesen, festgestellt oder auch nur behauptet werden. Es kann nur argumentiert werden, daß geachtete und glaubwürdige Menschen sich auf ihr Gewissen berufen haben – Menschen wie Sokrates, Luther, Graf Stauffenberg.

Dem Gericht wird, mit anderen Worten, zugemutet, zu entscheiden, ob die Person X ihrem Gewissen folge, a) ohne daß das Gericht »weiß«, was das ist, und b) ohne daß es mit Gewißheit sagen kann, ob ein Gewissen im Einzelfall spricht. Die Folge ist, daß unsere Gerichte die vom Gesetz geforderte »Gewissensentscheidung« im wesentlichen durch Verneinung bestimmen. Wenn die Entscheidung nicht »vernunftgeprägt«, nicht »nach rationalen Gesichtspunkten«, nicht »frei« (sondern unter »Zwang des Gewissens«) getroffen ist (6. Strafkammer, S. 12), kann sie als Gewissensentscheidung anerkannt werden.

Beide Gerichte erwarten, daß es sich bei der Verweigerung des Angeklagten um »eine prinzipielle, unter Einsatz der Persönlichkeit und aus dem Wesen des Persönlichkeitskerns getroffene, fortdauernde und ernsthafte Gewissensentscheidung (handle), die an den Kategorien von ›Gut‹ und ›Böse‹ orientiert ist« (6. Strafkammer, S. 9 und 13). Entscheidend am Begriff des Gewissens bzw. der Gewissensentscheidung ist, daß es/sie unüberschreitbar ist, genauer: nur überschreitbar, indem man seine Personalität verletzt.

Zweifel, ob so etwas für Christoph Bausenwein angenommen werden könne, resultieren aus der Rationalität seiner Aussagen (S. 9, 12 und 13), der Veränderbarkeit (insbesondere der »raschen« Veränderbarkeit) seiner Überzeugungen (S. 11) und dem Fehlen einer Orientierung an den Kategorien von »Gut« und »Böse« (S. 11). Ihm wird außerdem zur Last gelegt, daß er seine Entscheidung »nicht nur für sich getroffen« hat, sondern »auch auf andere in dieser Hinsicht Einfluß nehmen« will (S. 14).

Gewissen ist nach dieser Auffassung eine einsame und irrationale Instanz; es »schreit« automatisch auf, wenn es verletzt wird (4. Strafkammer, S. 9); es ist von außen uneinsehbar, nur an Symptomen zu erkennen (6. Strafkammer, S. 14); »Gut« und »Böse« sind schlechthin moralische Kategorien und verlieren ihre Autorität, wenn sie durch den Verstand begründet werden – als gebe es Kants Kritik der praktischen Vernunft nicht.

Demgegenüber müssen die folgenden Möglichkeiten vertreten werden können:

1. Für einen aufgeklärten und nichtgläubigen Menschen tritt die verstandesgemäße Begründung seiner Überzeugungen, Entscheidungen und Taten an die Stelle des Gewissens. Die Folgerichtigkeit des Gedankens hat genau den zwingenden Charakter, den

das Gewissen haben soll (6. Strafkammer, S. 10) und den der Gläubige Gottes Willen zuschreibt. Die Folgerichtigkeit der sittlichen Überlegung ist das, was wechselnde Ansichten, wechselnde Gemütslagen, wechselnde Lebensstärke oder -schwäche überdauert. Von der »Logik« des so Gedachten abzuweichen, bedeutet für diese Personen just die Selbstverletzung, den Verlust der Selbstachtung, vor denen das Gesetz den Menschen bewahren will (6. Strafkammer, S. 9). Für die gesellschaftliche Beurteilung ist entscheidend, welchen letzten Zielen die rationalen Argumente gelten. In diesem Fall gelten sie dem Frieden und der Erhaltung der Menschheit.

2. Es gibt »politische« und »gesellschaftliche« Entwicklungen in unserer Zeit, die von einer immer größeren Zahl von Menschen als apokalyptisch erfahren werden und damit aus der Ebene von »verstandesgemäßen, ethischen, politischen, weltanschaulichen oder sonstigen rationalen Überlegungen« (6. Strafkammer, S. 9) heraus- und übertreten in die Kategorie von »Gut« und »Böse«. In vergangenen Jahrhunderten konnte ein wahrer Christ nicht im Ernst »glauben«, daß der Mensch in der Lage sei, Gottes Schöpfung zu zerstören. Eine solche Zerstörung mußte Gott selbst besorgen. Der Grundgesetzgeber und die Kommentatoren haben die neue Dimension aufgeklärter »Überzeugungen« über den Lauf der Welt und unsere Verantwortung in ihr in den »Gewissens«-Paragraphen noch nicht berücksichtigt.

3. Der Nationalsozialismus hat viele, insbesondere diejenigen, die ihn nicht erfahren haben, sondern seine Bedingungen und Folgen ausdenken müssen, mit der berechtigten Furcht begabt, sie könnten schon zu lange auf die Stimme des Gewissens gewartet haben, das für falsch Erkannte nicht deutlich so genannt, sich ihm nicht energisch genug verweigert haben. Dies muß in unserer Republik im Rahmen der demokratisch gesetzten Ordnung geschehen. So gehört es auch für Christoph Bausenwein und andere, die ähnlich handeln wie er, dazu, daß sie die Folgen ihrer Gesetzesübertretung tragen. Ihnen jedoch die Begnadigung verweigern, hieße die fundamentale Moralität ihres Standpunktes leugnen. Ihr Argument lautet – aufgrund der Erfahrung mit dem Nationalsozialismus: Es ist falsch und unwürdig, wenn

wir uns auf unsere Überzeugung / unser Gewissen immer erst nachträglich besinnen.

Wir sind der Meinung, daß die Mehrheit der Mitglieder unserer Rechtsgemeinschaft eine säkularisierte Form von »Gewissen« hat. Wir können es uns nicht leisten, diese weniger zu achten als das Glaubensbekenntnis beispielsweise der Zeugen Jehovas. Wir können es uns auch nicht leisten, die Gesetze und die Rechtsprechung zu übergehen.

Eben darum bitten wir, daß in diesem Falle Gnade ergehe – als ein Zeichen des Bewußtseins des Staates von den Grenzen seiner Macht über die Gewissen und Überzeugungen seiner Bürger, von den Grenzen auch unseres Wissens darüber, was das ist.

*Hartmut von Hentig*

Mitunterzeichner des von Hartmut von Hentig an den Bayerischen Justizminister gerichteten Gnadengesuchs für Herrn Christoph Bausenwein:

1. H. P. Sprinz, Pfarrer
2. Professor Dr. J. Mennicke, Hochschullehrer
3. Fr. W. Halemeyer, Pfarrer
4. E. Warns, Pfarrer und Mitglied der Vereinigten Vorstände der von Bodelschwinghschen Anstalten Bethel
5. Dr. Hilmar Lorenz, Evang. Pfarrer an der Justizvollzugsanstalt Bielefeld-Brackwede 1
6. Professor Dr. Heinz Helling, Hochschullehrer

Am 30. 9. 1986 teilte mir der Bayerische Staatsminister der Justiz mit, er könne einem Gnadengesuch nur entsprechen, wenn besondere Umstände vorlägen, die einen »Eingriff in das für alle geltende Recht auch unter Gleichheitsgesichtspunkten als unbedenklich erscheinen lassen«. Solche Umstände seien hier nicht erkennbar. Auf die im Gnadengesuch vorgetragenen Argumente ist der Minister nicht eingegangen, weil die Eingabe »in der Gnadenfrage nicht den Kern« treffe. Nach Verbüßung von zwei Dritteln der Strafe sei es jedoch möglich, den Rest der Haft »auf Bewährung auszusetzen«.

Am 2. 1. 1987 erhielt ich ein weiteres Schreiben des Bayerischen Justizministeriums, aus dem hervorgeht, daß die Strafvollzugskammer des Landgerichts Frankfurt/Main am 24. 10. 1986 eben dies beschlossen habe und Herr Christoph Bausenwein am 5. 12. 1986 aus der Haft entlassen sei.

# Neunte Übung: im Geben und Fordern von Rechenschaft

## Ich folge dem Sokrates

*Entwurf einer Verteidigungsrede vor Gericht, 1987*

Am 23. 12. 1985, am Tag vor Heiligabend, habe ich, gemeinsam mit 17 anderen Personen, für etwa eine halbe Stunde eine Zufahrtsstraße zum Militärgelände der amerikanischen Armee in Mutlangen »blockiert«. Ich habe wegen dieser als Nötigung bezeichneten Handlung einen Strafbefehl des Amtsgerichts Schwäbisch Gmünd erhalten. Dagegen habe ich Einspruch erhoben, um in einer gerichtlichen Verhandlung die Strafwürdigkeit meiner Handlung klären zu lassen. Eine Vorladung habe ich zu dem Zeitpunkt, in dem ich dieses aufschreibe, noch nicht erhalten.

Die Reihenfolge, in der ich die Argumente meiner Rechtfertigung vortragen will, ist unüblich; die Gliederung meines Gedankengangs sei darum vorausgeschickt:

1. Meine Einordnung der Tat,
2. Die Darstellung der Tat,
3. Nebenwirkungen der Tat im demokratischen Rechtsstaat,
4. Das moralische Motiv der Tat,
5. Das politische Ziel der Tat.

### 1. Meine Einordnung der Tat

Es ist mir bewußt, daß ich gegen das in dieser Republik geltende Recht verstoßen habe. Wenn ich meine Tat gleichwohl für gerechtfertigt, ja, für geboten halte, dann berufe ich mich nicht – wie es andere vor diesem und vor anderen Gerichten getan haben – darauf, daß die Strafgesetze, denen ich hier unterworfen werde, veraltet oder dem Tatbestand unangemessen seien oder ganz oder teilweise falsch (das heißt: nicht grundgesetzgemäß) angewendet würden; ich mache kein zeitloses »höheres« gegen das historische »positive« Recht geltend; ich bemühe nicht die »ungeschriebenen Gesetze« wie Antigone; ich behaupte nicht, daß ich mit der Sitzblockade nur mein Grundrecht auf Versammlungsfreiheit und freie Meinungsäußerung wahrgenommen habe und daß dieses Recht also durch die strafrechtliche Verfolgung meiner Tat geschmälert werde; ich erhebe keinen staatsphilosophisch oder juristisch begründbaren Anspruch auf zivilen, also bürgerlichen Ungehorsam. Ich benutze vielmehr eine wohlüberlegte, begrenzte, unschädliche Rechtsverletzung als Mittel der Politik. Mit ihm und mit den für meine Person zu erwartenden Folgen mache ich auf eine Ungeheuerlichkeit aufmerksam – auf eine durch die Regierungen der Bundesrepublik in unserer aller Namen angelegtes mögliches Verbrechen gegen Menschheit und Menschlichkeit (*crime against humanity*). Ich schaffe ein Skandalon, indem der von mir bejahte Staat mich für eine Handlung bestraft, die ich für eine Wohltat an ihm erkläre. Ich folge – indem ich mich weigere, an einem Unrecht des Gemeinwesens teilzunehmen – dem Vorbild des Sokrates, dem ich in meinem Beruf als Lehrer und Wissenschaftler auch sonst zu folgen mich befleißige, wofür man mich aus öffentlichen Mitteln bezahlt und gelegentlich öffentlich auszeichnet. Ich tue dies um der Mitbürger willen: Sie sollen sich aus Anlaß meines Falles und aller Fälle, die ihm gleichen, fragen: Was bedeutet das? Wofür erleidet dieser Bürger einen Verlust an Freiheit, Besitz und Ehre? Wie kommt es dazu, daß der Staat dies tun muß? Eine Antwort hierauf wird sein: Das geschieht nicht erst mit diesem Gerichtsurteil, das ist längst und an uns allen geschehen – durch eine moralisch verwerfliche Politik der Abschreckung mit Massenvernichtungsmitteln. Gemessen daran sind das Übel, das den drei US-Soldaten widerfahren ist, und das Übel, das ich erleide, wenn ich für eine Sitzblockade mit einer Geldstrafe belegt werde und von nun an als »vorbestraft« gelte, gering. Mit anderen Worten, meine Tat und deren Folgen sollen meine politische Überzeugung für meine Mitbürger einschätzbar machen: Hier zieht einer (frei)willig eine Strafe auf sich, weil er einer größeren anderen Schuld nicht entgehen kann. Käme es zu einer Gefängnisstrafe, mein Zeugnis wäre noch deutlicher und glaubwürdiger.

Die Tat ist also mit diesem Gerichtsverfahren unlösbar verbunden. Die Juristen werden zu prüfen haben, ob dies den Straftatbestand vermehrt oder verringert oder verändert. In anderen Verfahren gegen Blockierer ist jedenfalls von diesem Gericht behauptet worden, »der Zwang zum Anhalten« des Militärfahrzeugs sei der »angestrebte Zweck« gewesen; ein solcher »gezielter

Eingriff in die Handlungsfreiheit der Blockierten« müsse schon für sich mißbilligt werden. Denn die Behinderung oder Belästigung des Fahrers und der Fahrzeuginsassen sei offenkundig nicht eine »in Kauf genommene *Neben*folge wie bei normalen Demonstrationen« (Vack, S. 104). Ich hoffe, überzeugend darlegen zu können, daß die bewirkte Behinderung gerade nicht der angestrebte Zweck, sondern eine angesichts des eigentlichen Zwecks unvermeidliche Begleiterscheinung ist.

Darüber muß später bei der Darstellung (2.) und Begründung (4. und 5.) der Tat mehr gesagt werden. Hier geht es mir darum, deutlich zu machen, daß ich nicht im Sinn habe, darüber zu rechten, ob meine Tat eine »Nötigung«, also »eine rechtswidrige Gewalt« und »verwerflich« sei, so daß der § 240 des Strafgesetzbuches mit Recht gegen mich angewendet werde und ich nicht nur eine Gebühr wegen ordnungswidrigen Verhaltens (Verletzung der Straßenverkehrsordnung) zu entrichten habe. Ich teile zwar die in dem Gesetzeswortlaut enthaltene Bewertung meiner Tat nicht, aber das macht mir angesichts meines Zweckes und der schon geführten öffentlichen Diskussion über Nötigung, Gewalt und Verwerflichkeit nichts aus. Die juristische Bewertung ist offenbar kontrovers. Da hat es wenig Sinn, eine Laienmeinung beizutragen. Wenn ein Richter und Vorsitzender eines Landgerichts i. R. »unzulässige Auslegungen contra legem« indiziert (Vack, S. 63) und damit nichts erreicht, werde ich mit meinen Formulierungen dazu nur unser aller Zeit verschwenden. Die Auseinandersetzung über die Rechtmäßigkeit oder Rechtswidrigkeit des gewaltlosen Widerstands hat die eigentliche Streitfrage, ob Atomwaffen rechtmäßig sind, leider weitgehend überlagert.

Ich habe auch nicht im Sinn, freigesprochen zu werden oder mir durch meine Argumente ein möglichst mildes Urteil zu sichern. Das letztere hätte ich durch die Zahlung des Strafbefehls von 3000 DM einfacher haben können.

Ich habe, weiter, nicht im Sinn, das Gericht und meine Richter als Personen moralisch ins Unrecht zu setzen oder auch nur als Meinungsform – in einer »hochpolitischen Streitfrage« (Bundesverfassungsgerichtsurteil vom 11. 11. 86) – zu mißbrauchen, wie sie es anderen Angeklagten meinten vorwerfen zu müssen. Denn nicht meine Äußerungen sind hier mein wichtigstes Argument, sondern die Tatsache, daß ich wegen meiner Überzeugung diesen Weg gehe und mit größter Wahrscheinlichkeit verurteilt werde.

Die kleine Ansammlung von Menschen im Gerichtssaal ist mir zwar wichtig: sie repräsentiert die große Öffentlichkeit dieser Republik und der aufgeklärten Welt; diese selber aber erreiche ich nur durch den gedruckten Text. Wenn ich meine Tat umständlich einordne, beschreibe, begründe, dann weil ich dies meinen Richtern schulde. Ich schulde ihnen dies aus Respekt vor ihrer Person und ihrem Amt; ich schulde es ihnen – seit dem 11. 11. 1986 mit besonderer Bewußtheit – auch zur juristischen Beurteilung meiner Tat. Sie sollen ja im Einzelfall prüfen, ob mein Handeln als »verwerflich« anzusehen und meine Tat also rechtswidrig ist. Hierzu dürfen sie die Fernziele des Täters wenigstens für die Strafzumessung berücksichtigen. Wenn sie es aber dürfen, werden sie es auch wollen. Sie müssen es wollen, wenn ich nicht anders behandelt werden soll als ein in gleicher Sache Angeklagter vor einem anderen deutschen Gericht.

Es ist mir immer bewußt gewesen und nicht erst durch das vorgängige Lesen anderer Urteile klar geworden, daß das Gericht meine Tat weder moralisch noch politisch zu bewerten hat (obwohl es bei der Festsetzung der Strafhöhe durchaus in Betracht gezogen hat, ob der Angeklagte »aus anerkennenswerten und selbstlosen Motiven« gehandelt habe). Die Richter werden die einschlägigen Paragraphen anwenden und ein von den Grundsätzen unseres Rechtsstaats und Grundgesetzes nicht zu beanstandendes Urteil fällen – eines unter inzwischen etwa 1200. *Mir* aber sind die moralischen Motive und das politische Ziel wichtig – und daß man den gewaltigen Abstand zwischen ihnen und der juristischen Routine wahrnimmt. Denn dies bedeutet, daß ich mich moralisch nicht »verurteilt« und politisch nicht blamiert fühlen werde und also auch nicht gehemmt, mein Ziel mit ähnlichen Mitteln weiterzuverfolgen – noch einmal wie Sokrates, der seinen Richtern versicherte, er werde, solange er atme und Kraft dazu habe, seine von ihnen bestrafte Tätigkeit in der *polis* fortsetzen.

»Darum, meine Mitbürger, ... ob ihr mich freisprecht oder nicht, ich werde auch in Zukunft gewiß nicht anders handeln, und müßte ich noch so oft sterben.« (Apologie, 30 b-c)

## 2. Die Darstellung der Tat

Ich bin angeklagt, ein Fahrzeug der US-Armee durch Sitzen auf der Fahrbahn an der Durchfahrt gehindert und dadurch einen Akt der Nötigung begangen zu haben. Dieser Vorgang ist nur ein Bruchteil eines Aufklärungs- und Tat-Programms einer Gruppe von Freunden, die sich nach dem Ort ihrer Versammlung »Friedensgruppe Pödinghausen« nennt. Seit dem Herbst 1983, als die Aufstellung der Pershing II-Raketen und der Cruise Missiles auf deutschem Boden im Vollzug des NATO-Doppelbeschlusses bevorstand und erkennbar war, daß die Bundesregierung die Argumente und Meinungsbekundungen der Gegner dieses Beschlusses – nicht nur der sogenannten Friedensbewegung – nicht beachten werde, hat diese Gruppe von etwa 20 Menschen darüber beraten, wie sie sich – als Bürger – verhalten solle. Wahlen standen nicht bevor. Die Bundesregierung, seit knapp einem Jahr im Amt, betrachtete vielmehr ihre Außen-, Bündnis- und Rüstungspolitik durch die nur widerwillig vorgezogenen Neuwahlen vom März 1983 als legitimiert. Die Abgeordneten, auf die Programme ihrer Parteien eingeschworen, hatten die erneute Möglichkeit, die Aufstellung der atomaren Mittelstreckenwaffen abzulehnen, nicht genutzt. Die Aussicht, eine *politische* Wende in dieser Frage jetzt noch herbeizuführen, bestand nicht – obwohl demoskopische Umfragen ergeben hatten, daß die Zahl derer, die die Aufstellung der Raketen entweder unterlassen oder aufgeschoben wissen wollten, größer war als die Zahl derer, die die Regierung gewählt hatten.

Gewiß, man kann und soll weiter aufklären und also reden. Aber daß – in einer Welt, in der das öffentliche Wort zu einer Ware geworden ist – auch jemand zuhört, ist nicht nur von der Güte der Argumente abhängig. (Weshalb es Menschen gibt, die sich danach mit Benzin übergießen und anzünden!)

Wer nicht auf dem Vorwurf kommender Generationen sitzenbleiben wollte, er habe in jenen entscheidenden Wochen nur geredet und nichts getan, mußte sich andere Wirkungsmöglichkeiten überlegen, solche vor allem, die den Mitbürgern klarmachten, daß die hier zu vollziehende Entscheidung nicht war wie irgendeine andere. Denn der Doppelbeschluß verlangte ja logisch, daß zunächst eine Verschärfung der internationalen Lage hingenommen werde. Es ging darum, die Sowjets, wie man sagte, »an den Verhandlungstisch zu zwingen«, oder in der Sprache, die wir hier sprechen, zu »nötigen«, nämlich gegen ihren Willen zu handeln statt aus Überzeugung. Noch aber waren nicht einmal die Waffen selber »sicher«, wie die Tests gezeigt hatten.

Unsere Gruppe beschloß, von nun an nicht mehr nur ihre Worte, sondern auch ihre Körper gegen die Aufstellung der Cruise Missiles und der Pershing II einzusetzen. Zwar wurden auch noch Briefe an unsere Abgeordneten geschrieben und geschickt, die unsere Sicht der Sache mit größter Dringlichkeit darlegten; zwar haben wir auf dem Bielefelder Bahnhofsplatz und an anderen öffentlichen Orten Szenarios aufgeführt, uns in Gespräche eingelassen, *happenings* veranstaltet; zwar haben wir unser Wort durch Wortlosigkeit unterstrichen, haben schweigend und unbewegt zu fünft, zu zehnt, zu zwanzig in belebten Zonen der Stadt still gestanden und andere Menschen dadurch zum Nachdenken über das auf Tafeln notierte Ziel anzuregen versucht:

»Wer durch Atomraketen abschrecken will, muß auch bereit sein, sie einzusetzen.
Atomraketen sind keine ›Waffen‹ mehr, sondern völkerrechtswidrige Massenvernichtungsmittel.
Nur wenn die Bundesrepublik keine Atomraketen hat, kann sie glaubhaft anderen zumuten, ihrerseits darauf zu verzichten.«

Aber zugleich planten wir, zusammen mit zahlreichen anderen Friedensgruppen, den Teil des Hafens von Bremerhaven zu blockieren, der der größte Umschlagplatz für amerikanisches Militärgerät in Europa und für das Mittelmeer ist. Es war anzunehmen, daß hier auch ein Teil der Raketen eintreffen werde, deren Aufstellung nach unserem Urteil eine grundsätzliche Veränderung der militärpolitischen Lage, vor allem aber unserer Verantwortung bedeutete. An langen Abenden haben wir Woche um Woche unsere Positionen geklärt und Verhaltensregeln festgelegt, Regeln, die auch bei unserem Auftritt in Mutlangen maßgeblich gewesen sind:

- Wir werden keine irgendwie geartete Gewalt an Personen und Sachen ausüben – mit Ausnahme der zeitweiligen Behinderung von militärischen Transporten durch Sitzen auf der Fahrbahn, also auch keine Bemalung von Straßen und Mauern, kein

Betreten von abgegrenztem oder sonstwie als unöffentlich gekennzeichnetem Gelände: alle Aktion endet *vor* dem Zaun. Auch »psychische Gewalt« lehnen wir ab, aber zum Nachdenken wollen wir unsere Mitbürger bringen.

– Wir wollen auch der Gewalt anderer im Zusammenhang mit unserer Aktion wehren; in Bremerhaven hat unsere Gruppe darum zielstrebig den Platz unmittelbar vor der von der Polizei errichteten Barriere eingenommen und vermummte Mitdemonstranten oder solche, die uns nicht über ihre Absicht und Herkunft Auskunft geben wollten, höflich aber bestimmt von dort wegkomplimentiert.
– Wir wollen keine physische Aktion ohne geistige; wir haben gesungen, diskutiert, vorgelesen, Spruchbänder oder Texttafeln mit uns geführt. Wer uns »Denk-Nötigung« vorwirft, bestätigt, daß uns gelingt, was wir wollen.
– Durch all dies wird unser Widerstand von vornherein zur symbolischen Tat: die sicher sorgfältig geplante Aufstellung der Pershing II und der Cruise Missiles konnte nicht durch vorübergehendes Sitzen unkoordinierter Zivilisten auf möglichen Zufahrtsstraßen verhindert werden; und eben darum kann diese Form von Aktion auch weitergehen, nachdem die Aufstellung vollzogen ist.

Drei Tage und zwei Nächte haben wir vor den Stacheldrahtrollen, den Wasserwerfern und behelmten Polizisten in Bremerhaven ausgeharrt (vom 13. 10. bis zum 15. 10. 1983).

Am 17. 10. 1983 habe ich in meiner Schule eine Friedenswoche mit einer vierzigminütigen Ansprache an die Schüler der Jahrgänge 5 bis 10 eröffnet.

Am 20. 10. 1983 war ich auf dem Alten Marktplatz in Bielefeld der Hauptredner zu dem Thema »Widerstand gegen Atomraketen. Wir schützen Bielefeld«.

Am 19. 11. 1985 haben zwölf Mitglieder der Pödinghauser Gruppe den folgenden »Öffentlichen Aufruf zur Blockade« im Bielefelder »StadtBlatt« und auf Handzetteln publiziert:

»Die Stationierung von Massenvernichtungsmitteln auf dem Bundesgebiet stellt die Vorbereitung von Massenmord dar. Dafür trage auch ich Verantwortung. Die Produktion von Massenvernichtungsmitteln verursacht bereits heute den tausendfachen Tod von Menschen in anderen Teilen der Welt.

Ich fordere hiermit öffentlich zur Teilnahme an gewaltfreien Blockaden gegen atomare, biologische und chemische Massenvernichtungsmittel auf, die bereits auf Bundesgebiet stationiert sind oder stationiert werden sollen.

Unter gewaltfreier Blockade verstehe ich, daß von den Teilnehmern keinerlei gewaltsame Handlungen ausgehen. Auch gegenüber der Polizei wird keinerlei aktiver Widerstand geleistet.

Die Blockierer vertreten durch Argumente und friedliche Handlungen ihre Überzeugung, daß die Stationierung von ABC-Waffen auf Bundesgebiet rückgängig gemacht werden muß und daß der Frieden durch Abschreckung nicht gesichert werden kann.

Diese Blockaden haben symbolischen Charakter.

Ich habe Kenntnis davon, daß die Teilnahme an solchen gewaltfreien Blockaden und die öffentliche Aufforderung dazu von Strafverfolgungsbehörden als kriminelles Unrecht (§ 240 und § 111 StGB) bewertet werden.

Diese Auffassung halte ich – wie auch einige Gerichte der Bundesrepublik – für falsch. Ich fühle mich aufgrund meines Gewissens verpflichtet, zum Schutz des Lebens zu gewaltfreien Blockaden der ABC-Waffen in der Bundesrepublik öffentlich aufzufordern.

Ich werde nach Mutlangen fahren und dort blockieren.

Die Aktion wird fortgesetzt, bis die Massenvernichtungswaffen verschwunden sind!

(Hier folgten die zwölf Unterschriften)

Wir möchten, daß sich möglichst viele Menschen dieser Aufforderung zur Blockade anschließen.«

Am 22. 12. 1985 sind 18 Mitglieder der Gruppe mit dem Nachtzug nach Schwäbisch Gmünd gereist. Einen stilisierten Totentanz, mittelalterlichen Ankündigungen der Pest nachempfunden, haben wir auf dem Stuttgarter Hauptbahnhof während eines zweistündigen Aufenthalts von 5 bis 7 Uhr geprobt und in Schwäbisch Gmünd als angemeldete Demonstration unter Begleitung durch zwei Polizeiwachtmeister von 9.00 bis 10.30 Uhr in der vom Weihnachtsgeschäft durchpulsten Bocksgasse und auf dem Marktplatz aufgeführt. Nach einer einstündigen Diskussion mit Passanten und Zuschauern sind wir nach Mutlangen hinaufgezogen. Wir haben uns etwa 300 m vor dem Militärgelände wieder zum Totentanz formiert und uns mit ihm dem verschlossenen Tor bis auf zwei Meter genähert. Dort haben wir einen Text verlesen, die bekannten Lieder der Friedensbewegung gesungen und dann unsere Blockadeposition auf einer Kreuzung etwa 250 m vor dem

Eingang bezogen. Wir haben alle Personen und Fahrzeuge durchgelassen, die nicht zum Transport von Gerät oder Truppen geeignet waren. Als ein Militärtransporter ausfahren wollte, blieben wir sitzen, bis die Polizei kam. Die meisten von uns – auch ich – haben sich nicht forttragen lassen, sondern sind den Beamten gefolgt, als diese Anstalten zur Räumung der Straße machten. Die gesamte Aktion einschließlich der Feststellung unserer Personalien im Polizeirevier war um 17.00 Uhr beendet.

Der außerordentliche Aufwand der Polizei ist mir ebenso aufgefallen wie die unterschiedliche Behandlung, die sie uns zuteil werden ließ: Ich wurde mit Respekt abgeführt, mein 20jähriger junger Freund mit einer an Ruppigkeit grenzenden Achtlosigkeit im Wortsinne festgenommen, an die Fahrzeugwand gestellt und »gefilzt«; der Tascheninhalt wurde auf den Boden geworfen; der Anlaß zur Widersetzlichkeit eher geschaffen als gemieden. Da war physische und psychische Anstrengung sichtbar im Spiel, und das stand in hellem Gegensatz zum Verhalten des amerikanischen Fahrers. Daß dieser nicht ernstlich genötigt, sondern allenfalls für eine berechenbar kurze Zeit aufgehalten wurde, will ich nicht hier zu beweisen suchen, sowenig wie ich behaupten will, daß er möglicherweise routinemäßig zu diesem Zweck aus dem Militärgelände ausgeschickt worden sei. Ich habe gelesen, wie dieses Gericht mit diesem Argument umgeht. Ich teile also nur meine persönliche Wahrnehmung mit: Niemand hat durch unsere Aktion auch nur einen Augenblick »Gewalt« oder die »Drohung mit einem empfindlichen Übel« erlitten, worunter zu verstehen ist, er habe vor der Frage gestanden, ob er einen oder mehrere Blockierer überfahren müsse. Es gab und gibt andere Zufahrten, die an dem Tag nicht blockiert waren; es gab die Möglichkeit, die Blockierer bei dem kalten Winterwetter seitlich über den gefrorenen Acker zu umfahren; ja, hätte ich eine Nötigung und nicht nur eine vorübergehende Belästigung des Fahrers wahrgenommen, ich versichere, ich hätte die Straße geräumt. Die Gelassenheit, mit der der Fahrer die Aktion bei abgestelltem Motor und abgestellter Dringlichkeit seines Auftrags beobachtete, gab wieder, was ich erwartet hatte. So ist das beim Militär in Friedenszeiten. Man langweilt sich. Alles, was man tut – schlafen, essen, Füße waschen, grüßen – ist Dienst. Nichts tut man so ausgiebig wie warten – warten ohne Beteiligung, warten, daß etwas geschieht oder nicht geschieht. Ein Fahrer eines Militärfahrzeugs fährt auf Befehl; er wird nicht in seinem freien Willen behindert, wenn er nicht weiterfahren kann.

Dieser Bericht über die »Tat« als ganze, die also offenkundig nicht die Nötigung eines Fahrers *bezweckte*, sondern *in Kauf nahm*, wäre nicht vollständig ohne die Mitteilung, daß der Bielefelder Staatsanwalt mit einem Schreiben vom 2. 7. 1986 und ohne Angabe von Gründen auf eine Anklage wegen des Aufrufs zur Blockade verzichtet hat. Dies ist um so erstaunlicher, als nach meinem Rechtsempfinden und in Anbetracht der Folgen ein Aufruf an andere, sie sollten – gar massenweise – eine strafbare Tat begehen, eher schärfer als milder geahndet werden müßte als die Tat selbst.

## 3. Nebenwirkungen der Tat im demokratischen Rechtsstaat

Mit alledem laufe ich in die Frage hinein, ob ich wegen einer Absicht mit ungesichertem Ausgang eine Rechtsverletzung mit sicheren und erkennbaren Folgen für unser Gemeinwesen hinnehmen kann. Denn ich gebe ohne Umschweife zu, daß ein Gericht auch im Einzelfall »prinzipiell« urteilen muß. Mein Argument muß nicht nur vor den Prinzipien des Rechtsstaats, sondern auch vor denen der Demokratie standhalten, die mir ja – anders als andere Staatsformen – weitgehende Mitwirkungsrechte gibt. In Diktaturen kann der Bürger seine Überzeugung oft nur retten und/oder zum Ausdruck bringen, indem er sich öffentlich strafbar macht. Und auch dann wird er möglichst heimlich abgeurteilt, oder er bekommt einen Schauprozeß, der ihm systematisch auch das »höhere« Recht entreißt. Unser Rechtsstaat und unsere Demokratie sind hier aufeinander angewiesen. Der Rechtsstaat hat die Aufgabe, die Meinungsfreiheit zu schützen oder ihren Mißbrauch (beispielsweise durch Verleumdung oder durch Nötigung) zu verhindern; die Demokratie sorgt dafür, daß der Rechtsstaat lebendig bleibt, sich neuen Lebensbedürfnissen öffnet und von den richtigen Personen verwaltet wird.

Ich behaupte nun, daß die Bürger unseres Landes keine ausreichende Gelegenheit gehabt haben, ihre Meinung zu der Aufstellung von atomaren Mittelstreckenraketen politisch zu artikulieren. Als die gegenwärtige Bundesregierung, nach erfolgreichem Mißtrauensvotum gegen Bundeskanzler Helmut Schmidt, im März 1983 Neuwahlen ausschrieb, gab es keine Bundestagspartei, die dies geschlossen, programmatisch ablehnte; es gab und gibt überhaupt keine Partei, die in der Lage wäre, diesen einen Punkt ihres Programms von anderen zu isolieren; die Friedenspartei, die sich z. B. für die Wahlen im Jahr 1987 konstituiert hat, und die eine Wahlaussage nur zu einem einzigen Punkt, zur Friedenssicherung, macht, mutet ihren Wählern einen Verzicht auf Aussagen in allen anderen politischen Bereichen zu; eine Ein-Zweck-Partei ist eigentlich schon deshalb nicht wählbar, weil Parteien bei uns nicht nur an der Willensbildung mitwirken, sondern, über die parlamentarische Mehrheit, für die Regierungsbildung verantwortlich sind – und zum Regieren gehört nun einmal das ganze Spektrum der politischen Aufgaben. (Man erinnere sich: Den Grünen wurde in ihren ersten Jahren vorgeworfen, sie hätten kein Gesamtprogramm und seien darum eher eine Wählerinitiative als eine Partei.) Mit dem Wählen war 1983 in dieser Sache also nichts auszurichten und mit Nichtwählen erst recht nicht.

Die CDU/CSU und die FDP, die die Regierungskoalition bildeten, hatten eine solide Mehrheit in der Bevölkerung hinter sich – aber nicht eigens für die Aufstellung der atomaren Raketen. Wer einwendet: Das sei nun einmal so; Regierungen könnten nicht vor der Wahl ein Programm für alles und jegliches machen, sich dieses alles Punkt für Punkt in der Wahl bestätigen lassen und es dann nur noch abspulen; sie würden nicht umhin kommen, gelegentlich ohne ausdrückliches Mandat einer Mehrheit zu handeln – wer, wie gesagt, dies einwendet, wird sich vorhalten lassen müssen: Der Spielraum demokratischer Regierungen betrifft das, wozu man Meinungen hat, nicht Grundüberzeugungen. Diese stehen nicht einfach zur Disposition, nicht einmal dem Mehrheitsprinzip. Sie sind darum im Grundgesetz verankert. Es wird später in den Abschnitten über das moralische Motiv und das politische Ziel mehr darüber zu sagen sein. Hier muß vor allem geklärt werden, ob ich das »Wahrheitsprinzip« über das »Mehrheitsprinzip« stelle, wovor der Bundespräsident einmal gewarnt hat. Mit anderen Worten: Woher will ich wissen, ob meine Einschätzung der Rüstungspolitik die richtige ist?! Dies weiß ich in der Tat nicht. Ich behaupte auch nicht, etwas Derartiges zu wissen. Ich behaupte vielmehr, daß ein von uns allen geteiltes moralisches Grundprinzip auf dem Spiel steht und daß man die Öffentlichkeit nie befragt hat, ob sie dieses Prinzip außer Kraft gesetzt sehen will, und sei es nur zeitweilig, bis die Wirkung X erzielt worden ist. Die Demokratie ist nicht auf dem Mehrheitsprinzip aufgebaut, sondern auf der Sicherung von gegenseitigen Überzeugungsprozessen. Wenn man auf diesem Weg zu keiner Einigung gekommen ist, muß, wo die Sache Aufschub nicht duldet, wo Nichthandeln schlimmer wäre als zweifelnd handeln, abgestimmt werden. Bevor also der Vorwurf erhoben werden kann, das Mehrheitsprinzip sei zugunsten eines in der Tat irrationalen Wahrheitsprinzips verraten worden, muß man das Überzeugungsprinzip zum Zuge kommen lassen. Man muß a) die eigentlich strittige Frage zur Entscheidung stellen und b) solange Argumente austauschen, wie es der Gegenstand erlaubt und eine vernünftige Einigung es fordert. Die Frage ist nicht: Wer ist der Retter des Friedens – derjenige, der Pershing II und Cruise Missiles aufstellt, oder der, der dies nicht tut? Die Frage, um derentwillen meine Freunde und ich in Mutlangen eine Rechtsverletzung begangen haben, ist vielmehr: Dürfen wir Deutsche zulassen, daß unsere Regierung in unserem Namen die Mächte des Warschauer Paktes mit direktem atomarem Beschuß bedroht, für den Fall, daß diese – in welcher Form auch immer – militärisch angreifen? Ist es hinnehmbar, daß eine deutsche Regierung im Rahmen des NATO-Bündnisses eine denkbare Massenvernichtung von zwanzig, sechzig, einhundert Millionen Menschen auf einen Schlag vornimmt und für uns, an unser Statt, »verantwortet«? Denn dazu könnte sie genötigt sein, vom Bundesgenossen oder vom Feind. Will sie das verantworten? Kann sie, kann irgend jemand das verantworten? Noch einmal: Diese Frage ist den Bürgern im Rahmen unserer verfaßten Ordnungen nicht gestellt worden. Sie mußte auch nicht bis zu einem bestimmten Tag, dem 22. November 1983, beantwortet sein. Sie konnte und kann nicht ohne Schaden für unsere Demokratie von der Regierung allein beantwortet werden.

Demokratie trägt der Tatsache Rechnung, daß es zu den wichtigsten Fragen *eine* Wahrheit nicht gibt. Sie räumt mir, dem einzelnen und Laien, darum vielfältige Möglichkeiten des Einspruchs ein, unterstellt ausdrücklich, daß der einzelne klüger sein kann als die mit Mehrheit gewählte Regierung, sieht im »Sturz« einer Regierung etwas Normales, Heilsames – sofern der Grundvertrag und die in ihm festgelegten Regeln eingehalten werden.

Diese – den Rechtsstaat, die Gewaltenteilung, das Gewaltmonopol des Staates – taste ich durch meine einzelne Rechtsverletzung nicht an. Ich unterziehe mich diesem Gerichtsverfahren und der zu erwartenden Strafe nicht nur willentlich, ich habe meine Tat von vornherein auf diesen Gerichts- und Gerechtigkeitsakt angelegt.

Auch von Sokrates vermutet man, daß er es in seinem Prozeß von vornherein auf Verurteilung und Martyrium angelegt habe. (Nietzsche nennt ihn den anderen großen Selbstmörder neben Christus.) Er bleibt im Gefängnis, obwohl man ihm die Möglichkeit eröffnet, dem Vollzug des Todesurteils zu entrinnen. Er tut es aus Achtung und Scham vor den Gesetzen, den Ordnungen der staatlichen Gemeinschaft, in der er lebt. Er tut es nicht, weil er den Schuldspruch der Richter anerkennt; die läßt er wissen, daß sie sich vor der Welt durch ihr Fehlurteil lächerlich und an dem Wohl der Stadt schuldig gemacht haben. Er hat bei seiner Tat ein gutes Gewissen: weil er wahrhaftig, seiner Überzeugung, nein, seiner Lebensweise treu geblieben ist. Diese besteht in drei Regeln: (1) Man muß überzeugen oder sich überzeugen lassen. (2) Man darf nichts ungeprüft lassen, vor allem nicht das, was sich als gewiß ausgibt. (3) Unrecht leiden ist besser als Unrecht tun. Der Staat war ihm gleichgültig; ihm ging es um die eigene Seele. Aber deren »Gesetz« verlangte, daß er seine Abhängigkeit von der *polis* anerkannte – und darum kam es darauf an, sie so gut zu machen, wie er konnte und wußte. Der Rechtsstaat kann Sokrates verurteilen und – der Idee nach – der Rechtsstaat bleiben. Sokrates kann nicht den Rechtsstaat – der Idee nach – verurteilen und der Sokrates bleiben.

In der Tat liegt hier das schwierigste Problem für mich: im Verhältnis von Recht und Moral und von beiden zur Politik. Ich kann mich dem einzelnen falschen Gesetz oder der falschen politischen Entscheidung beugen, wenn diese auf dem richtigen – dem rechtlichen – Weg entstanden sind. Denn dann habe ich die Möglichkeit, sie zu korrigieren: das Mittel seiner Korrektur ist ja intakt.

Ich glaube, daß die Bundesrepublik ein im großen und ganzen

intakter Rechtsstaat ist, aber keine intakte Republik. *Res publica* – »öffentliche und gemeinsame Angelegenheit« – das trifft auf den Staat in vielem nicht mehr zu. Parteien, Interessenverbände, Bürokratien haben erfolgreich *rem suam* aus einzelnen Teilen gemacht. Wo so ungeheure Summen ausgegeben werden wie für das Militär (und die Bildungsanstalten!), wo soviel Geheimes, so Gefährliches, so schwer im doppelten Sinn Kontrollierbares im Spiel ist, liegt der Verdacht nicht fern, hier gehe es um verkappte Vorteile, um Mutwillen und Macht; zudem entwickelt eine riesige, nicht durch den Ernstfall auf die Probe gestellte Institution ein schier unerschütterliches Beharrungsvermögen. Und dies alles läßt sich nicht mit rationalen Argumenten aus dem Sattel heben; da braucht man eine Gegenmacht. Symbolischer Widerstand wird dann zur Farce. »Gegen die, welche die Bombe verwalten, sind Barrikaden lächerlich; darum spielt man Barrikaden, und die Gebieter lassen temporär die Spielenden gewähren«, hat der Philosoph Adorno gesagt. Realer Widerstand, der einzig ernst zu nehmende, dagegen habe – sagt Christoph Türcke, dem ich das Zitat verdanke – für die große Bürgermehrheit den Makel der Unglaubwürdigkeit. Nur wer sein Ziel gar nicht erst erreichen wolle, erscheine seriös. Aber diese Kennzeichnung trifft den nicht, der seine Tat in der Überzeugung tut, daß der Rechtsstaat funktioniere. Durch die Form meines politischen Handelns bezeuge ich den Glauben, daß meine Rechtsverletzung in erster Linie ein Problem sichtbar machen hilft und gerade nicht das Rechtssystem zerstört. Es setzt dessen Wirksamkeit ja voraus: Der Staat reagiert, und vielleicht lernt er daran.

Das Problem, das sichtbar werden soll, ist die große politische Nötigung, deren sich die Mächte schuldig machen. Da ich ein Deutscher bin und für mein Land aufkommen muß, spreche ich vornehmlich von der Nötigung, die die Bundesregierung den eigenen Bürgern und anderen Völkern und Regierungen antut.

## 4. Das moralische Motiv

Ich gehöre dem Jahrgang 1925 an. Meine Kindheit und Jugend fällt in die Zeit des Nationalsozialismus. Die späteren Erklärungen der damals Erwachsenen, man habe, nachdem Hitler einmal an der Macht war, nichts mehr gegen ihn tun können, lösten mit Notwendigkeit die Rückfrage aus, warum man ihn zur Macht habe kommen lassen. Daß man ihn vorher nicht durchschaut habe, mag für die große Mehrheit der Deutschen stimmen, aber daß man ihn nicht durchschauen konnte, ist erwiesenermaßen falsch: Hitler hat alles – seinen Größenwahnsinn, seinen Vernichtungswillen, seine Barbarei – vorher selbst zu erkennen gegeben. Kein Wort ist nach dem Kriege in den belehrenden und richtenden Reden, die man uns gehalten hat, so oft und mit solchem Recht wiederholt worden wie das Ovidsche *principiis obsta* / Wehre den Anfängen!

Wenn ich vom Nationalsozialismus rede, dann nicht, um irgendwen oder irgend etwas in unserer Republik mit diesem zu vergleichen, sondern nur, um zu sagen: Das hat meine Generation damals und daran gründlich gelernt. Wer Skrupel hat, muß sie laut sagen; wer Gefahr vermutet, darf nicht wegsehen, muß sie aufdecken, beseitigen oder seinen Irrtum eingestehen; wer andere oder sich wegen Feigheit, Unaufrichtigkeit, anhaltender Schwäche im Amt in Verdacht hat, muß sich Hilfe holen. So sollte es sein. Bei jeder antisemitischen Äußerung schreien wir, gottlob, auf; bei jeder Erinnerung an nationale Größe bedecken wir uns; die gelegentlich nützliche Beschwörung des Gemeinwohls unterlassen wir, weil Hitler für Gemeinnutz war. Aber die 3 Millionen Dollar, die in jeder Minute auf dieser Erde für Waffen und Krieg ausgegeben werden, der angehäufte *overkill*, die fortgesetzte Planung und Vorbereitung gegenseitiger Vernichtung mit immer schlimmeren Mitteln nehmen die Bürger jahraus, jahrein hin, das alles lassen sie von der gewählten Regierung beschließen, von den Volksvertretern bezahlen, von Beamten ausführen. Die Zeitungen berichten darüber wie über das Wetter; die Experten streiten im wesentlichen über Zahlen; die Kinder sehen die Kriege der Zukunft im Fernsehen. Wir machen uns die Ungeheuerlichkeit der nuklearen Bedrohung nicht oder nur widerwillig klar. Man fragt sich, ob die Menschen die Bücher eigentlich lesen, die sie kaufen, den Schell und den Ditfurth, den Jungk und das Air-land-battle-Konzept. Viele müssen freilich, wenn sie es tun, meinen, es sei zu spät: Die Anfänge haben sich dem Ende genähert. Ein Mann, der darüber kenntnisreicher und ernster nachgedacht hat als wir alle, Carl Friedrich von Weizsäcker, kommt zu dem Schluß, daß wir wohl nur noch durch eine Katastrophe belehrt werden können – hoffentlich durch eine kleine über die mögliche große, aus der nichts mehr zu lernen wäre.

Wie kann die Menschheit weitermachen ohne rationale Hoffnung auf Befreiung aus dem System des Unheils, in das sie sich verstrickt hat?

Ich habe keine Antwort für die Menschheit, aber ich brauche eine für mich. Vielleicht – so sage ich mir wieder mit Sokrates – wenn jeder wahrhaftig seinen Weg geht, haben wir noch Hoffnung. Hoffnungslos ist es, wenn wir uns einem gedachten Automatismus anvertrauen – einem errechneten Abschreckungsgleichgewicht, Wenn-Dann-Szenarios, die sich nur noch ein Computer »vorstellen« kann, einem kalkulierten atomaren Poker, zu dem der NATO-Doppelbeschluß gehört. Hoffnungslos ist es, wenn wir uns wie die Lemminge fortbewegen, jeder mit dem schlechten Trost: »Die anderen tun es ja auch« – und uns die Richtigkeit dieses Verhaltens durch Gerichte bestätigen lassen.

Ich beginne mit einer Begrenzung – mit der Isolierung eines für sich denkbaren und wenigstens gedanklich lösbaren Problems. Ich kämpfe nicht allgemein »für den Frieden«, für die Abschaffung oder Verhinderung jeglichen Krieges oder jeglicher Gewalt von Menschen über Menschen allüberall auf der Welt. Ich konzentriere mich jetzt auf die Beseitigung der atomaren Waffen vom Boden der Bundesrepublik Deutschland. Ich bin nicht gleichgültig gegen andere schlimme Kriegsmittel – chemische, biologische, konventionelle. Aber ich habe einen akuten Anlaß zur Bekämpfung dieser einen flagranten Form völkerrechtswidriger Vorbereitung eines *Angriffs*krieges in meinem Land, denn zur *Verteidigung* deutschen Bodens sind die Pershing II und Cruise Missiles untauglich. Ich habe Aussicht, daß die Menschen das Problem besser erkennen, wenn ich es auf seinen moralischen Kern zurückführe und die militärpolitischen Folgen und Folgerungen heraushalte, bis wir uns hierüber geeinigt haben[1]:

– Massenvernichtungsmittel zu *haben*, nicht erst sie zu *verwenden*, ist unerträglich und muß die Freiheit und Würde der Bürger zerstören, deren Verteidigung diese Mittel angeblich dienen. Atombomben oder -raketen zu haben, ohne den Willen, ja, ohne die beglaubigte Entschlossenheit, sie einzusetzen, ist sinnlos. Die Zumutung an unser Gewissen besteht darin, daß wir – im gegebenen Fall – bereit sein sollen, mit ihrer Hilfe Leben massenweise, unterschiedslos und ohne direkte Beziehung zum Kriegsgrund zu vernichten. Dies aber ist selber die Preisgabe der Freiheit. Freiheit habe ich nicht, wo ich mein Gewissen beugen oder belügen oder betäuben muß.

- Die Rechtfertigungen atomaren Rüstens, die diese Zumutung nicht zu machen behaupten, weichen einer möglichen Konsequenz aus, daß nämlich die Abschreckung nicht funktioniert. Sie berufen sich auf die über 40 Jahre, die die *pax atomica* gedauert habe. Gemessen an dieser empirischen Tatsache sei die bloß gedachte Möglichkeit des Atomkriegs unerheblich. Diese Gegenüberstellung von Erfahrung und bloß Gedachtem ist unlogisch. Der Atomkrieg kann überhaupt nur »gedacht« werden. Geschieht er, gibt es auch keine Erfahrung mehr. Der Zweite Weltkrieg zählt hier nicht – er war kein Atomkrieg. Er ist durch den Abwurf von zwei Atombomben beendet worden. Wie die Welt aussähe, wenn die japanischen Militärs oder gar der untergangsbedrohte Hitler über Atombomben verfügt hätten, ist nicht auszumalen.
- Eine Sicherheitspolitik, die das Denkbare zu denken verbietet, überfordert die menschliche Vernunft und damit die Loyalität zu den republikanischen Gesetzen und Einrichtungen, deren Zweck es ist, die Politik verständlich und dadurch für den Bürger verantwortbar zu machen. Die strategischen Kalküle der atomaren Abschreckungstheorie sind für ihn nicht nachvollziehbar. Damit fällt die Sache in den Bereich der moralischen Urteile zurück, über die man nicht mehr durch mehrheitliche Abstimmung entscheiden kann und die darum durch das Grundgesetz gesichert oder von der Politik ausgenommen sind.
- Die Entscheidung, welche Maßnahmen keiner Rechtfertigung durch noch so gute Absichten, noch so kluge Argumente und noch so große Meinungsmehrheiten fähig sind, bleibt dem *contrat social*, dem gedachten Vertrag der Mitglieder einer Gesellschaft, vorbehalten, den unsere Verfassungen unvollkommen abbilden. Diese Entscheidung ist weder frei noch delegierbar: keine Regierung, keine Partei, keine Gewerkschaft, keine Kirche kann sie an sich ziehen. Wir sind in unserer Republik beispielsweise nicht frei, unsere persönliche und politische Verantwortung (das ist der Kern unserer Freiheit!) aufzugeben.

Ein Grundrecht, das wir nicht in Anspruch nehmen, gilt weiter, ist nicht verwirkt. So kann mich auch niemand zu einer Schuld pressen. Sowenig wie ich ihn »nötigen« kann, mich zu überfahren (ich sitze weithin sichtbar auf der Straße und kann voraussetzen, daß er meine Maßnahme als Demonstration versteht; ich stürze mich nicht unversehens vor das in voller Fahrt begriffene Fahrzeug), sowenig kann und werde ich mich nötigen lassen, Massenvernichtungsmittel gegen andere Menschen einzusetzen. Dies gilt nicht nur für den, der den Vernichtungsmechanismus auslöst, sondern für die Streitmacht insgesamt, für die Regierung, für die durch ihre Vertreter zustimmenden und zahlenden Bürger.[2]

– Der Glaube, die Ehre, die leibliche Unversehrtheit, die Meinungsfreiheit und vieles andere mehr haben im Grundgesetz ihren ausdrücklichen Schutz gefunden – auch gegen den Gesetzgeber. Wie die geltende Verfassung den Bürgern und den Staatsorganen untersagt, die (gesetzliche) Todesstrafe (wieder) einzuführen, so sollte sie den Besitz von atomaren Massenvernichtungsmitteln untersagen und dadurch den Bürger wie die Regierung von unaushaltbaren Konflikten befreien. Eine solche Verfassungsbestimmung würde uns nicht vor anderen daraus folgenden Konflikten bewahren: wann eine Tötung einer Geisel oder der Abwurf einer Sprengbombe (beispielsweise über einer Rüstung produzierenden Stadt) oder der Einsatz eines Entlaubungsmittels oder einer Hungerblockade hingenommen werden muß. Aber *deren* Folgen sind begrenzt oder begrenzbar. Die Strategie der atomaren Abschreckung dagegen prämiiert, bei gegebenem oder vermutetem Gleichgewicht, beide Seiten, indem nichts geschieht, und, bei gegebenem und vermutetem Vorteil des einen, denjenigen, der am überraschendsten und umfassendsten zuschlägt. Man nötigt immer total, weil man total zerstören kann. Und: Man kann nichts wiedergutmachen.

– Dem Christen wie dem aufgeklärten Humanisten muß dieses Fundamentalgesetz unserer Sicherheitspolitik abgründig zuwider sein. Es ist »verwerflich«! – Die freie Lebensordnung ist verteidigenswert, ja, wert – wie zu allen Zeiten –, daß Bürger ihr Leben dafür hergeben. Aber es kann den Menschen nicht zugemutet werden, mit der berechenbaren Schuld an der Vernichtung dieser Erde »frei« zu leben. Dem gilt mein Widerstand.

- Wer freilich in der Sowjetmacht das schlechthin Böse sieht, wer meint, man müsse sie behandeln wie einen der Vernunft nicht zugänglichen, nur durch Einschüchterung am Schlimmsten zu hindernden und ebenso tückischen wie wütigen Hund, der kann überhaupt keine Politik machen, der muß im Grunde auf die Eliminierung dieses Unberechenbaren hoffen – und wird eben dadurch selber zum größten Risiko für den Frieden. Da beide Seiten über gewaltige nukleare Arsenale, über wirksame Trägersysteme und ein weltweites Informations- und Beobachtungssystem verfügen, hüten sie sich, ihre Vorstellungen voneinander zu manifestieren. Aber diese sind am Werk. Das Gleichgewichtssystem wird unter solchen Gegnern benutzt, um in seinem Schutz das eigene Übergewicht herzustellen. Es bringt ständig seine eigene Destabilisierung hervor – weil und solange man den anderen für buchstäblich »zu allem fähig« hält.
- Darum sind die naiv gescholtenen Vorleistungen in der Abrüstung gerade nicht irrational.
  Hier geht das moralische Motiv in das politische Ziel über.

## 5. Das politische Ziel

Die Tat, um derentwillen ich hier vor Gericht stehe, hatte ein unmittelbares politisches Ziel und ein mittelbares, das nicht von heut auf morgen zu erreichen sein wird.

Das unmittelbare Ziel war: nach der Aufstellung der Atomraketen nicht allmählich und sicher der Resignation zu verfallen, mich mit meinen Freunden sichtbar auf die Seite derer zu stellen, die diesen Schritt für mehr als einen Fehler, die ihn für ein moralisches Unglück halten, und andere Deutsche, die dies zufällig mit ansehen, nicht vergessen zu lassen, welchen vorerst nicht beizulegenden Konflikt wir uns damit zugezogen haben. Mit Reden »für den Frieden« war in jenem Winter nichts mehr zu machen. Es ist eine Erfahrung, die sich auch in diesem Fall bestätigt hat, daß eine Bewegung, wenn sie ihr terminiertes Ziel nicht erreicht hat, jäh in Mutlosigkeit abstürzt, ja, ihren eigenen Argumenten nicht mehr glaubt. Zur eigenen Ermutigung brachte ich das zweite, mittelbare und mittelfristige politische Ziel mit und warb dafür in meiner Gruppe: Ich wollte von da an für die schon angedeutete Verfassungsänderung arbeiten. Die heutige – zu einem viel früheren Termin erwartete – Gerichtsverhandlung sollte die erste Gelegenheit sein, dafür zu wirken. Gedacht ist an eine Klausel im Grundgesetz, die die Regierung und das Parlament zwingt, für bestimmte Entscheidungen von weitreichender Bedeutung eine besondere Legitimation einzuholen – über Krieg und Frieden, über Bündnisse und internationale Verträge, die auf lange Zeit binden, über Stationierung fremder Truppen und Waffen, über den Einsatz von Kernkraft, über den Besitz von ABC-Waffen. (Dies ist beileibe keine vollständige Liste und möglicherweise durch einige zweifelhafte Beispiele verdorben.)

Verfassungsrechtler mögen sich ausdenken, wie die Einbeziehung der Bundesrepublik in das System der atomaren Abschreckung aus dem Gemenge von Konjunktur-, Arbeitsbeschaffungs-, Renten-, Familien-, Schul- und sonstiger Alltagspolitik herausgenommen werden kann. Denkbar wäre eine Zweidrittelmehrheit im Parlament, die, weil sie meist über die der regierenden Partei hinausgeht, eine besondere Begründungsanstrengung erfordert. Freilich kann auch durch eine so getroffene Entscheidung das Gewissen der übrigen verletzt werden. Will man das ganz vermeiden, kommt, wie bei der Todesstrafe, nur ein Verfassungsverbot in Frage.

Eine solche Veränderung des Grundgesetzes wird nicht durch die Parteien zu erreichen sein. Hierzu bedarf es einer Volksbewegung, und diese wiederum bildet sich aus Anlässen wie der Stationierung der Pershing II und der Cruise Missiles. Meine in diesem Zusammenhang getane Tat eignet sich als Beitrag zu einer solchen Volksbewegung: sie ist so gering, daß auch andere sie sich zutrauen können; sie ist so mühsam, daß, wer einmal seinen Einstand gemacht hat, ihn nicht gleich wieder preisgeben wird, ja, indem er ein Opfer bringt, nötigt er andere zum Nachdenken.

Zur Wirksamkeit meiner Tat – unserer Tat – gehört, daß sie von den anderen richtig verstanden wird. Ich danke dem Gericht für die Gelegenheit und den in ihr liegenden heilsamen Zwang, meine Gründe so zusammenzufassen, zu ordnen und zu formulieren, daß sie einigermaßen gemeinverständlich sind. Dies hat Ihre Geduld gekostet und mir Gewinn gebracht.

Ich habe am Ende eine Bitte: Es möge mir verstattet sein, die zu erwartende Strafe oder doch einen Teil von ihr im Gefängnis absitzen zu dürfen. Ich weiß, was Gefängnis bedeutet; ich bin nicht süchtig nach den damit verbundenen Entbehrungen. Es geht auch nicht um das mit der Haftstrafe zu erregende Aufsehen. Aber es stört mich empfindlich, daß es so aussehen möchte, als leiste ich mir den Luxus einer Überzeugungstat, weil ich das Geld dafür habe.

Und nun bin ich doch gespannt, was meine Richter zur Verwerflichkeit meiner Tat sagen.

# Anmerkungen

## Erste Übung: im Erkennen der Ursachen

1 Sigmund Freud: Warum Krieg? Gesammelte Werke, Frankfurt/M., Bd. XVI (1950), S. 22.
2 Sigmund Freud: Zeitgemäßes über Krieg und Tod, I. Die Enttäuschung des Krieges, Gesammelte Werke, Frankfurt/M., Bd. X (1949), S. 354.
3 Konrad Lorenz: Das sogenannte Böse, Wien 1963, S. 77.
4 Frantz Fanon: Die Verdammten dieser Erde, Frankfurt 1966, S. 40 f.
5 Jean Améry: Jenseits von Schuld und Sühne, Bewältigungsversuch eines Überwältigten, München 1966.
6 Frantz Fanon, a. a. O., S. 76 f.
7 Dies ist heute anders.
8 Dies alles bei William S. Schlamm, in: Die Welt am Sonntag vom 11. 6. 1967.
9 Josef Czapski: Unmenschliche Erde, Köln/Berlin 1967, S. 448.
10 »Zwang zum Frieden« lautete der Titel der Vorlesungsreihe, innerhalb derer dieser Vortrag gehalten wurde.

## Zweite Übung: im Darstellen der Schwierigkeiten

1 Diese Rede habe ich vor den Jahrgängen 5 bis 10 (den Zehn- bis Sechzehnjährigen) der Laborschule am 17. 10. 1983 frei gehalten und nach den mir gemachten Stichworten nachträglich aufgezeichnet. Dabei ist aus gesprochener Sprache notwendig Schriftsprache geworden.

## Vierte Übung: im Bekämpfen der alltäglichen Friedlosigkeit

1 Im weiteren werden Korczaks Werke wie folgt zitiert:
König Hänschen I.: KH
König Hänschen auf der einsamen Insel: EI
Wie man ein Kind lieben soll: I
Das Recht des Kindes auf Achtung: II
Alle Werke sind im Vandenhoeck & Ruprecht Verlag, Göttingen, erschienen (1970, 1971, 1967, 1970).
2 Der Einsamkeit des Kindes, der Jugend, des Alters hat Korczak viele Gedanken gewidmet, die jetzt zusammengestellt sind in: Begegnungen und Erfahrungen, Göttingen 1972 (Vandenhoeck & Ruprecht).

## Fünfte Übung: im Rütteln an der eigenen Gewißheit

1 Marcel Reich-Ranicki in seinen Anmerkungen zur Preisbegründung, in FAZ vom 15. 5. 1976.

2 Ich zitiere nach der 1976 bei Suhrkamp erschienenen Gesamtausgabe: Gesammelte Werke in zeitlicher Folge. Die Romane und Stücke bezeichne ich mit Abkürzungen: *G* = Mein Name sei Gantenbein, *NSSW* = Nun singen sie wieder, *ChM* = Chinesische Mauer, *A* = Andorra, *B* = Biografie und füge die Bandzahl in römischen Ziffern mit Seitenzahl hinzu. Allein die beiden Tagebücher (*T* I und *T* II) zitiere ich nach ihren Erstausgaben von 1950 und 1972; Zitate aus anderen Schriften sind nur durch Band- und Seitenzahlen bezeichnet.

## Sechste Übung: im Hinnehmen von Niederlagen, im Erkennen der eigenen Schuld, im Trauern um Verlorenes

*Im Text erwähnte Bücher und Aufsätze*

Andersch, Alfred: Kirschen der Freiheit. Ein Bericht, Zürich 1972 (Diogenes).

Bergmann, Klaus / Schneider, Gerhard (Hrsg.): 1945. Ein Lesebuch. Hannover 1985 (Fackelträger Verlag).

Böll, Heinrich: Brief an meine Söhne, oder: Vier Fahrräder, in: DIE ZEIT vom 15. März 1985.

Glaser, Hermann (Hrsg.): Bundesrepublikanisches Lesebuch. Drei Jahrzehnte geistiger Auseinandersetzung, Frankfurt a. M. 1980 (Fischer Taschenbuch).

Göttingen 1945. Kriegsende und Neubeginn. Texte und Materialien zur Ausstellung im Städtischen Museum 31. März–28. Juli 1985, Göttingen 1985 (Stadt Göttingen, Kulturdezernat).

von Hentig, Hartmut: Aufgeräumte Erfahrung. Texte zur eigenen Person, München 1983 (Hanser).

Jaspers, Karl: Rede zur Wiedereröffnung der Heidelberger Universität (1945), in: Klaus Bergmann / Gerhard Schneider (Hrsg.), siehe dort.

Kantorowicz, Alfred: Deutsches Tagebuch, in: Hermann Glaser (Hrsg.), siehe dort.

Kästner, Erich: Notabene 45, in: Hermann Glaser (Hrsg.), siehe dort.

Leibholz-Bonhoeffer, Sabine: Vergangen, erlebt, überwunden. Schicksale der Familie Bonhoeffer, Gütersloh 1976 (Gerd Mohn).

Schramm, Percy Ernst (Hrsg.): Die Niederlage 1945. Aus dem Kriegstagebuch des Oberkommandos der Wehrmacht, München 1962 (dtv).

Siedler, Wolf Jobst: Was im Mai 1945 wirklich geschah. Längst bevor Europa seine Welt verspielte, verlor es seine Vernunft, in: Frankfurter Allgemeine Zeitung vom 4. Mai 1985.

von Staden, Wendelgard: Nacht über dem Tal. Eine Jugend in Deutschland. Einführung von Marion Gräfin Dönhoff, 4. Aufl., Düsseldorf/Köln 1979 (Eugen Diederichs).

Sturm, Vilma: Barfuß auf Asphalt. Ein unordentlicher Lebenslauf, Köln 1981 (Kiepenheuer & Witsch).

Vogt, Hannah: Aus meinem Tagebuch, in: Göttingen 1945, siehe dort.

Ziem, Jochen: Der Junge. Eine Entwicklung in sieben Bildern, München 1980 (Autoren-Edition).

## Siebente Übung: im Beachten unserer Fehlbarkeit

1 Darüber, wann man »human« und wann »menschlich« sagt, habe ich mich in meinem Buch »Was ist eine humane Schule?« (1976) geäußert (S. 5–12). Bei der Unterscheidung von Menschlichkeit und Humanität kommt hinzu, daß das lateinische Nomen *humanitas* sowohl Menschennatur wie Menschlichkeit (das Kulturideal) bezeichnet. Von beiden Maßen des Menschen ist hier die Rede.

2 Im Novum Organon I, 3 heißt es: Scientia et potentia humana in idem coincidunt, quia ignoratio causae destituit effectum, »Das Wissen und die Macht der Menschen sind eins, weil Unkenntnis der Ursache den Erfolg vereitelt.«

3 Werthaltungen, Zukunftserwartungen und bildungspolitische Vorstellungen der Jugend 1985, Eine Repräsentativbefragung des EMNID-Instituts in der Schriftenreihe: Studien zu Bildung und Wissenschaft/20, hrsg. vom Bundesminister für Bildung und Wissenschaft, Bonn 1985.

4 Carl Friedrich von Weizsäcker schreibt in seinem neuen Buch: Die Zeit drängt, München 1986 (Carl Hanser): »Ein Gleichnis sei erlaubt. In Australien und Amerika hat es oft verwüstende Waldbrände gegeben, nach denen sich die Wälder gleichwohl wieder erholten. Man hat dann gelernt, die Waldbrände immer besser zu verhüten. Dadurch sammelte sich aber immer mehr brennbares Material an. Wenn dann doch einmal ein Brand ausbrach, wuchs er zu unlöschbarer Stärke und hinterließ ein Gebiet, in dem das Pflanzen- und Tierleben des Waldes nicht wieder Fuß faßte. Der nördliche Friede der letzten 40 Jahre könnte die Periode des verhüteten Waldbrandes der Menschheit sein.«

5 Vgl. Dieter Birnbacher Hrsg.: Ökologie und Ethik, Stuttgart 1980 (Reclam); darin vor allem John Passmore: Den Unrat beseitigen, Überlegungen zur ökologischen Mode, S. 207 ff.

*Im Text erwähnte Bücher und Aufsätze*

Bacon, Francis: Meditationes Sacrae, in: The Works of Francis Bacon, Faksimile-Neudruck der Ausgabe von Spedding, Ellis und Heath, London 1857–1874, Bd. VII. Stuttgart-Bad Cannstatt 1961–1963 (Frommann).

Bacon, Francis: Novum Organum, in: The Works of Francis Bacon, Faksimile-Neudruck der Ausgabe von Spedding, Ellis und Heath, London 1857–1874, Bd. I, Stuttgart-Bad Cannstatt 1961–1963 (Frommann).

Birnbacher, Dieter (Hrsg.): Ökologie und Ethik, Stuttgart 1980 (Reclam).

EMNID-Institut: Werthaltungen, Zukunftserwartungen und bildungspolitische Vorstellungen der Jugend 1985. Eine Repräsentativbefragung, in: Studien zu Bildung und Wissenschaft/20, hrsg. vom Bundesminister für Bildung und Wissenschaft, Bonn 1985.

Glucksmann, André: Die Pest in Tschernobyl, Was Europa aus der Katastrophe lernen muß (Frankfurter Allgemeine Zeitung, 20. 6. 86).

von Hentig, Hartmut: Was ist eine humane Schule?, München 1976 (Carl Hanser).

James, William: Pragmatism, Cambridge, Mass. 1975 (Harvard University Press).

Jonas, Hans: Das Prinzip der Verantwortung, Frankfurt am Main 1979 (Insel).

Lessing, Gotthold Ephraim: Werke in 8 Bänden, Bd. VIII, München 1975 (Carl Hanser).

Neudeck, Rupert (Hrsg.): Radikale Humanität, Notärzte für die Dritte Welt, Reinbek b. Hamburg 1986 (Rowohlt).

von Weizsäcker, Carl Friedrich: Die Zeit drängt, München 1986 (Carl Hanser).

## Neunte Übung: im Geben und Fordern von Rechenschaft

1 Im folgenden greife ich gelegentlich auf Gedanken und Formulierungen aus meinem Buch »Aufgeräumte Erfahrung« (Kapitel »Geschichtliches Leben – gelebte Geschichte« unter dem Stichwort »Frieden«, S. 56–65) zurück.

2 Wir haben dem einzelnen Wehrpflichtigen eingeräumt, den Dienst mit der Waffe aus »Gewissensgründen« zu verweigern. Die Feststellung dieser Gründe und ihrer Wahrhaftigkeit ist außerordentlich schwer. Und doch machen es sich der Gesetzgeber und die Betroffenen damit zu leicht: Sie engen den Gewissensfall auf die unmittelbare, gleichsam physische Verantwortung für die Tötung von Menschen ein. Das Bild,

Hartmut von Hentig
im Carl Hanser Verlag

*Was ist eine humane Schule?*
1976. 7. Auflage 1987. 136 Seiten

»Ein Buch mit einer Botschaft, die gerade im Zeichen der Tendenzwende zu einem notwendigen Appell wird.« *Die Zeit*

»Das ist ein Statement, an dessen intellektuellem Gewicht und moralischer Redlichkeit keiner vorbeikommt, sei er Ministeriale in einem Kultusministerium, GEW-Funktionär oder Schülervertreter oder gar Urheber von Parolen wie Bildungsnotstand.« *FAZ*

*Das allmähliche Verschwinden der Wirklichkeit*
Ein Pädagoge ermutigt zum Nachdenken über die neuen Medien.
1984. 3. Auflage 1987. 104 Seiten

»Dieses ganz schmale, ganz auf einen aktuellen Streitgegenstand konzentrierte Büchlein . . . gehört wirklich in alle Hände, vor allem in die Hände und Köpfe derer, die das Zeitgespräch verantwortlich mitbestimmen.«
*Medien und Erziehung*

unter dem man sich den »Dienst mit der Waffe« vorstellt, ist das des Soldaten mit dem Gewehr, des Bomberpiloten mit dem Abwurfhebel, des Richtkanoniers mit dem Richtgerät und dem Auslöser in der Hand. Aber natürlich tötet auch der Stabsoffizier, wenn er Pläne macht und telephonische Befehle erteilt; und der Zahlmeister, der Koch, der zivile Heeresverwalter wirken mit – nur weniger bewußt. Am Ende tut es jeder, der in einer im Kriege befindlichen Gesellschaft das Leben in Gang hält und nicht ausdrücklich Obstruktion treibt. Wir »wissen« das zwar, aber wir wissen es nicht gern und bewahren uns darum das antiquierte Bild von der lokalisierbaren Verantwortung. Nein, im modernen Krieg ist auch der Zivildienstleistende »mitschuldig«. Es ist darum gerechtfertigt, daß er aus seiner Sache ein öffentliches Bekenntnis und am Ende eine politische Tat mit politischer Wirkung zu machen sucht. Die Hände in Unschuld waschen, hilft hier nicht.

*Literatur*

Hartmut von Hentig: Aufgeräumte Erfahrung, Texte zur eigenen Person, München 1983 (Carl Hanser).

Klaus Marxen: Demonstrationsfreiheit und strafrechtlicher Gewaltbegriff, in: Sitzblockaden gegen Raketenstationierung (überarbeitete Fassungen von Vorträgen auf einem Forum anläßlich der Friedenstage in der Universität Bremen am 19. 10. 1983), aus: Kritische Justiz, Heft 1/1984, S. 54-57.

Christian Starck: Wie verwerflich ist nun Gewalt?, in: Frankfurter Allgemeine Zeitung vom 3. 1. 1987. (Zum Urteil des Bundesverfassungsgerichts vom 11. 11. 1986.)

Christoph Türcke: Die Illusion der Gewaltlosigkeit. Zum Habermasschen Surrogat des »symbolischen Widerstands«, in: Frankfurter Rundschau vom 18. 10. 1986.

Hanne und Klaus Vack (Hrsg.): Mutlangen – unser Mut wird langen! Vor den Richtern in Schwäbisch Gmünd. Elf Verteidigungsreden wg. »Nötigung«, Sensbachtal 1986 (Komitee für Grundrechte und Demokratie e. V.).